Petra Schepers, Burkhard Wetekam

Handbuch Medienkunde

Konzeption und praktische Umsetzung
schulischer Medienbildung

westermann

Hinweis zu den Arbeitsmaterialien:
Um die Kopiervorlagen auf das Format DIN A4 zu vergrößern, verwenden Sie bitte den Faktor 126 %.

Die auf der CD enthaltenen Audio- und Filmbeispiele dürfen für unterrichtliche Zwecke verwendet werden, soweit dafür keine gewerbliche Vorführlizenz erforderlich ist. Nicht gestattet ist eine darüber hinaus gehende Vervielfältigung, Verbreitung oder öffentliche Zugänglichmachung.

Aus Gründen der besseren Lesbarkeit wird in diesem Buch in den meisten Fällen auf die gleichzeitige Nennung der weiblichen und männlichen Sprachformen verzichtet. Gemeint sind aber jeweils beide Geschlechter.

© 2012 Bildungshaus Schulbuchverlage
Westermann Schroedel Diesterweg Schöningh Winklers GmbH, Braunschweig
www.westermann.de

Das Werk und seine Teile sind urheberrechtlich geschützt. Jede Nutzung in anderen als den gesetzlich zugelassenen Fällen bedarf der vorherigen schriftlichen Einwilligung des Verlages. Hinweis zu § 52 a UrhG: Weder das Werk noch seine Teile dürfen ohne Einwilligung gescannt und in ein Netzwerk eingestellt werden. Dies gilt auch für Intranets von Schulen und sonstigen Bildungseinrichtungen.

Auf verschiedenen Seiten dieses Buches befinden sich Verweise (Links) auf Internet-Adressen. Haftungshinweis: Trotz sorgfältiger inhaltlicher Kontrolle wird die Haftung für die Inhalte der externen Seiten ausgeschlossen. Für den Inhalt dieser externen Seiten sind ausschließlich deren Betreiber verantwortlich. Sollten Sie dabei auf kostenpflichtige, illegale oder anstößige Inhalte treffen, so bedauern wir dies ausdrücklich und bitten Sie, uns umgehend per E-Mail davon in Kenntnis zu setzen, damit beim Nachdruck der Verweis gelöscht wird.

Druck A[1] Jahr 2012

Redaktion: Burkhard Wetekam
Herstellung: PER Medien+Marketing GmbH, Braunschweig
Umschlaggestaltung: Jo Wüllner
Satz und technische Umsetzung: PER Medien+Marketing GmbH, Braunschweig
Druck und Bindung: westermann druck GmbH, Braunschweig

ISBN 978-3-14-**162142**-6

Inhalt

Einführung 5
   Verzeichnis der Medienbeispiele auf der CD 6

1. Medien und Medienkompetenz 7
   1.1 Medien sind überall 7
   1.2 Medienkompetenz – ein schwieriger Begriff 8
   1.3 Medienbildung und Fachunterricht 9
   1.4 Medien im Leben von Kindern und Jugendlichen 10
   1.5 Folgerungen für die schulische Medienbildung 12

2. Medientypen und -formate in der Unterrichtspraxis 17
   2.1 Zeitung und Zeitschrift 17
      2.1.1 Eine kurze Geschichte der Zeitung 19
      2.1.2 Zeitungen und Zeitschriften – Typen und Formen 23
      2.1.3 Journalistische Darstellungsformen 25
      2.1.4 Rezeption von Printmedien – Anregungen für die Praxis 30
      2.1.5 Produktionsorientiertes Arbeiten mit Printmedien 35
      2.1.6 Zeitungsprojekte 42
      2.1.7 Wo bleibt das Buch? Leseförderung im Medienverbund 46
      Arbeitsblätter „Zeitung" 49
   2.2 Computer, Internet und Social Media 69
      2.2.1 Voraussetzungen 69
      2.2.2 Sind Computer in der Schule sinnvoll? –
           Eine noch nicht endgültig beendete Debatte 70
      2.2.3 Die eigene Linie finden und bewahren 72
      2.2.4 Grundlagen am Computer: schreiben, rechnen,
           gestalten, kommunizieren 73
      2.2.5 Faktor fünf: die wichtigsten Computeranwendungen 74
      2.2.6 Das Internet: Ein Gigant mit vielen Gesichtern 77
      2.2.7 Orientierung im Netz: Website, Webseite und Portal .. 81
      2.2.8 Online-Journalismus: audiovisuell, kommunikationsfreudig .. 83
      2.2.9 Recherche: Mehr als „googeln" 87
      2.2.10 Wikis – vom Leser zum Autor 89
      2.2.11 Weblogs: Prozesse begleiten und kommentieren 93
      2.2.12 Microblogging, SMS und Chat 99
      2.2.13 Social Media im Unterricht 100
      2.2.15 Handy, Smartphone & Co. – Freund oder Feind der Schule? .. 103
      2.2.16 Kurz erklärt: Glossar zu Computer, Internet und Social Media 106
      Arbeitsblätter „Computer" 110

2.3 Film, Fernsehen und Video 122
    2.3.1 Kurze Geschichte des Films 124
    2.3.2 Filmgenres 128
    2.3.3 Elemente der Filmsprache 130
    2.3.4 Film im Unterricht 135
    2.3.5 Filmpädagogische Methoden 136
    2.3.6 Filmanalyse konkret 138
    2.3.7 Kurzfilm – ein unterschätztes Format 140
    2.3.8 Fernsehen – noch immer ein Leitmedium 142
    2.3.9 Der Dokumentarfilm 147
    2.3.10 Musikclips 150
    2.3.11 Aktive Videoarbeit 153
    2.3.12 Fächerspezifische Ideen für die aktive Filmarbeit 156
    2.3.13 Kurz erklärt: Glossar zum Thema Film 159
    Arbeitsblätter „Film" 162
2.4 Audiomedien – unsichtbare Schätze heben 173
    2.4.1 Methodische Grundlagen: Didaktik des Hörens 174
    2.4.2 Journalistische Formate im Rundfunk 176
    2.4.3 Hörspiel als Kunstform 181
    2.4.4 Tendenzen im Programm: Sendeflächen und Mischformen .. 182
    2.4.5 Neue Formen: Soundfiles, Audioguides und Podcasting 183
    2.4.6 Audiomedien am PC: Arbeiten mit „Audacity" 185
    Arbeitsblätter „Audio" 186

3. Medien und Gesellschaft 198
3.1 Das Mediensystem in Deutschland – Grundlagen 198
3.2 Wirtschaftliche Strukturen des Medienbetriebs 199
    3.2.1 Zeitungen und Zeitschriften 200
    3.2.2 Die großen Medienkonzerne 201
    3.2.3 Rundfunk und Fernsehen 202
    3.2.4 Filmproduktion in Deutschland 203
    3.2.5 Das Internet und seine Folgen 204
3.3 Medien verantwortlich nutzen 205
    3.3.1 Persönlichkeitsrechte und Datenschutz 205
    3.3.2 Ideen für die Unterrichtspraxis 207
Arbeitsblätter „Medien und Gesellschaft" 208

4. Auf dem Weg zum schulischen Mediencurriculum 217
4.1 Voraussetzungen und Rahmenbedingungen 217
4.2 Entwicklung eines schulischen Medienkonzeptes 219

Anhang 223
Internetadressen 223
Literatur 226

Einführung

Ausgangspunkt für dieses Buch war der Wunsch, Lehrkräften einen Überblick über alle wichtigen Medientypen und ihren Einsatz im schulischen Alltag zu geben. Gleichzeitig wollten wir Sachinformationen mit ganz konkreten Unterrichtsvorschlägen für verschiedene Fächer verbinden – damit das Wort „Praxis" kein leeres Versprechen bleibt.

Kern des Buches ist das umfangreiche Kapitel 2 geworden, in dem wir die Vielfalt medialer Darbietungsformen vorstellen, aufgeteilt in vier Bereiche:
- Zeitung und Zeitschrift
- Computer, Internet und Social Media
- Film, Fernsehen und Video
- Audiomedien

An jeden Abschnitt schließt sich eine Sammlung von Arbeitsblättern an, die auch auf der CD am Ende dieses Buches abgespeichert sind. Dort finden sich zu vielen Aufgaben auch Lösungsvorschläge. Ergänzt wird der Hauptteil des Buches um einen Abschnitt, in dem es um das heutige Mediensystem insgesamt und seine gesellschaftliche Bedeutung geht (Kapitel 3). Damit verknüpft ist die Frage nach der verantwortlichen Nutzung von Medien, zu der wir ebenfalls einige Arbeitsmaterialien anbieten.

Wichtig erschienen uns zudem zwei übergreifende Fragen: Was bedeutet eigentlich Medienkompetenz? (Kapitel 1) Wie kann es Schulen gelingen, die Medienbildung in einem schlüssigen Gesamtkonzept zu organisieren? (Kapitel 4). Dass eine Zusammenschau verschiedener medialer Formate von der Tageszeitung bis zu Soap Opera bislang kaum zu finden ist, erscheint uns als symptomatisch: Die schulische Medienbildung besteht aus vielen kleinen und oftmals sehr interessanten Inseln – es fehlen allerdings noch die konzeptionellen Brücken. Medienbildung wird im schulischen Alltag zu selten systematisch betrachtet und betrieben. Wir hoffen, mit diesem Buch dazu einen kleinen Beitrag leisten zu können.

Petra Schepers
Burkhard Wetekam

Einführung

Verzeichnis der Medienbeispiele auf der CD

1) Kurzhörspiel „Gwendolin – Formel 1" (Arbeitsblatt „Audio" 3–6)
Länge: 1:39
Autor: Christian Berner
Mit freundlicher Genehmigung des **SWR»** (SWR 2011)

2) Hörstück „Landpartie" (vgl. Hinweise im Buch auf S. 183)
Länge: 8:20
Sprecher: Heinz-Dieter Vonau
Produktion: Lola Planet 2006

3) Audioguide „Winterlandschaft" (Arbeitsblatt „Audio" 9)
Länge: 3:37

4) Audioguide „Zuse Z 11" (Arbeitsblatt „Audio" 10)
Länge 4:43
Die Audioguides sind im Rahmen eines Kooperationsprojektes unter der Leitung der Medienpädagogin Susanne Holbein entstanden. Projektpartner waren die Stiftung Zuhören, LPR Hessen, Reformschule Kassel, Jacob-Grimm-Schule Kassel, Medienblitz e.V., Freies Radio Kassel, Museumslandschaft Hessen Kassel.

5) Originalbild „Winterlandschaft"
Foto: Susanne Holbein

6) Farbabbildung „Zuse Z 11"
Foto: Museumslandschaft Hessen Kassel

7) Kurzfilm „Panic Apple" (Arbeitsblatt „Film" 5)
Länge: 3:17
Idee und Realisierung: Schüler einer 10. Klasse der Goetheschule Hannover, im Rahmen des Projektes „Cityzooms Music" (www.cityzoomsmusic.de)

Hinweis zur Verwendung der CD:
Alle Dateien können mit dem Computer von der Startseite aus angewählt werden. Zusätzlich lassen sich die vier Audio-Dateien auch als Track 1–4 über einen CD-Spieler abspielen.

Medien und Medienkompetenz

1.1 Medien sind überall

Tom und Marius aus der Klasse 5a lernen, wie sie am Computer Grafiken in Textdateien einsetzen. – Lisa aus der 9. Klasse deutet im Geschichtsunterricht eine ironische Szene aus dem Film „Good bye, Lenin!". – Die Teilnehmer eines Grundkurses Politik werten die Diskussion um die Einführung des Privatfernsehens in Deutschland aus.

Drei verschiedene Situationen, und in allen drei Situationen ist die Förderung von Medienkompetenz unbestreitbar ein wesentlicher Gegenstand des Unterrichts. Schon aus diesen Beispielen wird leicht ersichtlich, dass der Begriff der Medienkompetenz auf sehr vielfältige Weise verwendet wird, was ihn inhaltlich nicht unbedingt transparenter werden lässt. Mal geht es um eher technische Fertigkeiten, dann wieder um die Interpretation komplexer Medienproduktionen und schließlich heißt Medienkompetenz auch, dass Schüler jene Institutionen kennen und beurteilen können, aus denen heraus wir alle mit Informationen versorgt und zur Meinungsbildung angeregt werden sollen.

Tom liest ein Buch. – Louisa schreibt einen Spickzettel. – Krystian entwirft ein Tafelbild an einer dreiteiligen Kreidetafel. – Melanie setzt im Sportunterricht die Trillerpfeife ein.

Wird nicht auch in diesen Situationen Medienkompetenz unter Beweis gestellt? Sie führen direkt zu der Frage, was genau mit Medien gemeint ist. Erst seit die elektronischen Medien Rundfunk und Fernsehen unseren Alltag immer stärker bestimmen und vor allem, seit das Internet aus dem Alltag nicht mehr wegzudenken ist, wurde die Frage nach dem Wesen dieser „Übermittler" und darauf aufbauend dem kompetenten Umgang mit ihnen zu einem Thema. Je länger man sich über Ähnlichkeiten und Unterschiede zwischen verschiedenen Medien Gedanken macht, umso deutlicher wird, dass auch die klassischen Informationsträger als Medien betrachtet werden können: Sie sind Objekte zur Übermittlung von Botschaften, und in ihrer materiellen Beschaffenheit setzen sie bestimmte Gestaltungsgrenzen und bringen so auch bestimmte formale

Traditionen hervor, vom Morsealphabet bis zum Abkürzungskatalog der SMS-Sprache.

Gefragt ist eine praktikable Grenzziehung. In diesem Buch werden als Medien insbesondere diejenigen thematisiert, die als Träger journalistischer Texte und Darstellungsformen etabliert sind und in der öffentlichen Kommunikation eingesetzt werden. Dazu zählen neben Print- und audiovisuellen Medien auch die so genannten „neuen Medien", sofern sie eine gesellschaftlich relevante Bedeutung erlangt haben.

1.2 Medienkompetenz – ein schwieriger Begriff

Seit in den 1970er Jahren der Begriff der Medienkompetenz vor allem durch den Erziehungswissenschaftler Dieter Baacke geprägt wurde, hat es verschiedene Versuche gegeben, ihn einzukreisen und schlüssig zu definieren. Baacke selbst unterschied die Dimensionen Medienkritik, Medienkunde, Mediennutzung und Mediengestaltung.[1] Allein der Versuch, die ersten drei Dimensionen trennscharf voneinander abzugrenzen, führt schnell zu der Vermutung, dass der Begriff der Medienkompetenz sich einer systematischen Aufschlüsselung hartnäckig entzieht.

Man muss konstatieren, dass dieser Begriff heute in vielen verschiedenen Diskursen und unterschiedlichen, teilweise sich widersprechenden Bedeutungsabstufungen verwendet wird. Mal wird allein auf die so genannten „neuen Medien" abgehoben, mal geht es vor allem um ethisch verantwortungsvolles Handeln oder – im Gegensatz dazu – ausschließlich um das Beherrschen bestimmter technischer Abläufe.

Welche begriffliche Aufschlüsselung kann dabei helfen, die tägliche praktische Arbeit zu reflektieren und mit konzeptionellen Begründungen zu hinterlegen? Jenseits der gängigen wissenschaftlichen Modellierungen, die für diesen Zweck nicht sehr hilfreich sind, mag eine extrem vereinfachende Gliederung in drei Teilbereiche weiter führen:

a) Medienproduktion – Medienbeiträge konzipieren und gestalten;
b) Medienrezeption – Medien auswählen, nutzen und bewerten;
c) Reflexion über Medien – Medienphänomene vergleichen, einordnen und kritisieren.

Diese drei Teilbereiche finden sich in der Medienbildung immer wieder und lassen sich auch situativ isolieren: Praxisprojekte und Präsentationen mit produktivem Schwerpunkt (a), der Einsatz von Medien zur Erarbeitung oder Vertiefung von Unterrichtsthemen (b), die Auseinandersetzung mit dem Mediensystem oder Fragen des Medienkonsums (c).

In vielen Fällen wird das Ziel des Unterrichts aber darin liegen, die Teilbereiche miteinander zu kombinieren und aufeinander zu beziehen. Einsicht in die

Machart und die innere Logik medialer Produktionen gewinnen Schüler oft am nachhaltigsten, indem sie neben der Analyse punktuell auch selbst zu Produzenten werden. Und Praxisprojekte sollten sich nicht im bloßen Machen erschöpfen, sondern von Phasen der Reflexion und des Vergleichs mit anderen, vielleicht auch problematischen Beispielen aus der Medienwelt begleitet werden.

Etwas differenzierter und gleichwohl gut handhabbar ist die Aufschlüsselung der Teilkompetenzen im Mediencurriculum des Landes Baden-Württemberg[2], die wiederum auf ein Positionspapier der Länderkonferenz Medienbildung zurückgeht[3]:

Teilbereich	Rolle der Medien im Lernprozess
Information	Überwiegend Lernen *mit* Medien
Kommunikation	
Präsentation	
Produktion	
Analyse	Überwiegend Lernen *über* Medien
Mediengesellschaft	
Urheber-, Lizenz- und Persönlichkeitsrechte	

Vorangestellt wird diesen Bereichen jeweils der Kompetenzbereich „Informationstechnische Grundlagen", zu verstehen als Basiskompetenz zur sachgerechten Anwendung der jeweiligen Informations- und Kommunikationstechniken. Auch hier ist hinzuzufügen, dass in der praktischen Arbeit die Teilbereiche sinnvoll miteinander verschränkt werden sollten.

1.3 Medienbildung und Fachunterricht

Es liegt in der Natur der Sache, dass sich Medienbildung zwischen zwei Polen bewegt: Zum einen geht es um die spezifischen Techniken und Gestaltungsprinzipien des jeweiligen Mediums, zum anderen aber auch um Inhalte. Letztere werden in einer Zeit, in der die Medienvielfalt und ihr wirtschaftliches Gewicht enorm zugenommen haben, mitunter vergessen: Das Medium selbst ist für sich genommen inhaltsleer.

Die schulische Medienerziehung sollte dem Trend, die Hülle selbst zum Inhalt zu erklären, keinesfalls folgen und Medien aus einer vorwiegend funktionalen Perspektive betrachten. Eine intelligente Pädagogik setzt Medien gezielt und zweckorientiert ein, vergisst nicht ihre Eigengesetzlichkeit, bindet sie aber konsequent an Fächer, Halbjahres- und Projektthemen oder Unterrichtssequenzen an.

Auf der anderen Seite sollte das nicht dazu führen, eine systematische und fächerübergreifende Medienbildung aus den Augen zu verlieren (oder sie gar nicht erst in den Blick zu nehmen). Dass sich die Medienbildung zumeist zwischen den schulischen Fächern „versteckt", erschwert den systematischen Aufbau von Medienkompetenz. „Wir machen das so nebenbei", lautet eine Aussage, die von Lehrern gelegentlich auf die Frage zu hören ist, wie sie das Thema Medienkompetenz in ihrem Fachunterricht platzieren. Oft liegt die Hauptarbeit vor allem bei den Fächern Deutsch (Film, journalistische Formen, sprachgebundene Medienbildung), Fremdsprachen (Film, Audiomedien) sowie Informatik und den MINT-Fächern (technische Grundlagen, mathematische Anwendungen). Aber auch die Fächer Kunst (Filmkunst Fotografie), Musik (Tonaufnahme, Musik-Editing, elektronische Musik), Geschichte (Medien als historische Quellen) und Erdkunde (Geo-Anwendungen) haben einen spezifischen Bezug zum Thema Medien.

Ein zentrales Anliegen dieses Buches besteht darin, alle Fächer gleichermaßen anzusprechen: Auch der Erdkundelehrer und die Biologiekollegin sollten sich mitverantwortlich fühlen für die gezielte und systematische Förderung von Medienkompetenz. In den Naturwissenschaften kann die Integration von medienorientierten Unterrichtsmodulen den Unterricht entscheidend bereichern. Und natürlich ist auch der Sportunterricht ein gut geeigneter Ort, um mit der Kamera zu arbeiten und beispielsweise Bewegungsabläufe zu analysieren und mit unterschiedlichen Gestaltungsmitteln darzustellen.

Fast alle Bundesländer haben sich dafür entschieden, Medienbildung als Querschnittaufgabe aller Fächer zu verstehen. Sie entwickeln entsprechende Handreichungen und Rahmenkonzepte für die Implementierung von Medienbildung im schulischen Curriculum. Eine Ausnahme bildet das Land Thüringen, das das Fach „Medienkunde" verbindlich mit mindestens zwei Jahreswochenstunden von Klasse 5 bis Klasse 10 eingeführt hat.[4]

Für beide Vorgehensweisen gibt es gute Argumente. Bei einem Fach „Medienkunde" besteht die Gefahr, dass die übrigen Fächer sich aus der Medienbildung zurückziehen. Wenn man darauf setzt, dass Medienkompetenz von allen Fächern gemeinsam vermittelt wird, ist die Erarbeitung eines schulischen Mediencurriculums notwendig. Andernfalls bleibt die Qualität der Medienbildung letztendlich dem Zufall und dem guten Willen einzelner Lehrer überlassen. Das Ziel sollte sein, dass der einzelne Schüler Medienbildung als einen konsistenten Prozess mit einer sinnvollen Progression erlebt (siehe Kap. 4).

1.4 Medien im Leben von Kindern und Jugendlichen

Im Alltag der meisten Kinder und Jugendlichen spielen vor allem elektronische Medien eine wichtige Rolle – dazu liefert die JIM-Studie 2011[5] einige wesentliche Zahlen: Betrachtet man die Haushalte insgesamt, so kann man sagen, dass

Computer, Fernseher, Handy und Internet heute zur Grundausstattung gehören: 99–100 Prozent der Haushalte verfügen darüber. Fast jeder Jugendliche zwischen 12 und 19 Jahren besitzt ein eigenes Handy (96 Prozent). Etwas weniger verfügt über einen eigenen Computer (79 Prozent). 45 Prozent können vom eigenen Zimmer aus in das Internet gehen. Unterschiede zwischen Jungen und Mädchen gibt es auch: Mehr Mädchen besitzen eine eigene Digitalkamera sowie ein eigenes Handy. Jungen steht dagegen häufiger ein eigenes Fernsehgerät, vor allem aber eine feste Spielkonsole zur Verfügung.

Bei der Nutzung stehen Handy und Internet ganz oben auf der Liste: Etwa 90 Prozent der Jugendlichen geben an, diese Medien mehrmals wöchentlich oder täglich zu verwenden, danach erst folgen Fernseher (89 Prozent), mp3-Player (84 Prozent) und Radio (78 Prozent). Aufschlussreich ist die Angabe, wie viel Zeit die Jugendlichen im Internet mit welchen Tätigkeiten verbringen: Ganz vorn in der Rangfolge stehen Online-Communities und soziale Netzwerke (44 Prozent der Zeit), gefolgt von Unterhaltung (Bilder, Videos, Musik, 24 Prozent) sowie Online-Spielen (16 Prozent). Die Informationssuche steht mit 15 Prozent der Nutzungszeit am Ende der Skala.

Für das Medienverhalten der jüngeren Schüler sind die Ergebnisse der KIM-Studie[6] maßgeblich. Auch hier zeigt sich die hohe Affinität zum Internet: 43 Prozent der Kinder und Jugendlichen zwischen sechs und dreizehn Jahren nutzen wenigstens ein- oder mehrmals in der Woche das Internet. Damit gehört das „Surfen" zu den am häufigsten genannten Freizeitbeschäftigungen. Dabei ist der Anteil derjenigen, die verschiedenen Online-Aktivitäten ohne elterliche Begleitung nachgehen, in der Gruppe der 12- bis 13-Jährigen naturgemäß höher als bei jüngeren Schülern.

Ebenso wichtig wie die absoluten Zahlen ist der Trend: Zwischen den beiden KIM-Studien von 2008 und 2010 gab es erhebliche Zuwächse bei den Aktivitäten „Chatten", „E-Mails empfangen" und „Im Internet surfen" – auch hier sind die Steigerungsraten bei den älteren Nutzern besonders hoch.

Die Zahlen verdeutlichen, dass Kinder und Jugendliche heute in ihrer ganz großen Mehrheit als „digital natives" aufwachsen – als Menschen, für die der Gebrauch von Computern, internetfähigen Handys und anderen komplexen elektronischen Geräten zum Alltag gehört. Schneller als viele ihrer Lehrer sind Schüler in der Lage, die technischen Funktionen von elektronischen Geräten zu verstehen. Aber die Schlussfolgerung, dass sie deshalb die kompetenteren Nutzer sind, wäre voreilig. Für die meisten Kinder und Jugendlichen stehen Unterhaltungs- und Kommunikationsfunktionen im Vordergrund – die Fähigkeit, sich gezielt Informationen zu verschaffen und sie kritisch zu bewerten, hat damit relativ wenig zu tun (vgl. Kap. 2.2.9).

Die Zahlen sollten auch nicht darüber hinwegtäuschen, dass es immer noch eine nicht unerhebliche Zahl an Kindern gibt, die wenige oder keine Vorerfahrungen im Bereich elektronischer Medien mitbringen. Dafür mag es verschiedene Ursachen geben – erwiesen ist eine Korrelation zum Einkommen der Eltern. Haushalte mit einem Nettoeinkommen von bis zu 1500 Euro verfügen laut KIM-Studie im Vergleich zu Haushalten mit mehr als 2500 Euro Nettoeinkommen wesentlich seltener über einen Internetanschluss (68 Prozent und 94 Prozent). Diese Zahl verdeutlicht, dass soziale Ungleichheiten auch im Bereich der Medienbildung nicht ausgeblendet werden dürfen. Es darf vermutet werden, dass in Haushalten mit höherem Einkommen (das auch oft mit höherer Bildung der Eltern einhergeht) die Voraussetzungen für einen kritischen und kreativen Umgang mit Medien tendenziell besser sind als in einem Haushalt mit niedrigem Einkommen.

Die Qualität eines mediengestützten Unterrichts zeigt sich demnach nicht zuletzt darin, dass er die unvermeidbaren Divergenzen in den Vorerfahrungen der Schüler aufzufangen weiß: durch differenzierende Aufgabenstellungen, gendersensible Lernarrangements und das Einbinden erfahrener Schüler als Mentoren für ihre Mitschüler.

1.5 Folgerungen für die schulische Medienbildung

Die Vielfalt des heutigen Medienangebotes – man könnte auch von Überfluss sprechen – hat Licht- und Schattenseiten. Eine verantwortungsvolle Medienbildung erschöpft sich nicht darin, neuen Trends nachzujagen, wird sich technischen Entwicklungen, die sich sinnvoll in das schulische Medienkonzept einbinden lassen, aber auch nicht verschließen. Damit ist das entscheidende Wort gefallen: ein *Konzept* ist unabdingbar, wenn Kinder und Jugendliche Medienbildung als systematisch fortschreitenden Prozess erleben sollen, in dem sich Unterrichtsbausteine aus unterschiedlichen Fächern logisch und mit allmählich wachsenden Anforderungen aneinanderfügen (Anregungen dazu in Kap. 4.2).

Die Vielfalt der Möglichkeiten erfordert Entscheidungen: Mit welchem medialen Arrangement lässt sich welches Ziel am besten erreichen? Wo liegen die spezifischen didaktisch-methodischen Qualitäten einzelner Medien? Man wird sich an bestimmten Stellen auch bewusst für „klassische" Medien wie die Zeitung entscheiden: Zeitungen kann man durchblättern, Artikel ausschneiden, aufkleben, neu arrangieren. All dies lässt sich auch mit Computerprogrammen bewerkstelligen, was aber zusätzliche Anforderungen an die Schüler stellt, ihre Aufmerksamkeit absorbiert und sie von der Auseinandersetzung mit den Inhalten ablenkt. Geht es bei leseschwachen Schülern darum, Grundlagen zu schaffen und sie an den Umgang mit Medien heranzuführen, sind Buch und Zeitung mit ihren haptischen Qualitäten und ihrer einfachen „Bedienbarkeit" als Produkte einzustufen, die kein elektronisches Medium übertreffen kann.

Eine verantwortungsvolle Medienbildung wird auch kompensatorisch wirken: In einer Zeit, in der Bildmedien dominieren, sollte an bestimmten Stellen des medialen Curriculums ganz bewusst der Akzent auf das Hören und Zuhören gesetzt werden. Andererseits: Wenn visuelle Medien eingesetzt werden, dann sollten es solche von hoher Qualität sein – Filme, über die es sich zu sprechen lohnt. Die emotionale Kraft von Filmen, ihre einzigartige Fähigkeit, fremde Welten ganz nah an den Zuschauer zu holen, kann helfen, Schüler für vermeintlich leblose Unterrichtsgegenstände zu interessieren und in eine vertiefte Auseinandersetzung mit ihnen einzusteigen.

Die enorme Innovationsgeschwindigkeit der elektronischen Medien hat zu einer Verengung der Wahrnehmung geführt: Klassische Medien gelten als uncool und angestaubt. Wer mit dieser Wahrnehmung offen umgeht, wer das überraschend Neue am Alten entdeckt, wird diesen Trend nicht umkehren können, aber hin und wieder überraschende Entdeckungen ermöglichen.

Und gleichzeitig ist es wichtig, Innovationen aufmerksam zu verfolgen und das Neue aufzugreifen, wo es didaktische Chancen bietet. Es kommt darauf an, die Einsatzmöglichkeiten elektronischer Medien für die schulische Arbeit unvoreingenommen, aber auch kritisch zu bewerten. Das private Medienverhalten von Kindern und Jugendlichen kann von Seiten der Schule – wenn überhaupt – nur durch eine enge Zusammenarbeit mit Eltern beeinflusst werden. Dennoch ist die schulische Medienbildung nicht machtlos. Sie kann die Gewohnheiten und Vorlieben von Schülern einbeziehen, sie auf Ziele umlenken, die dem schulischen Bildungsauftrag entsprechen. Beispiele dafür finden sich in den folgenden Kapiteln.

Mitunter kann eine attraktive Oberfläche als Türöffner dienen, damit sich Schüler auch Themen stellen, denen sie zunächst skeptisch gegenüber stehen. Ansprechende und gut strukturierte Lernsoftware ist gerade für viele Jungen ein geeigneter Weg, sich den individuellen Lücken in Deutsch oder Mathematik zu stellen. Und die elektronischen Angebote können den Lehrkräften auch etwas Arbeit abnehmen: Alle großen Schulbuchverlage und andere Anbieter haben Online-Systeme entwickelt, die mit Hilfe von elektronisch übermittelten Tests Fehlerquellen finden und individuell abgestimmte Übungen erstellen.

Online-Kommunikation, die bei Jugendlichen sehr beliebt ist, beruht zum großen Teil auf Schriftsprache. Vermutlich haben Jugendliche in ihrer Freizeit selten zuvor so viel geschrieben wie heute. Über die Qualität von SMS und Twitter-Nachrichten wird gerne die Nase gerümpft – was aber auch viel damit zu tun hat, dass Menschen, die nicht jeden Tag mit Telefontastaturen Notate verfassen, die differenzierte Abkürzungssprache nicht verstehen. Anstatt zu lamentieren, könnte man überlegen, ob nicht eine begrenzte Zeichenzahl als methodischer Kniff dienen kann, um das Komprimieren von Aussagen zu üben.

Das wäre nur ein Beispiel. Die kritischen Einwände gegen den Einzug von Informations- und Kommunikationstechnik in die Schulen konnten den Trend zu ihrer Verbreitung nicht aufhalten, aber sie haben insgesamt zu einem realistischeren Blick auf das Thema und in vielen Fällen vermutlich auch zu einem eher zielführenden Einsatz von Computern im Unterricht geführt. Techniklastige Großprojekte stehen nicht mehr so sehr im Fokus der Aufmerksamkeit; gefragt sind heute eine solide und alltagstaugliche Grundausstattung und didaktisch durchdachte Nutzungskonzepte. Die Erfahrungen mit störanfälligen Laptops haben dazu beigetragen, dass man gezielter nach Geräten sucht, bei denen weniger Zeit mit der Konfiguration und Wartung verschwendet wird. Ob die gegenwärtig verfügbaren Tablet-Computer diese Anforderungen erfüllen, wird diskutiert und an verschiedenen Schulen erprobt.[7] Auch die grundlegende Frage, ob in Zukunft jeder Schüler einen Computer als elektronisches Schulbuch, Arbeits- und Kommunikationsinstrument mit sich führen wird – also gewissermaßen die elektronische Schultasche –, ist noch lange nicht beantwortet.

Sicher ist nur eines: Das Thema wird in den nächsten Jahren immer wieder auf den Tagesordnungen von Lehrerkonferenzen und Fachgruppen erscheinen. Wer Computer und Internet im Unterricht nutzt, muss sich Fragen stellen und sich Fragen gefallen lassen:

- Wann und wo kann ein Einsatz von Computern den Unterricht tatsächlich bereichern und zu einer modernen Unterrichtskultur beitragen (inhaltsorientierte Betrachtungsweise)?
- Welche Zielsetzungen rechtfertigen den Aufwand, der mit der Einrichtung und dem laufenden Betrieb von Computertechnik verbunden ist (technikorientierte Betrachtungsweise)?
- Berücksichtigt der Einsatz von Computern und elektronischen Medien die unterschiedlichen Voraussetzungen der Schülerinnen und Schüler (schülerorientierte Betrachtungsweise)?
- Werden im Unterricht die kritischen Punkte bei der Nutzung elektronischer Medien aufgegriffen und thematisiert, sodass man negativen Entwicklungen bei der privaten und beruflichen Computer-Nutzung entgegenwirken kann (medienpädagogische Betrachtungsweise)?
- Ist der Einsatz der Computer so konzipiert, dass sozial schwache Familien bei der Anschaffung von Geräten oder anderen Zusatzkosten ausreichend unterstützt und ihre Kinder nicht strukturell benachteiligt werden (sozialpolitische Betrachtungsweise)?

Drei zentrale Argumente sprechen dafür, die Arbeit mit Computer und Internet als reguläre Bausteine in das schulische Curriculum zu integrieren:

- Das tägliche Leben ist heute auf so weitreichende Weise von elektronischen Medien abhängig, dass Menschen, die sich mit dem Thema nicht beschäftigen, in bestimmten Lebensbereichen mittlerweile benachteiligt sind. Das gilt für den Umgang mit Behörden und öffentlichen Institutionen, beim Buchen einer Reise oder bei der Suche nach Veranstaltungen in der eigenen Stadt. Vor allem gilt es aber auch im beruflichen Bereich, wo ein sicherer Umgang mit grundlegenden PC-Anwendungen heute Voraussetzung für die meisten Tätigkeiten ist – auch in solchen Berufen, die früher weitgehend frei von technischen Anforderungen waren.
- Die elektronischen Medien bieten Chancen, bei Schülern ein höheres Maß an Motivation und Akzeptanz zu erzielen und zugleich moderne pädagogische

Konzepte umzusetzen. Kooperatives Lernen, differenzierende Lernarrangements und individuelle Lernberatung werden durch Lernplattformen, Rechercheprojekte oder Web 2.0-Anwendungen unterstützt. Sie sind aber auch deshalb sinnvoll, weil die dynamische Entwicklung der elektronischen Medien die lebenslange Bereitschaft und Fähigkeit erfordert, sich immer wieder neu zu orientieren und in neue Produkte einzuarbeiten.
- Das Mediennutzungsverhalten der Kinder und Jugendlichen hat sich in den vergangenen Jahren erheblich verändert. Ohne jedem Trend hinterherrennen zu müssen, ist die Schule gefordert, sich diesen Veränderungen zu stellen. Indem sie die Alltagserfahrungen der Schülerinnen und Schüler aufgreift und in neue Erfahrungsräume weiterführt, versucht sie pädagogisch sinnvoll auf einen Lebensbereich einzuwirken, der im Alltag vieler Kinder und Jugendliche eine zentrale Position besetzt.

Gerade die Entwicklungen der letzten zehn Jahre zeigen, dass in regelmäßigen Abständen neu darüber nachgedacht werden muss, welche Bereiche der Medienkompetenz in der Schule die höchste Priorität haben sollten. So haben durch die weite Verbreitung von sozialen Netzwerken und internetfähigen Handys Aspekte wie Persönlichkeits- und Datenschutz an Gewicht gewonnen. Auf der anderen Seite kann man darüber nachdenken, welche Grundlagen aus dem Bereich der Informatik in der Schule eine zentrale Rolle spielen sollten: Es stehen heute beispielsweise genügend Instrumente zur Verfügung, um auch ohne vertiefte html-Kenntnisse eine Projekt-Website ins Internet zu stellen.

Medienerziehung in der Schule bewegt sich – gerade im Hinblick auf die elektronischen Medien – in einem Spannungsfeld zwischen Voraussetzungen der Schüler, eigenen Zielsetzungen und den Erwartungen einer digitalisierten Arbeitswelt. Entscheidungen über Prioritäten werden Schulen, Fachkonferenzen, Lehrerinnen und Lehrer immer wieder neu aushandeln müssen (siehe Grafik auf Seite 16).

Die sinnvolle Einbettung von Medienbildung in den Schulalltag wird auch in den nächsten Jahren eine der zentralen Aufgaben sein, wenn es darum geht, das schulische Curriculum weiterzuentwickeln. Dabei müssen die verschiedenen Lernbereiche in ein zweckdienliches Gleichgewicht gebracht werden, sodass Schüler die Chance bekommen, Medien zielorientiert und differenziert zu nutzen, ihre gestalterischen Möglichkeiten und ästhetische Qualitäten zu kennen und zu beurteilen, aber sie auch kritisch zu prüfen und einen eigenen, reflektierten Standpunkt im Verhältnis zu Medienangeboten zu entwickeln. In einem Text des Bundesministeriums für Bildung und Forschung wird Medienkompetenz, vor allem in Hinblick auf elektronische Medien, eine elementare Bedeutung im 21. Jahrhundert zugewiesen:

Medienkompetenz kann heute bereits neben Lesen, Schreiben und Rechnen als „vierte Kulturtechnik" bezeichnet werden und ist eine entscheidende Schlüsselqualifikation des 21. Jahrhunderts.[8]

Aufgaben der Medienbildung im Spannungsfeld von Schüleralltag und beruflichen Ansprüchen

Schulischer Bildungsauftrag
- Teilhabe ermöglichen
- Defizite ausgleichen
- Risiken aufzeigen
- Basiskompetenzen vermitteln
- Trends hinterfragen
- Technik als Mittel zum Zweck
- Keine unmittelbare Berufsqualifizierung

Leitbild
kompetente, kreative und kritische Mediennutzer/innen

Voraussetzungen
- Kinder und Jugendliche als „digital natives"
- Versiert im intuitiven Medienumgang, aber unerfahren in systematischer Anwendung
- Vorwissen ungleich verteilt (genderspezifische und soziale Faktoren)
- Geringes Risikobewusstsein

Situation in Beruf und Alltag
- Computerkenntnisse und Internet unverzichtbar
- Fehlende Medienkompetenz führt zu Nachteilen
- Daten- und Persönlichkeitsschutz werden unzureichend berücksichtigt
- Eigenständige Erschließung neuer Anwendungen lebenslang wichtig

Medientypen und -formate in der Unterrichtspraxis

2.1 Zeitung und Zeitschrift

Tageszeitungen sind ein wichtiger Teil der Informationskultur. Etwa 350 verschiedene Tageszeitungen mit einer Gesamtauflage 18,3 Mio.[9] erschienen 2011 in Deutschland. Die Zahl der Jugendlichen, die regelmäßig eine Tageszeitung lesen, ist seit Jahren rückläufig und lag 2011 bei 42 Prozent in der Altersgruppe der 15–19-Jährigen. Für 40 Prozent von ihnen ist die Zeitung allerdings das glaubwürdigste Informationsmedium, weit vor dem Internet mit 18 Prozent.[10] Während Film und Fernsehen eher der Unterhaltung dienen, liefert das Internet schelle Information und Kommunikation, aber auch Unterhaltung. Tageszeitungen hingegen werden als Informationsmedien für Hintergründe und Meinungsbildung wahrgenommen.

In der Tat liefern sie Hintergründe zu Politik, Wirtschaft und Kultur, die so komprimiert in keinem anderen Medium zusammengestellt sind. Sie berichten zudem über lokale Ereignisse, die auch für Jugendliche interessant sind, denn sie ereignen sich in ihrer persönlichen Umwelt. Auch die Jugendszene der eigenen Stadt findet sich in der regionalen Tageszeitung wieder. So wird regelmäßig über Ereignisse rund um Schule und Ausbildung berichtet. Die Service-Seiten bieten wichtige Informationen: Sie kündigen Konzerte und Musikveranstaltungen an und weisen auf Jugendveranstaltungen in Clubs und Kinos hin.

Zeitungen können – anders als Bücher – bedenkenlos zerschnitten, neu arrangiert und für eigene Produkte verändert werden. Diese „materielle" Qualität ist nicht zu unterschätzen – gerade auch im Vergleich zu den flüchtigen elektronischen Medien. Zeitungen und Zeitschriften sind ideale Medien, um auf Schülerinteressen einzugehen und auf unterschiedlichen Anspruchsniveaus zu arbeiten. Schüler können Text- und Bildquellen miteinander in Zusammenhang bringen und entschlüsseln. Der Umgang mit Zeitungstexten und Bildern fördert die Lesemotivation sowie die Fähigkeit, Sachtexte zu verstehen.

Viele regionale und überregionale Tageszeitungen bieten eine Zusammenarbeit mit Schulen an, um den Schülern das Lesen von Zeitungen über einen längeren Zeitraum zu ermöglichen (vgl. Kap. 2.1.6). Dass die Presseunternehmen dabei aus Eigennutz handeln (Stichwort „Leserbindung"), macht die Angebote nicht schlechter. Die direkte Begegnung mit Zeitungsmachern und die Beschäftigung mit den Arbeitsprozessen haben einen hohen pädagogischen Wert.

Zeitungen und Zeitschriften können also auf vielfältige Weise in den Fachunterricht integriert werden. Bestimmte grundlegende Arbeitsformen werden dabei immer wiederkehren:

Rezeptiv:
- Inhaltsanalyse, Gliederung, Informationsentnahme im Hinblick auf das jeweilige Unterrichtsthema;
- journalistische Textformen unterscheiden und sie zuordnen (Information versus Meinung, Überblickswissen versus exemplarische Beobachtung);
- Bild-Text-Relation untersuchen und bewerten;
- Auswertung nichtlinearer Textformen wie Diagramm, Tabelle, Infografik;
- Vergleich verschiedener, widersprüchlicher Darstellungen eines Themas innerhalb eines Medientyps;
- Vergleich zwischen Darstellungen in verschiedenen Medien.

Produktiv:
- Inhaltssicherung und Vertiefung durch Verfassen journalistischer Texte;
- Aufbereitung von Inhalten in größeren Formaten (z. B. ganze Zeitungsseiten, Wandzeitungen).

Die folgende Tabelle gibt einige Anregungen, wie Zeitungen und Zeitschriften in verschiedene Fächer einbezogen werden können – ausgenommen ist hier das Fach Deutsch, das üblicherweise für den Einstieg in die Auseinandersetzung mit dem Thema Zeitung in allen Facetten verantwortlich zeichnet. Viele Zeitungen bieten auf ihren Internetseiten auch Unterrichtsmaterialen zu Themenbereichen wie Politik, Wirtschaft oder Naturwissenschaft zum Download an. So hat beispielsweise die F.A.Z. ein eigenes Schulportal FAZSCHULE.NET, auf dem nach einer kostenlosen Registrierung Material heruntergeladen werden kann. Hier finden sich umfangreiche medienpädagogische Hefte zu Themen wie Klimawandel, Frieden und Sicherheit oder auch rechtsextremistischer Terror in Deutschland. Sie enthalten Informationen und Arbeitsmaterialien ab Klasse 9 und sind oft fächerübergreifend einsetzbar (vgl. Kap. 2.1.6).

Zeitungen in verschiedenen Unterrichtsfächern

Fach	Methode/Unterrichtsinhalt	Thema
Fremdsprachen	Lesen fremdsprachiger Zeitungen; Verfassen kleiner Artikel	Landeskunde, Kultur, Alltagsleben
Religion	Analyse von Familienanzeigen	Der Mensch in der Gesellschaft, menschliche Beziehungen, verschiedene Religionen
Mathematik	Grafiken und Tabellen untersuchen und entwerfen	Kostenrechnung, Wahrscheinlichkeitsrechnung
Naturwissenschaften	Zeitung und Zeitschrift als Informationsquelle nutzen, Lehrbuchinhalte journalistisch aufbereiten	Naturwissenschaftliche Themen in ihrem Alltagsbezug

2.1 Zeitung und Zeitschrift

Fach	Methode/Unterrichtsinhalt	Thema
Politik	Berichte, Nachrichten, Kommentare analysieren; Zeitungen/Medien vergleichen; Zuordnung zu politischen Positionen	diverse Themen aus Politik und Wirtschaft
Geschichte	Analysieren von aktuellen und historischen Zeitungen und Zeitschriften; Quellenkritik anhand von Zeitungen	Lokal- und Regionalgeschichte, aktuelle Bezüge historischer Themen,
Erdkunde	Auswerten von Zeitungen und Fachzeitschriften im Hinblick auf Lehrplanthemen; aktuelle Daten und Entwicklungen ermitteln; Reisereportagen auswerten	Tourismus, Landschaften und Länder, Klimawandel
Kunst/Musik	Auswertung von Kritiken und Kulturberichten; Verfassen von CD-Kritiken	Kunst/Musik in der Öffentlichkeit; Sprechen über Kunst/Musik

2.1.1 Eine kurze Geschichte der Zeitung

Bereits im 17. Jahrhundert erschienen in Deutschland die ersten periodischen Publikationen. Als erste regelmäßig erscheinende Zeitung in Deutschland gilt die am 15. Januar 1609 in Wolfenbüttel erstmals gedruckte „Aviso, Relation oder Zeitung" („Aviso" bedeutet Brief, Ankündigung, Nachricht). Herausgeber und Drucker war Julius Adolph von Söhne, der in seiner Zeitung eine gebildete Leserschaft jede Woche über politisch-militärische Themen aus ganz Europa informierte.

Die erste Tageszeitung in Deutschland mit sechs Ausgaben pro Woche erschien 1650 in Leipzig unter dem Namen „Einkommende Zeitungen". Auch sie berichtete vornehmlich über politische Ereignisse in Europa und hatte schon in vielen Ländern Korrespondenten. Vorbedingung für diese Entwicklung war neben dem technischen Fortschritt eine zunehmende Alphabetisierung, vor allem in den Städten. Die neuen Druckerzeugnisse hatten noch eine geringe Verbreitung und enthielten zunächst nur ungeordnete Meldungen ohne jegliche Kommentierung. Zudem unterlagen sie einer strengen Zensur durch die jeweils Herrschenden.

„Aviso" erschien erstmals 1609 und gilt als älteste Zeitung in Deutschland.

100 Jahre später erschienen im deutschsprachigen Raum rund 90 Zeitungen mit einer Auflage von durchschnittlich 2000 Exemplaren. Sie umfassten anfangs nur zwei bis vier Seiten, wurden aber mit steigender Auflage erweitert; dazu kamen bald auch schon Anzeigenteile. Zu einem der bedeutendsten Blätter entwickelte sich der „Hamburgische Unpartheyische Correspondent", der seit 1731 viermal in der Woche in Hamburg erschien. Die Zeitung beschäftigte die ersten Journalisten, die von ihren Beiträgen ihren Lebensunterhalt bestreiten konnten. Die Auflage stieg bis 1801 auf 51.000, wobei 4000 Exemplare jeweils in das europäische Ausland gingen. So entwickelte sich Hamburg zum ersten Pressezentrum in Deutschland.

Neben den politischen Zeitungen, die sich an ein gebildetes Publikum richteten, erschienen im 18. Jahrhundert zahlreiche Wochenblätter, die sich an die breite Bevölkerung, insbesondere auf dem Lande richteten. Sie waren in einfacher Sprache geschrieben und berichteten auch über unterhaltende Themen. Meist fand das Zeitunglesen nicht im häuslichen Bereich statt, sondern oft unter Anleitung von Pfarrern oder Lehrern, die Leseveranstaltungen durchführten.

Im Zuge der Aufklärung kam es zur faktischen Trennung von Zeitung und Zeitschrift. Die Zeitschriften spezialisierten sich und wurden oft nur von einem akademisch gebildeten Publikum rezipiert. Die Zeitungen brachten weiterhin Informationen, Meinungen und Belehrungen an eine breite Öffentlichkeit.

Der „Hamburgische unpartheyische Correspondent" wurde um 1800 herum in einer Auflage von etwa 50.000 Exemplaren gedruckt.

Im 19. Jahrhundert, dem Zeitalter fortschreitender Industrialisierung, stieg die Verbreitung der Presse sprunghaft an, da neue Reproduktionstechniken die massenhafte und preiswerte Verbreitung von Zeitungen ermöglichten. Hinzu kam, dass die sich auch die ökonomische Basis der Presse veränderte. Durch Anzeigen und günstigere Herstellungskosten hatten auch untere Bevölkerungsschichten Zugang zum Medium Zeitung und konnten wiederum auch über die Zeitung erreicht werden.

Um breite Käuferschichten zu erschließen, veränderten sich auch die Inhalte. Lag der Schwerpunkt bisher auf der politisch-militärischen Berichterstattung, kam nunmehr Lokalberichterstattung hinzu, ebenso wie Berichte über gesellschaftliche Ereignisse und Prominente, über Literatur und

Kultur. Auch das Angebot an Zeitungen erhöhte sich: Neben Tages- und Wochenzeitungen erschienen die ersten Presseerzeugnisse, die dazu dienten, die Interessen von Vereinigungen und Parteien zu verbreiten. Sie standen im Spannungsfeld politischer Rahmenbedingungen. Zum einen wurden sie als Mittel der Herrschaftssicherung genutzt, zum anderen konnten sie als Mittel zur Verbreitung neuer revolutionärer Ideen eingesetzt werden.

Zu Beginn des 20. Jahrhunderts waren Zeitungen das einzige Massenmedium und genossen eine Monopolstellung in der Informationsverbreitung. Sie erschienen zeitweise bis zu viermal täglich. War die Zeitung im 1. Weltkrieg noch instrumentalisiert als Mittel der Kriegspropaganda, so kam es mit dem Ende des Kaiserreiches zu einem neuen Pluralismus. Die 20er Jahre waren gekennzeichnet von einer enormen Bandbreite veröffentlichter Meinungen und Weltanschauungen. So erschienen 1932 in Deutschland 4703 Tages- und Wochenzeitungen mit einer Gesamtauflage von 25 Millionen Exemplaren. Neben den großen Zeitungsverlagen und Lokalzeitungen brachten auch Interessengruppen wie Parteien, Gewerkschaften, Kirchen und Verbände Zeitungen heraus, die meinungs- und politikbildend wirkten. Ökonomisch gesehen mussten allerdings viele Herausgeber ihre Zeitungen unterstützen, da sie sich selbst nicht tragen konnten.

Die Vielfalt täuscht: 1938 waren die Zeitungen gleichgeschaltet und zu Propagandainstrumenten mutiert.

Aus der vielfältigen Zeitungslandschaft der Weimarer Zeit traten anspruchsvolle überregionale Zeitungen wie die angesehene liberale Vossische Zeitung oder die Frankfurter Zeitung hervor, der Vorläufer der heutigen *F.A.Z.* Neben literarisch-politischen Zeitschriften wie der *Weltbühne* gab es eine große Zahl von lokalen Presseerzeugnissen, bunten Illustrierten und Groschenromanen, die den Massengeschmack bedienten.

Die Zeitungen der politischen Gruppierungen heizten die Auseinandersetzungen um die Weimarer Demokratie immer wieder an. Wesentlichen Anteil an der Radikalisierung der Presse hatte der Konzern Alfred Hugenbergs, das erste deutsche Medienimperium. Hugenberg war ein nationalistischer Industrieller, der mithilfe seiner Zeitungen den Aufstieg der NSDAP unterstützte und sich den Sturz der Weimarer Demokratie zum Ziel gesetzt hatte. Sein Unternehmen, zu dem auch Buchverlage und Filmgesellschaften gehörten, beherrschte Ende der 20er Jahre die deutsche Medienlandschaft. Nach 1933 und einer gescheiterten Karriere als Minister in Hitlers Kabinett musste Hugenberg seine Presseunternehmen verkaufen – ein Schritt, der zur Abschaffung der Pressefreiheit wesentlich beitrug. Während der NS-Herrschaft wurde die gesamte Medienlandschaft zu einem Element staatlicher Propaganda. Viele Zeitungen wurden verboten, Journalisten entlassen, vertrieben und verfolgt.

Der Wiederaufbau des deutschen Pressewesens begann 1945 unter der Kontrolle der Alliierten, die zuvor alle Zeitungen verboten. Ziel der westlichen Alliierten war es, eine pluralistische Presselandschaft zu schaffen, so dass zunächst unbelastete Journalisten Zeitungslizenzen erhielten, während in der sowjetischen Zone das Pressewesen in den Dienst der ideologischen Umerziehung gestellt wurde. Mit Gründung der Bundesrepublik und der DDR 1949 gaben die Alliierten die Aufgabe der Lizenzerteilung an die jeweiligen Regierungen ab, was zu einem starken Anstieg von Neugründungen durch Altverleger führte. Ab November 1949 erschien die *F.A.Z.* in der Nachfolge der *Frankfurter Zeitung*, 1952 folgte die Gründung der *Bild-Zeitung*. Seit den 1960er und 1970er Jahren kam es zu einer fortschreitenden Konzentration im Pressewesen, der überwiegend kleine Zeitungen zum Opfer fielen. Im Gegensatz zur Weimarer Zeit spielten die Tendenz-Presseorgane wie Parteizeitungen keine bedeutende Rolle mehr, während politische Magazine wie *Der Spiegel* oder *Stern* zu gesellschaftlich-politischen Institutionen wurden.

Die Zeitung musste sich aber auch zunehmend der Konkurrenz durch andere Massenmedien stellen. Waren es zunächst nur Fernsehen und Hörfunk mit einer begrenzten Programmzahl und Sendezeit, die um die Ware Information im Wettstreit standen, so kam in den 80er Jahren eine Fülle neuer Fernseh- und Radiosender hinzu, die nunmehr rund um die Uhr sendeten. Es bildeten sich eigene Nachrichtensender, die den Zeitungen heute Konkurrenz auf dem Feld der aktuellen Berichterstattung machen. Zugleich ist aber auch festzustellen, dass große Zeitungsverlage durch Beteiligungen an Rundfunk- und Fernsehsendern zusätzliche Standbeine entwickeln.

Seit den 90er Jahren ist das Internet mit einer Flut an Informationsangeboten hinzugekommen, die inzwischen immer und überall abrufbar sind. Vor diesem

Hintergrund hat einer massiver Wandel im Auftritt der Printmedien begonnen. Die meisten Zeitungen haben neue Produkte für das Internet entwickelt; sie präsentieren sich online mit aktuellen Informationen und Hintergründen. Aber auch das äußere Erscheinungsbild der Printprodukte hat sich gewandelt. Vom optischen Auftreten bis zur sprachlichen Textgestaltung reicht das Bemühen um neue, leserfreundliche Formate. Diese sollen gerade den jüngeren Leuten entgegenkommen, deren Wahrnehmungsgewohnheiten durch visuelle Medien geprägt sind.

2.1.2 Zeitungen und Zeitschriften – Typen und Formen

Zeitungen

Der deutsche Zeitungsmarkt zeichnet sich durch ein vielfältiges Angebot aus. So erschienen 2011 347 Tageszeitungen, von denen 329 lokale und regionale Abonnementszeitungen waren, 10 erschienen als überregionale Blätter und 8 als Straßenverkaufszeitungen. Hinzu kamen 21 Wochenzeitungen und 6 Sonntagszeitungen.[11]

Das Zeitungsangebot lässt sich nach dem Verbreitungsgebiet ordnen sowie nach der Vertriebsart:

- *Lokale und regionale Abonnementszeitungen*: Sie haben den wesentlichen Anteil an der Gesamtauflage und werden den Lesern für die Dauer ihres Abonnements nach Hause zugestellt. Ihre Berichterstattung ist seriös und informativ. Die Vielfalt der Zeitungen täuscht allerdings darüber hinweg, dass viele der lokalen Blätter inzwischen großen Zeitungskonzernen einverleibt wurden. Diese erstellen einen Mantelteil für alle Ausgaben und fügen je nach Verbreitungsgebiet unterschiedliche Lokalteile hinzu. Der Konzentrationsprozess hat dazu geführt, dass der Tageszeitungsmarkt in vielen Regionen (auch in etlichen Großstädten wie Stuttgart oder Hannover) von jeweils einem einzigen Verlag mit mehreren Titeln dominiert wird.
- *Überregionale Tageszeitungen:* Sie sind im ganzen Bundesgebiet verbreitet und werden überwiegend auch als Abonnementszeitungen verkauft. Ihre Redaktionen sind größer als die der Lokal- und Regionalzeitungen und sie verfügen über ein weltweites Korrespondentennetz. In der Bundesrepublik nehmen überregionale Zeitungen wie die *Süddeutsche*, die *F.A.Z.* und die *Frankfurter Rundschau* eine bedeutende Funktion in der Meinungsbildung ein. Aber auch sie haben eine regionale Bindung, denn sie erscheinen jeweils in einer Regionalausgabe und einer Deutschlandausgabe.
- *Straßenverkaufszeitungen*: Hierbei handelt es sich um Boulevardzeitungen, die zum Teil auch überregional erscheinen, wie die größte Boulevardzeitung in Deutschland, die *Bild-Zeitung*. Sie haben nicht die seriöse Information zum Ziel, sondern sie wollen die Leser unterhalten. Sie arbeiten mit einfachen

Darstellungen und Schlagworten und berichten vor allem über „menschliche Ereignisse".
- *Die Sonntagszeitungen:* Es handelt sich nicht um eigenständige Zeitungen, sondern es sind Sonntagsausgaben von überregionalen Tageszeitungen wie der *F.A.Z.* oder der *Welt.* Auch einige regionale Zeitungen wie z. B. der Bremer *Weser-Kurier* produzieren Sonntagsausgaben. Über die tagesaktuellen Themen hinaus bieten sie grundlegende Analysen und Hintergrundberichte sowie unterhaltende Beiträge.
- *Wochenzeitungen:* Sie werden überwiegend als Abonnementszeitungen verkauft und können wie die Sonntagszeitungen aktuelle Themen umfassender präsentieren und in größere Zusammenhänge stellen. Zudem werden auch Wissenschaftsthemen aufgegriffen. Neben der liberalen *Zeit* aus Hamburg existieren in Deutschland weitere Wochenzeitungen, die oft einer politischen oder gesellschaftlichen Gruppe nahestehen, wie z. B. die *Jüdische Allgemeine* aus Berlin oder der linksliberale *Freitag*.

Zeitschriften

In Deutschland erscheinen jährlich tausende unterschiedliche Zeitschriften; monatlich geben die Deutschen die erstaunliche Summe von etwa 280 Millionen Euro dafür aus.[12] Zeitschriften lassen sich grob in drei Gruppen einteilen:
- Die *Publikumszeitschriften.* Sie sprechen ein breites Publikum an und bieten Informationen und Unterhaltung, ohne auf ein bestimmtes Thema festgelegt zu sein. Zu dieser Gruppe gehören Nachrichtenmagazine wie *Spiegel* oder *Focus* ebenso wie Fernsehzeitungen wie *Gong* oder *TV-Spielfilm*. Auch Frauenzeitschriften wie *Brigitte* oder *Glamour* gehören dazu, zudem Unterhaltungsmagazin wie *Gala* oder *Bunte*. Hinzu kommen noch eine große Anzahl von Kinder-und Jugendzeitschriften. Sie werden im Handel verkauft, aber auch im Abonnement. Hersteller sind meist die großen Medienverlage.
- Die *Fachzeitschriften:* Sie konzentrieren sich auf ein klar eingegrenztes Fachgebiet und wenden sich an eine bestimmte Berufsgruppe oder an ein wissenschaftliches Publikum. Sie werden vorwiegend im Abonnement bezogen, sind aber auch im Buchhandel erhältlich und werden oft von kleinen, spezialisierten Verlagen produziert. Im Unterschied zu Fachbüchern haben sie eine größere Aktualität, so dass sie sich im Unterricht gerade der Sekundarstufe II gewinnbringend einsetzen lassen.
- Die *special interest* Zeitschriften: Sie richten sich mit einem bestimmten Themengebiet an ein breites Publikum. Es geht beispielsweise um Computer, Sport, Reisen, Erziehung, Kunst oder Literatur. Viele dieser Magazine bieten Informationen auf fachlich hohem Niveau und in einer optisch ansprechenden Aufbereitung.

Zeitschriften lassen sich aufgrund ihrer Vielfalt in allen Fächern einsetzen. So können Auszüge aus *Geo*, *National Geographic* oder aus Wissensmagazinen wie *Zeit Geschichte* und *Spektrum der Wissenschaft* oder auch dem Filmmagazin *Film* an vielen Stellen des Unterrichts sinnvoll eingesetzt werden. Zugleich können Schüler bei der Arbeit mit mehreren Zeitschriften lernen, aus einem breit gefächerten Informationsangebot auszuwählen und Texte hinsichtlich ihrer Eignung für ein Rechercheziel zu bewerten.

2.1.3 Journalistische Darstellungsformen

Im Gegensatz zum Buch, das zumeist von Anfang bis Ende seitenweise gelesen wird, rezipieren wir Printmedien selektiv, d.h. der Leser wählt individuell aus, was für ihn von Interesse ist. Eine Zeitung stellt sich aber nicht nur inhaltlich wie ein großer Bauchladen dar, auch die Textformen variieren stark. Es hat sich ein Kanon von Texttypen herausgebildet, die jeweils bestimmten kommunikativen Zwecken dienen. Der kompetente Leser weiß, was er von einem Kommentar, einer Glosse, einer Reportage oder einem Interview erwarten kann. Dieses „Mitlesen" der Textsorte ist ein wichtiger Bestandteil von Lesefähigkeit. Wer es beherrscht, kann bei der Lektüre gezielter vorgehen und schneller zu den Informationen gelangen, die er benötigt.

Die aktuelle Entwicklung in der Medienlandschaft hat dazu geführt, dass sich das inhaltliche Bild der Zeitungen gewandelt hat vom Informationsjournalismus hin zu einem Bedeutungsjournalismus: Die Grenzen zwischen aktueller Nachricht, Hintergrund und Meinung verwischen. Es gibt vermehrt Textsorten wie Features oder Magazinbeiträge, in denen Information mit Bewertung verbunden wird. Hier findet nicht zuletzt auch eine Annäherung zwischen dem Medium Zeitung und der Zeitschrift statt. Umso wichtiger ist es, dass Schüler die grundlegenden Textfunktionen und die ihnen zugeordneten Textsorten kennen. Sie lassen sich grob in zwei Gruppen teilen:
1. Information und Darstellung (vgl. **Arbeitsblätter „Zeitung" 1/2**)
2. Meinung und Bewertung (vgl. **Arbeitsblätter „Zeitung" 3–5** und **8/9**)

Hierbei handelt es sich um Schwerpunkte, bei denen es auch Überschneidungen gibt, denn Textsorten, die eine Meinung wiedergeben, enthalten auch Passagen, in denen ein Sachverhalt geschildert wird.

Information und Darstellung

Zu den informierenden und darstellenden Textarten gehören Meldung, Nachricht, Bericht, Interview und Reportage. Ihnen allen ist gemeinsam, dass sie zunächst Informationen vermitteln wollen.

- *Die Meldung.* Sie ist die kürzeste aller Textformen zur Wiedergabe einer Sachinformation. Sie beantwortet in aller Kürze die W-Fragen ohne weitere Informationen.
- *Die Nachricht.* Sie hat einen zweiteiligen Aufbau: Am Anfang steht das Wichtigste – das weniger Wichtige (nähere Umstände etc.) folgt am Schluss. Eine Nachricht kann Meinungsäußerungen beteiligter Personen enthalten, auch in Form wörtlicher Zitate. Die Beantwortung der W-Fragen bildet das Gerüst des Textes. Damit erscheint die Nachricht oft als Umkehrung einer Chronologie. Sie umfasst höchstens 20 Zeilen.
- *Der Bericht.* Hier handelt es sich um eine ausführlichere Nachricht, in die auch die eventuelle Vorgeschichte oder Hintergründe einbezogen werden. Der Bericht ist nicht nach Sätzen aufgebaut, sondern nach Absätzen, die aber auch dem Prinzip folgen, das Wichtigste zuerst zu präsentieren. Es gibt Berichte, die eher auf die Analyse eines Problems ausgerichtet sind, und solche, die vor allem aktuelle Vorgänge beschreiben, z. B. den Verlauf einer Parlamentsdebatte oder einer Gerichtsverhandlung.
- *Das Interview.* In einem Interview werden Personen im direkten Gespräch zu einem Thema befragt. In der Zeitung findet hauptsächlich die Form des Wortlaut-Interviews Verwendung – dabei werden Fragen und Antworten wörtlich abgedruckt. Das Interview ist die direkte Meinungswiedergabe eines Befragten, dabei kommen Politiker, Künstler oder Sportler zu Wort. Interviews können demensprechend ganz unterschiedliche Ziele haben: Sie können dazu dienen, Positionen in einem Streit pointiert abzubilden, sie können aber auch Informationen oder die wissenschaftliche Aufarbeitung eines Sachverhalts vermitteln (Experten-Interview).
- *Die Reportage.* Sie verbindet Information und Unterhaltung. Wichtige Bestandteile der Reportage sind die unmittelbare Berichterstattung von einem Ereignis, an dem der Journalist selbst teilgenommen hat, so dass der Eindruck von Authentizität entsteht. Reportagen sollten die Fakten konkret und genau wiedergeben. Die Sichtweise des Berichtenden kommt schon dadurch zum Ausdruck, dass die Informationen in einer bestimmten Weise ausgewählt und angeordnet werden. Es gibt Reportagen, die einen eher nachrichtlichen Charakter haben (z. B. aus einem Kriegsgebiet) und solche, die eher unterhalten wollen (Sportreportage, Reisereportage).
- *Die Infografik.* Infografiken fassen wesentliche Fakten in einer kombinierten Darstellung aus Text, Tabellen, Diagrammen, Karten und/oder technischen Zeichnungen zusammen. Sie geben dem Leser einen schnellen Überblick über Fakten, die sich auf diese Art gut darstellen lassen.

Abgesehen von den letzten drei Textarten sind die informierenden Darstellungsformen meist nach dem Schema der so genannten sieben W-Fragen aufgebaut:

1. Wer?
2. Was?
3. Wo?
4. Wann?
5. Wie?
6. Warum?
7. Welche Quelle?

Für die Arbeit mit den informierenden Textformaten der Zeitung eignen sich in den unteren Klassen am besten lokale und regionale Tageszeitungen. Sie greifen viele Themen aus dem Nahbereich der Schüler auf und können ihnen so vermitteln, dass Zeitungen einen Bezug zur Lebenswirklichkeit haben. Zudem sind die Sprache und Aufbau der Zeitung oft leichter verständlich als in überregionalen Zeitungen wie der *F.A.Z.* oder der *Süddeutschen Zeitung*. Dementsprechend ist es für den Einstieg in das Verfassen von Zeitungstexten ebenfalls sinnvoll, Themen vorzugeben, die Schüler aus unmittelbarer Erfahrung kennen. Es bietet sich zum Beispiel an, Berichte oder Reportagen zu einem besonderen Ereignis in der Schule wie Schulfest, Klassenfest oder eine Theateraufführung zu verfassen.

Meinung und Bewertung

Zu den Textsorten, die eine Meinung wiedergeben, gehören zuallererst der Kommentar, aber auch Glosse und Kulturkritik (Film, Literatur, Musik). Allen gemeinsam ist, dass sie Informationen in wertender Weise aufgreifen und verbinden und meist auch eine explizit persönliche Meinungsäußerung enthalten. Eine ähnliche Funktion haben Karikaturen.

- *Der Kommentar.* Typisch ist ein zweiteiliger Aufbau. Im ersten Teil werden das Thema benannt und notwendige Sachinformationen gegeben. Dann werden Pro und Kontra abgewogen und am Ende folgt die Bewertung durch den Kommentator, der immer mit vollem Namen benannt wird.
- *Der Leitartikel.* Hier handelt es sich um eine besondere Form des Kommentars, sie findet sich meist auf der ersten Seite einer Zeitung. Im Leitartikel werden Themen aufgegriffen, denen eine Zeitungsredaktion zu einem bestimmten Zeitpunkt ein besonderes Gewicht verleihen möchte. Wenn es so etwas wie eine politische Linie einer Zeitung gibt, findet sie sich hier wieder. Oft werden Leitartikel vom Chefredakteur verfasst.
- *Die Glosse.* Ziel einer Glosse ist es, mit den Mitteln der Ironie und der Übertreibung aktuelle Probleme aufzugreifen und zuzuspitzen. Glossen können in vielerlei Gestalt daherkommen, in Form von fiktiven Briefen, als Kurzreportagen oder witzig kommentierenden Texten. Viele Glossen beziehen ihre Wirkung daher, dass sie zwischen an sich unzusammenhängenden Beobachtungen

künstlich Verbindungen herstellen. Manche Glossenschreiber entwickeln auch Kunstfiguren, die sie immer wieder auftreten lassen.
- *Die Kritik.* Diese Textsorte kommt vor allem im Kulturteil einer Zeitung vor. Ein aktuelles Ereignis oder ein neu erschienenes Werk (CD, Buch usw.) wird vorgestellt und vom Autor bewertet. Mitunter werden auch Testberichte zu Konsumartikeln (Autos, Handys etc.) ähnlich wie Kritiken verfasst.
- *Die Karikatur.* Fast jede Zeitung nutzt dieses Mittel, um die textlastige Berichterstattung über Politik und Wirtschaft aufzulockern. Karikaturen thematisieren in einer ironisch verzerrenden bildlichen Darstellung (manchmal in Verbindung mit Textelementen) ein aktuelles politisches Problem. Sie sind ein ausgezeichnetes didaktisches Mittel, denn um sie zu entschlüsseln, müssen Schüler die mitunter nur angedeuteten Themenbezüge erkennen, benennen und bewerten können.

Kennzeichnend für bewertenden Artikel ist, dass sie oft eine kurze prägnante Überschrift haben, die den Leser neugierig machen soll. Typisch sind auch sprachliche Mittel wie Ironie, Übertreibungen oder die Verwendung von Metaphern, um den Leser zur Meinungsbildung anzuregen.

Die wertenden Artikel einer Zeitung eignen sich vor allem für den Unterricht in den höheren Klassen. Hier lassen sich verschiedene Textformen zum gleichen Thema gegenüberstellen, z. B. im Hinblick auf Umfang, Informationsgehalt und Absicht. (vgl. **Arbeitsblätter „Zeitung" 4/5 und 8/9**).

Unterrichtstipp: Medienvergleich als didaktisches Instrument
Rezensionen sind immer eine Momentaufnahme in einem größeren Kommunikationszusammenhang. Sie vertreten Standpunkte, die man auch hinterfragen kann. Das können Schüler am besten durch Textvergleiche erschließen: Indem sie zwei Rezensionen vergleichen, erkennen sie Gemeinsamkeiten und Unterschiede in der Wahrnehmung eines Buches oder eines Films durch die Autoren. Auch der Vergleich zwischen Filmkritik und Pressetext des jeweiligen Produzenten/Verleihs kann aufschlussreich sein. Vergleiche sind auch ein geeignetes Instrument, um zu verdeutlichen, dass die Auswahl an Informationen einen starken Einfluss auf die Wirkung hat, die ein Text beim Leser erzielt.

Weitere Textformen

Zu den journalistischen Darstellungsformen gehören zunehmend auch umfangreichere Dossiers, die ein aktuelles Thema in Clusterform aufbereiten. Dabei kommen unterschiedliche Textformen sowie Fotos und Infografiken zum Einsatz (vgl. **Arbeitsblätter „Zeitung" 10/11**). Solche Dossiers bieten dem Leser die Möglichkeit, seinen Informationsbedarf selbst zu bestimmen und auszuwählen. Meist gruppieren sich um einen Haupttext verschiedene kleinere Elemente, die einzelne Aspekte, konkrete Beispiele oder beteiligte Personen herausheben. Dies kann auch durch Interviews mit Betroffenen, aber auch durch Kurzkommentare oder kommentierte Grafiken geschehen.

Ein weiterer Bereich der journalistischen Darstellungsformen sind Service-Texte. Ihre Bedeutung hat für die Zeitungen in den letzten Jahren deutlich zugenommen – spätestens seit es in diesem Informationssegment viele Konkurrenzangebote im Internet gibt. Im Serviceteil werden Nachrichten und Informationen in gebündelter Form wiedergegeben, oft nicht in Sätze verpackt, sondern nur auf die wesentlichen Daten reduziert. Beispiele sind Börsennotierungen in tabellarischer oder auch grafischer Form, das Fernsehprogramm, der Veranstaltungskalender, Termine aus Vereinen oder Informationen über Beratungsstellen und Notdienste. Gerade Lokalzeitungen liefern hier wichtige Informationen für das tägliche Leben ihrer Leser.

Der Leserbriefteil einer Zeitung oder einer Zeitschrift ist der Bereich, in dem die Leser das Wort haben – allerdings gefiltert durch die Auswahl der Redaktion. Diese Seite ist ein Spiegel dessen, was die Mehrheit der Leser gerade bewegt, welche Themen ihnen am Herzen liegen oder zum Widerspruch herausfordern. Thema und Sprache von Leserbriefen verraten viel über die Denkweise in der Zeit, zu der sie geschrieben wurden, und können ergänzend zu journalistischen Texten mitunter sinnvoll eingesetzt werden.

In allen Zeitungen gibt es für bestimmte Textsorten feste Plätze: Der Leitartikel, wichtige Meldungen und Nachrichten stehen auf der Titelseite, Kommentare oft auf der zweiten Seite, Glossen oder Kritiken gern im Feuilleton. Der grundsätzlich gleichbleibende Aufbau hilft bei der schnellen Orientierung in der Zeitung – Schüler, die selten oder nie eine Zeitung in die Hand nehmen, müssen sich diese Orientierungshilfe aber erst erarbeiten.

Zum Angebot einer Zeitung oder Zeitschrift gehört heute auch der Internet-Auftritt, der zumeist einen Teil der gedruckten Nachrichten übernimmt. Einige überregionale Zeitungen und Nachrichtenmagazine wie die *F.A.Z.*, die *Süddeutsche Zeitung* oder auch *Der Spiegel* verfügen über eigenständige Internetredaktionen, die thematisch meist andere Akzente setzen als die Printausgaben. Zu den Besonderheiten des Online-Journalismus finden sich Anmerkungen in Kap. 2.2.8.

> **Unterrichtstipp: Arbeit mit Leserbriefen**
> Das Erste, was ein Blick auf die Leserbriefseiten einer Zeitung verrät, sind die Themen, die bei den Zeitungslesern auf besonderes Interesse stoßen. Schüler werden sich unwillkürlich fragen: Sind das auch meine Themen? Zu welchem Thema würde ich einen Leserbrief schreiben? Im Vergleich verschiedener Leserbriefe zum gleichen Thema können Schüler unterschiedliche Standpunkte herausarbeiten und bewerten, ob die jeweiligen Schreiber konstruktive Kritik üben und selbst Lösungsansätze anbieten.
> Leserbriefschreiber konzentrieren sich oft auf ein einziges Argument und lassen damit viele Leerstellen. Deshalb können Leserbriefe zu einem aktuellen Thema aus Wissenschaft, Kultur und Politik gut als Ausgangspunkt für eine thematische Erkundung verwendet werden: Was ist eigentlich das Problem, um das es hier geht? Welche weiteren Argumente und Gegenpositionen gibt es?
> Für den Geschichts- oder Politikunterricht eignen sich Leserbriefseiten aus historischen Zeitungen, beispielsweise der DDR, wo es regelrechte von Partei- und Staatsführung angeregte Kampagnen gab, etwa zu staatlichen Maßnahmen wie dem Mauerbau oder der Ausbürgerung von Künstlern wie Wolf Biermann. Hier können die manipulativen Möglichkeiten von Leserbriefen deutlich werden ebenso wie ihre Instrumentalisierung durch den Staat.

2.1.4 Rezeption von Printmedien – Anregungen für die Praxis

Printmedien haben zwar nach wie vor eine starke Position als Informationsmedium, gerade unter Jugendlichen gibt es aber auch eine Tendenz weg von Tageszeitung und Zeitschrift. Die Ursachen dafür sind vielfältig – sie liegen oft im Elternhaus, in dem keine Zeitung vorhanden ist, am mangelnden Interesse an Politik sowie an der Nutzung anderer Medien wie Fernsehen oder Internet. Viele Jugendliche wissen nicht mehr, dass beispielsweise in Regionalzeitungen über viele Themen aus ihrer direkten Umgebung berichtet wird. Sie kennen den Aufbau einer Zeitung nicht und sind nicht mit dem selektiven Lesen einer Zeitung vertraut.

Die Erfahrung aus Zeitungsprojekten wie „Jugend liest", „ZiSch" oder „ZEUS" zeigt, dass Schüler ihr Leseverhalten ändern, wenn ihnen die Zeitungen über einen längeren Zeitraum zur Verfügung stehen und sie sinnvolle Anregungen bekommen, mit der Zeitung zu arbeiten. Für die unteren Jahrgänge eignen sich hierfür eher Lokalzeitungen oder die Lokalteile überregionaler Zeitungen, während für die Jahrgänge ab Klasse 9 auch die überregionale Presse in Frage kommt. Unterrichtseinheiten über die Struktur und den Aufbau von Zeitungen sind sicherlich zunächst im Deutschunterricht angesiedelt, lassen sich aber auch als fächerübergreifende Projekte, z. B. mit dem Kunstunterricht, verbinden. Auch im Fremdsprachenunterricht lassen sich Format und Inhalt von Zeitungen in der jeweiligen Sprache behandeln.

Die Ressorts einer Zeitung

Eine Zeitung besteht in der Regel aus mehreren „Zeitungsbüchern". Ein Buch nennt man die zu einem einzeln herausnehmbaren Zeitungsteil zusammengefassten Seiten. Einzelne Bücher dienen dazu, Rubriken abzugrenzen (Sportteil, Wirtschaftsteil, Feuilleton, etc.), aber auch Sonderbeilagen oder Magazine erscheinen oft als einzelnes Buch. So teilt z. B. die *F.A.Z.* ihre Ausgabe auf in vier Bücher:
- *Politik:* Es umfasst Nachrichten, Hintergrundreportagen, Analysen ebenso wie Kommentare oder Glossen zum aktuellen politischen Geschehen.
- *Wirtschaft:* Hier finden sich Berichte, Analysen Hintergründe und Kommentare zu Fragen deutscher und internationaler Wirtschaftspolitik, zu Nachrichten und Informationen über Unternehmen, die in Zusammenhang gesetzt werden zu politischen Ereignissen im In-und Ausland.
- *Finanzmarkt und Sport:* Hier werden in grafischer und tabellarischer Form die wichtigsten aktuellen Daten der Finanzmärkte wie Aktienkurse präsentiert. Im Sportteil wird über sportliche Ereignisse aus aller Welt berichtet, auch hier mischen sich Information, Tabellen und Kommentare. In der Montagsausgabe erhält der Sport, wie in vielen anderen Zeitungen auch, ein eigenes Buch.
- *Feuilleton:* Hier wird berichtet über künstlerische Entwicklungen, Ereignisse wie Film oder Theater werden rezensiert und Bücher besprochen.

Ergänzend erhalten Leser des Rhein-Main-Raumes noch ein weiteres Buch, das gesondert für die Region berichtet. An einigen Wochentagen erscheinen zusätzlich noch Beilagen und Sonderseiten zu Themen aus Wissenschaft und Technik sowie umfangreiche Anzeigenteile. Diese dienen zum einen der Information, zum anderen aber auch als Einnahmequelle für die Zeitungen. Viele Anzeigenblöcke wie der Stellenmarkt, der Automarkt oder Wohnungs- und Kunstmarkt haben ihren festen Platz in den Zeitungen. So erscheinen Immobilienmarkt oder Stellenmarkt in vielen Zeitungen umfangreich in den Wochenendausgaben. Der Erlös aus den Anzeigen ist heute zur unverzichtbaren Einnahmequelle der Zeitungen geworden; ohne sie wäre es nicht möglich, Zeitungen bei gleichem redaktionellen Umfang zu den heute geltenden Preisen zu verkaufen.

Die Beschäftigung mit der Ressorts der Zeitung im Unterricht verfolgt das Ziel, zum einen an das genauere Lesen einer Zeitung heranzuführen und zum anderen die einzelnen Teile genauer kennenzulernen. Nicht zuletzt geht es auch um den Umfang, der den einzelnen Ressorts eingeräumt wird. Daraus lassen sich zu einem späteren Zeitpunkt auch Rückschlüsse über die Funktion und den Schwerpunkt des jeweiligen Mediums sowie die angesprochene Leserschaft ziehen (vgl. **Arbeitsblatt „Zeitung" 4**).

Die Titelseite

Ganz oben auf der Titelseite unter Namen, Datum, Jahrgang, Herausgeber und Preis erscheint der Aufmacher, der Artikel, der das wichtigste aktuelle Tagesthema benennt. Er wird meistens eingeleitet von einem großformatigen Foto oder einer Karikatur oder Grafik, die die visuelle Aufmerksamkeit des Lesers auf den Artikel lenken sollen.

Weiterhin werden auf der Titelseite Hinweise gegeben auf die weiteren Inhalte der Zeitung. Es können kurze Nachrichten sein, die im Innenteil weiter behandelt werden; einige Zeitungen setzen ein komplettes Inhaltsverzeichnis, analog zu Büchern oder Zeitschriften auf die Titelseite.

Das Layout, also Spaltengröße, Schriftbild sowie die Anordnung der Artikel entsprechen dem des inneren Teils. Oft werden auch farbliche Zuordnungen oder Logos für einzelne Ressorts als Orientierungshilfe verwendet. Auch die Sprache der Zeitung, die Hinweise gibt auf Intention und Zielgruppe, lässt sich bereits auf der Titelseite erkennen. Die Machart der Titelseite kommt dem heutigen Leseverhalten entgegen. Sie gewichtet die Themen des Tages, gibt Orientierungshilfen und hilft so dem Leser bei der Auswahl der für ihn interessanten Artikel.

Für die unterrichtliche Arbeit mit den Titelseiten bieten sich vergleichende Unterrichtsarrangements an. So können Schüler den Titel einer seriösen Zeitung neben die Titelseite einer Boulevardzeitung legen und werden sofort eine Vielzahl von Unterschieden benennen können. Sie können die Gestaltung der Seiten hinsichtlich Themenwahl, Text-Bild-Verhältnis, Sprache der Headlines und der Texte untersuchen und daraus Rückschlüsse ziehen, welche Leser und welche Bedürfnisse eine Zeitung ansprechen will (vgl. **Arbeitsblatt „Zeitung" 5**).

Aber auch zwei verschiedene Titelseiten einer Zeitung können verglichen werden, um herauszufinden, welche Bausteine in der Gestaltung einer Zeitungsseite sich wiederholen und welche jeden Tag wechseln. Der Vergleich von Titelseiten lässt sich schließlich auch im Fremdsprachenunterricht durchführen. Auf der Internetseite www.newseum.org finden sich Titelblätter der unterschiedlichsten fremdsprachigen Tageszeitungen.

Arbeit mit einzelnen Texten

Zeitunglesen ist orientierendes Lesen: Um sich einen Überblick zu verschaffen, überfliegen die meisten Leser zunächst die Überschriften. Dieser Vorgehensweise entspricht der Aufbau der Texte: Die „Headline" ist groß gedruckt und gibt den Kern einer Nachricht oder eines Berichtes wieder. Mitunter enthält allerdings auch erst der Untertitel die entscheidenden Informationen, während die Hauptzeile vor allem das Leserinteresse wecken soll. Meist folgt dann eine fett gedruckte Kurzinformation, der Vorspann. Erst dann beginnt der eigentliche Text, wobei die Informationen in abnehmender Bedeutung geordnet sind.

Im Gegensatz zu schulischen Aufsätzen, in denen man vom Allgemeinen auf das Besondere kommt, gehen Artikel in der Zeitung oft den umgekehrten Weg. Hier steht das Besondere am Anfang. Dieser Aufbau gilt nicht nur für Nachrichten und Meldungen, sondern auch für Features oder Reportagen, die zusätzlich oft mit einem szenischen Einstieg arbeiten und sich in mehrere Teile gliedern, die jeweils einen Höhepunkt enthalten. In den kommentierenden Darstellungsformen findet man prinzipiell die gleiche Struktur, aber diese Texte strukturieren sich durch Argumentationsketten, die abschließend mit der Meinung des Autors bewertet werden.

Für den Unterricht empfiehlt es sich, den Aufbau einiger Zeitungsartikel zu analysieren und die Unterschiede zu schulischen Texten zu erarbeiten sowie den Schülern die Aufgabe zu stellen, selbst Überschriften zu Artikeln zu formulieren. Die genaue Beschäftigung mit einzelnen Zeitungsbeiträgen stärkt die Fähigkeit, das Wichtige und Interessante aus der Zeitung zu filtern (vgl. **Arbeitsblätter „Zeitung" 8/9**).

Auf diese Weise werden Schüler befähigt, ihr Wissen über die journalistischen Textsorten einzubringen, wenn sie im Rahmen des Fachunterrichts Zeitungstexte zu historischen oder politisch-wirtschaftlichen Themen lesen. Wissenschaftsjournalistische Texte können den Unterricht in Erdkunde oder den Naturwissenschaften bereichern (vgl. **Arbeitsblätter „Zeitung" 12–16**) und einen wichtigen Beitrag leisten, wenn es um die Schulung des strukturierten Lesens komplexer Sachtexte geht. Anhand von Infografiken kann das genaue Lesen von nichtlinearen Texten geübt werden. (vgl. **Arbeitsblätter „Zeitung" 10/11**).

Wie kommt die Nachricht in die Zeitung?

Um kritisch mit journalistischen Texten umzugehen, ist es wichtig, über einige Basisinformationen zur Entstehung von Nachrichten zu verfügen. Wie werden Informationen zu Nachrichten? Die technischen Grundlagen dafür haben sich in den letzten Jahren zwar verändert, aber das Prinzip ist nach wie vor das gleiche: Journalisten sortieren Informationen nach bestimmten Kriterien und messen ihnen eine bestimmte Relevanz zu. Was als relevant gilt, hat mit den Zielsetzungen der jeweiligen Zeitung (Boulevardzeitung vs. Regionalzeitung) und mit den Erwartungen ihrer Leser zu tun. Informationen haben dann einen *Nachrichtenwert*, wenn sie einen Neuigkeitswert und zugleich einen Informationswert für die Leser besitzen. Dabei kann man verschiedene Typen von Informationswerten unterscheiden:

- den Wissens- und Orientierungswert,
- den Gebrauchswert (Nutzwert),
- den Unterhaltungs- und Gesprächswert.

Es werden also in einer Zeitung Neuigkeiten vermeldet, die die Leser angehen – sei es, weil sie emotional betroffen machen (Unfälle, Katastrophen), weil sie in einer geografischen oder emotionalen Nähe stattfinden (z. B. ein Zwischenfall auf den Seychellen, von dem Urlauber aus dem Wohnort der Leser betroffen sind) oder weil sie eine allgemeine Relevanz haben (eine Krankheit, die schon bald jeden treffen kann). Darüber hinaus gibt es bestimmte Kriterien wie die Beteiligung prominenter Personen, besondere Kuriosität oder Dramatik, die dazu führen können, dass ein Ereignis zu einer Nachricht wird.

Für die Produktion von Nachrichten werden ganz verschiedene Quellen genutzt:

- *Nachrichtenagenturen und Informationsdienste:* Sie beschäftigen weltweit eine große Anzahl Wort- und Bildjournalisten, die Meldungen recherchieren und redigieren. Die größte deutsche Agentur ist die Deutsche Presse Agentur (dpa), die im In- und Ausland etwa 800 feste und freie journalistische Mitarbeiter hat. Die Redakteure in den Redaktionen beschließen dann, welche Informationen von ihren Journalisten bearbeitet und eventuell weiterrecherchiert werden sollen. Neben den großen Agenturen gibt es auch kleine fachspezifische Informationsdienste wie beispielsweise den evangelischen Pressedienst (epd) oder den Vereinigten Wirtschaftsdienst (vwd), die die Redaktionen mit Informationen versorgen.
- *Presseinformationen:* Behörden, Verbände, große Wirtschaftsunternehmen oder kulturelle Einrichtungen haben eigene Presseabteilungen. Sie informieren über aktuelle Ereignisse, über Aktivitäten und veranstalten Pressekonferenzen. Einige große Presseabteilungen geben einen eigenen Pressedienst heraus.
- *Korrespondenten:* Dabei handelt es sich um feste oder freie Mitarbeiter, die für einige Zeit im Ausland leben oder in den Bundesländern. Sie recherchieren und verfassen Berichte, entweder aus eigener Initiative oder weil sie von einer Redaktion damit beauftragt werden. Oft arbeiten Korrespondenten für mehrere Zeitungen und Zeitschriften oder auch für das Radio oder Fernsehen.
- *Fachjournalisten:* Über bestimmte Themen (etwa aus Kultur, Wirtschaft, Wissenschaft und Bildung) berichten Journalisten, die sich auf ein Thema spezialisiert haben und deshalb aktuelle Entwicklungen schnell und fachlich versiert in größere Zusammenhänge einordnen können. Solche Texte findet man vor allem in Wochenzeitungen und großen überregionalen Zeitungen.
- *Lokalreporter:* Gerade in den Lokalzeitungen gibt eine große Anzahl von ständigen oder freien Mitarbeitern, die vor Ort Informationen nachgehen, Nachrichten recherchieren, Gerüchte nachprüfen, Tipps von Lesern recherchieren oder über öffentliche Veranstaltungen und Sportereignisse berichten.

In den Zeitungsredaktionen arbeiten festangestellte Redakteure, die einem Ressort zugeteilt sind. In überregionalen Zeitungen wie der *F.A.Z.* arbeitet jedes Ressort wie eine eigene Abteilung, in der mehrere Redakteure beschäftigt sind. Verantwortlich für ein Ressort ist der Ressortleiter. An der Spitze der gesamten Redaktion steht der Chefredakteur.

Die Aufgabe der Redakteure ist es, die Nachrichten für die aktuelle Ausgabe auszuwählen und zu prüfen, bevor sie zur Veröffentlichung freigegeben werden. Zudem verfassen sie auch selbst Reportagen, Kommentare oder Glossen. Nicht zu vergessen sind die Bildredakteure, die aus der Flut der Bilder und Filmbeiträge die passenden für die Print- und die online-Ausgaben auswählen. Trotz der Vielfalt des Nachrichtenangebotes sind die Hauptmeldungen in den großen Medien oft ähnlich. Abweichungen gibt es bei Zeitungen, die regionale Schwerpunkte verfolgen und bei der Boulevardpresse, die andere Schwerpunkte setzt.

Viele Zeitungen stellen ein Thema nicht zusammenhängend dar, sondern teilen es in unterschiedliche Aspekte auf. So können politische Themen wie beispielsweise die Eurokrise und die drohende Zahlungsunfähigkeit in Griechenland in unterschiedlichen Ressorts behandelt werden:

1. Ein Beitrag im Ressort Politik zeigt die Diskussionen unter europäischen Politikern.
2. Die Auslandsredaktion berichtet über die Situation in Griechenland.
3. Im Bereich Innenpolitik werden die Auswirkungen und Diskussionen in Deutschland behandelt.
4. Im Wirtschaftsteil finden sich konkrete Zahlen und die Bedeutung der Krise für den internationalen Finanzmarkt.
5. Im Feuilleton findet sich ein Bericht, wie die griechische Bevölkerung mit der Krise lebt.
6. Schließlich finden sich auf der Meinungsseite Kommentare und Glossen zum Thema.

Für die Erarbeitung im Unterricht bieten sich hier viele Ansatzpunkte: So können Schüler ein Thema innerhalb einer Zeitung verfolgen oder die Darstellung zwischen verschiedenen Medien vergleichen. Sie können herausfinden, welche Quellen benutzt wurden und mit welcher Recherchetiefe der jeweilige Autor sein Thema bearbeitet hat.

2.1.5 Produktionsorientiertes Arbeiten mit Printmedien

Während es in den vorangegangenen Kapiteln eher um eine rezeptive Wahrnehmung von Zeitschriften und Zeitungen im Unterricht ging, steht nun die produktive und kreative Nutzung der Printmedien im Vordergrund. Im Zentrum steht hier die Eigenproduktion von Texten und Zeitungsteilen. Das bisher erworbene Wissen zu Aufbau und Struktur von Zeitungen wird dabei aktiv in die Praxis umgesetzt.

Die Herstellung eines eigenen Medienproduktes motiviert die Schüler, sich selbstständig mit einem Thema auseinanderzusetzen, denn am Anfang jedes eigenen Textes steht immer die Recherche, die in Fachbüchern, der Schulbibliothek, Zeitungen und über das Internet erfolgen kann.[13] Hinzu kommt, dass z. B. eine eigene Zeitungsseite zu einem bestimmten Thema die gemeinsame Arbeit in der Gruppe erfordert und damit die Teamfähigkeit stärkt.

Da die Produktion einzelner Artikel oder Zeitungsseiten nicht an ein bestimmtes Thema gebunden ist, kann sie in allen Fächern eingesetzt werden. Geeignet sind Themen,
- die eine Eingrenzung erlauben,
- für die genügend Informationen zur Verfügung stehen,
- die sich lebensnah darstellen lassen,
- die eine diskursive Auseinandersetzung nahelegen.

In den unteren Klassen könnte dies etwa ein Aspekt aus dem Leben in der Antike sein, in den Klassen 7–10 eine Zeitungsseite zu einer Landtags- oder Bundestagswahl, aber auch eine Seite zu Themen wie Klimawandel, Artenschutz, zu einer geografischen Region, dem Zielort einer Klassenfahrt usw. Die Schüler lernen dann von der Beschaffung von Informationen bis zur Textgestaltung und Präsentation die journalistische Praxis kennen.

Die Anlage einer Zeitungsseite muss sorgfältig geplant werden: Wie kann das Gesamtthema in Teilthemen untergliedert werden? Welche Textsorten einschließlich Grafik, Kommentar und Glosse kommen in Frage? Wichtig ist auch eine klare Vorstellung von einer Zielgruppe – es könnten beispielsweise die Schüler der Parallelklassen sein oder die Leser der Schülerzeitung. Die Gestaltung einer Zeitungsseite hat hier die Funktion, dass die Schüler ein Thema weitergehend durchdringen, als sie das im Unterricht nach Lehrbuch normalerweise tun. Im besten Fall mündet das Schreibprojekt in eine echte Veröffentlichung, etwa in Form einer Wandzeitung, die schulintern ausgestellt wird, vielleicht aber auch in der Schulzeitung oder in Auszügen in der Lokalzeitung. Der Schritt an eine Öffentlichkeit – und dazu gehören auch die möglichen Restriktionen und Widerstände bei der Veröffentlichung – können Schülern wichtige Erfahrungen über die Möglichkeiten und Grenzen des eigenen Handelns und sein Wirken auf andere vermitteln.

Journalistische Textformen in der Praxis

In der Schreibdidaktik hat sich in den letzten Jahren ein Trend entwickelt, der von den ausschließlich im schulischen Kontext gepflegten Textformaten wie Inhaltsangabe und Erörterung wegführt. Stattdessen sind Textsorten in den Blick gerückt, die im Alltagsleben eine Relevanz und eine klar definierbare kommunikative Funktion haben. Beispiele hierfür sind Textsorten wie Beschwerdebrief, Kochrezept, Rezension oder Klappentext, aber eben auch die journalistischen Textformen, die man vor allem aus der Zeitung kennt.

Zudem hat die Beschäftigung mit dem Schreibprozess an Bedeutung gewonnen. Es zählt nicht mehr nur das Endprodukt, sondern auch die Entwicklung und Überarbeitung eines Textes ist Teil unterrichtlicher Arbeit und fließt in die Bewertung mit ein. Auf Verfahren zur Themenfindung (Mindmap, Placemat), Textentwicklung und -revision (kooperatives Schreiben, Schreibkonferenz, Textlupe) kann hier nicht weiter eingegangen werden. Es empfiehlt sich eine Zusammenarbeit mit dem Fach Deutsch. Allemal kann der Unterricht in allen Fächern von dieser Entwicklung profitieren: Viele Schüler kennen bereits Methoden der Textentwicklung – zudem können sie beim Einsatz einer elektronischen Arbeitsumgebung auch optisch ansprechende Ergebnisse erzielen.

Versteht man das Schreiben als Form der Kommunikation, die sich an andere richtet, wird deutlich, dass der Schreibprozess in seiner Gesamtheit Thema des Unterrichts sein muss, um den Schülern eine umfassende an der Wirklichkeit orientierte Schreibkompetenz zu vermitteln. Die Schüler lernen so nicht nur, was ein guter Text ist, sondern auch wie er entsteht. Mit den journalistischen Darstellungsformen lernen die Schüler Texte kennen, die in der außerschulischen Realität ihren festen Platz haben, so dass sie an ihren eigenen Erfahrungsbereich anknüpfen können, was bekanntlich auch die Motivation erhöht, Texte zu verfassen. Zudem können Nachrichten, Bericht, Reportage oder Kommentar die „alten" Aufsatzarten ersetzen, denn wesentliches Ziel des heutigen Fachunterrichts ist, das Schreiben als Prozess zu erlernen, dessen Endprodukt sachgerecht und adressatenorientiert ist. So können beispielsweise die in den Sprachen und gesellschaftswissenschaftlichen Fächern üblichen Erörterungen durch freier argumentierende Textsorten wie Kommentar, Rezension oder Kritik ersetzt werden.

Bei der Recherche, die jedem Artikel vorausgeht, erfahren die Schüler, dass Recherchieren mehr bedeutet als zu „googlen" oder Wikipedia zu nutzen. Sie lernen, sich Informationen zu beschaffen und ihre Quellen richtig zu zitieren, so dass journalistische Arbeit auch zugleich eine Einführung in das wissenschaftliche Arbeiten bedeutet. Die informierenden Textarten eignen sich bereits zum Einsatz in den unteren Jahrgängen, sie können in verschiedenen Fachzusammenhängen eingesetzt werden (vgl. **Arbeitsblatt „Zeitung" 17**). Für die älteren Schüler ab Klasse 8 bieten sich auch die meinungsbildenden Textsorten wie Kommentare, Rezensionen, Kritiken und Glossen an (vgl. **Arbeitsblatt „Zeitung" 18**). Bei der Planung eines Zeitungsprojektes ist es wichtig, das Thema einzugrenzen und in Teilthemen aufzuteilen, denen dann einzelne Texte zugeordnet werden. Dies kann in einer Redaktionskonferenz geschehen (vgl. **Arbeitsblatt „Zeitung" 19–20**).

Zusammenfassend lässt sich sagen, dass bei der Durchführung eines journalistischen Schreibprojektes immer wieder bestimmte Schritte aufeinander folgen:
1. Beschäftigung mit unterschiedlichen Textsorten und ihren Merkmalen als Hintergrundwissen für den eigenen Schreibprozess;
2 Eingrenzung des Themas und Planung einer Zeitungsseite oder Wandzeitung in einer Redaktionskonferenz: Welche Themen werden durch welche Textsorten abgedeckt?
3. Recherche von Teilthemen;
4. Entwurf und Überarbeitung von Texten in der Gruppe, z. B. in Form einer Schreibkonferenz;
5. Gegenseitige Vorstellung der Textentwürfe und Überarbeitung;
6. Zusammenführung und Präsentation der Texte als Wandzeitung, Zeitungsseite oder Veröffentlichung auf der Schülerseite einer Tageszeitung.

Unterrichtstipps zu verschiedenen Fächern und Themen
Deutschunterricht: Als Themen für Reportagen und Berichte eignen sich Berufe und Hobbys von Eltern oder Geschwistern, Erlebnisse und Ereignisse außerhalb der Schule wie beispielsweise Sportveranstaltungen, an denen die Schüler aktiv teilgenommen haben.
Kommentare oder Glossen verfassen Schüler zu literarischen oder sprachwissenschaftlichen Themen. Rezensionen können zu erzählenden, aber auch zu Jugendsachbüchern verfasst werden. In Kritiken zu Filmen und Theaterstücken können Schüler gemeinsame oder private Kino- und Theaterbesuche auswerten.

Geschichts- und Religionsunterricht: Historische oder biblische Themen, Ereignisse und Personen können in einzelnen Texten vorgestellt werden. Dabei kann mit unterschiedlichen Textsorten gearbeitet werden. Denkbar ist die Entwicklung einer Wandzeitung oder Zeitungsseite zu einem Kernthema dieser Fächer, etwa einem Epochenumbruch oder einem markanten Datum wie dem 3. Oktober 1990. Der Anknüpfungspunkt kann aber auch ein lokalhistorisches Ereignis sein, zu dem Beteiligte befragt werden können.

Naturwissenschaftlicher Unterricht: In den unteren Klassen könnte es um das Leben mit Tieren gehen, um Porträts berühmter Naturwissenschaftler, Reportagen über eine Region, in der die Schüler ihren Urlaub verbracht haben oder die Ziel einer Klassenfahrt sein wird. In den höheren Klassen können Zeitungsprojekte Bezüge zwischen naturwissenschaftlichen Grundlagen und Alltagsproblemen herstellen, z. B. Chemie im Haushalt oder Artenschutz in einem Naherholungsgebiet. Auch aktuelle Naturphänomene und Katastrophen und ihr öffentlicher Umgang können kommentiert werden. Die Auswertung und Entwicklung von aktuellen Infografiken bringt Abwechslung in den Unterricht.

Musik und Kunst: Schüler stellen Musiker, Komponisten oder Künstler vor. Sie berichten über einen Museumsbesuch und verfassen eine Ausstellungskritik.

Fremdsprachenunterricht: Hier schreiben die Schüler Reportagen über einen Schüleraustausch, an dem sie selbst teilgenommen haben, oder über die Stadt, in die sie reisen werden. Aber es kann nach Auswertung ausländischer Zeitungen auch um einen Kommentar zu aktuellen Ereignissen im jeweiligen Land gehen, wie z. B. Wahlen oder die wirtschaftlichen und sozialen Probleme. Interessant sind für viele Jugendliche auch Sportereignisse oder Stars aus der Kultur.
Rezensiert werden können auch Bücher oder Filme oder Zeitschriften. Die Schüler erweitern so ihren landeskundlichen Wissensstand, lernen aber auch, in welchem Umfang Sprachkenntnisse erforderlich sind, um fremdsprachige Zeitungen zu verstehen und selbst Texte zu verfassen.

Politik/Sozialkunde/Gemeinschaftskunde: Hier bieten sich Reportagen an über Besuche von Gerichtsverhandlungen ebenso wie über Besuche einer politischen Veranstaltung. Sie können Teil einer Unterrichtseinheit zu Wahlen sein, in der über einen längeren Zeitraum Informationen, Nachrichten und Kommentare gesammelt und dann im Rahmen einer Wandzeitung präsentiert werden. Begleitet man so beispielsweise die letzte Woche vor einer Wahl, bietet sich auch eine fächerübergreifende Zusammenarbeit mit dem Fach Deutsch an, wo die Sprache im Wahlkampf und politische Reden thematisiert werden. Nach der Wahl lassen sich dann Kommentare zum Ausgang und zur Regierungsbildung verfassen.

Interviews als belebendes Element

Interviews lassen sich – so vielfältig ihre Erscheinungsformen sind – in zwei grundlegende Typen unterscheiden: das Sachinterview und das personenbezogene Interview. In einem Sachinterview geht es um wichtige Informationen zu einem Thema, die der Befragte geben kann, dabei können aber auch Meinungen und Wertungen von Interesse sein – insbesondere wenn es um komplexe Probleme geht, die sich in Massenmedien nicht in allen Einzelheiten darstellen lassen. Bei einem Personeninterview steht die befragte Person im Vordergrund – es kann um besondere Leistungen, Eigenschaften, aber auch Positionen zu einem Themenfeld gehen.

Für alle Arten von Interviews gilt, dass sie gut vorbereitet werden müssen. Bei Interviews ist es unbedingt notwendig, über ein gewisses Hintergrundwissen und Informationen über den Gesprächspartner zu verfügen. Eine Fragen- und Stichwortliste dient als Leitfaden für das Interview. Insbesondere bei Gesprächspartnern, die selten Interviews geben, ist es wichtig, auf geschlossene Fragen möglichst zu verzichten und eher offene Fragen zu stellen, die längere Antworten ermöglichen. Beim Interview selbst ist es wichtig, sich an den Leitfaden zu halten, aber trotzdem auch Nachfragen zu stellen, wenn die Antworten allzu unklar bleiben. Dokumentiert werden Interviews üblicherweise durch ein Aufnahmegerät.

Bei der nachträglichen Bearbeitung des Interviews ist zu beachten, dass Gespräche selten wortwörtlich wiedergegeben werden können, die gesprochene Sprache muss zunächst in Schriftsprache umgesetzt werden. Dann wird entschieden, ob das komplette Interview gedruckt wird oder ob nur Zitate in einen Artikel eingebaut werden. Schließlich werden manche Interviews nur benötigt, um Hintergrundinformationen für ein Thema zu erlangen.

Redaktionskonferenz: Zusammenführen von Texten

Hier stehen nicht nur inhaltliche Fragen im Vordergrund, sondern es geht auch um die Struktur der Texte und die Sprache. Ist der Aufbau logisch und nachvollziehbar? Werden Texte durch Absätze und Zwischenüberschriften strukturiert? Macht die Überschrift Leser neugierig? Sind die Fakten vollständig und richtig wiedergegeben? In sprachlicher Hinsicht müssen die Regeln für journalistische Texte eingehalten, die Verwendung verschiedener Wortarten und Zeiten wird überprüft. Ebenso müssen sich die Schüler mit dem Satzbau auseinandersetzen und dabei beachten, dass in den Texten lange Sätze und Verschachtelungen vermieden werden. Die genaue Untersuchung von Texten als zu erlernende Fähigkeit in unterschiedlichen Fachbereichen wird so gefördert (vgl. **Arbeitsblätter „Zeitung" 19–20**).

Dann entwickeln die Schüler Verbesserungsvorschläge, die schriftlich festgehalten und umgesetzt werden. Der Lehrkraft kommt hier nur eine beratende Funktion zu, denn die Schüler sollen ihren Schreibprozess selbst gestalten. Sie erfahren, dass auch professionelle Schreiber ihre Texte überarbeiten müssen und lernen ihren eigenen Schreibprozess zu organisieren und Kritik an ihren Texten als konstruktiv wahrzunehmen.

Die zweite Aufgabe der Redaktionskonferenz ist die Auswahl und Zusammenstellung der Texte für eine Präsentation. Die Vorstellung des Endproduktes spielt in einer derartigen Unterrichtsreihe eine bedeutende Rolle, denn Journalisten schreiben für den Leser! Bei der Auswahl und der Zusammenstellung der Texte für die Veröffentlichung werden die Schüler unmittelbar mit dem Problem der Selektionskriterien konfrontiert. Zudem haben sie nur eine begrenzte Anzahl von Artikeln zur Verfügung, die von der Lerngruppe verfasst wurden. Sie erfahren, dass sie sich auf die Informationen verlassen müssen und selbst aus Zeitgründen keine Möglichkeit haben, eigene Recherchen anzustellen. So simulieren sie die tagtägliche Arbeit in den Redaktionen der Zeitungen, wo die Redakteure damit beschäftigt sind, aus der Flut von Informationen diejenigen herauszufiltern, die den besten Bezug zum jeweiligen Thema haben und für die unterschiedlichen Bereiche des geplanten Produktes abdecken. Es geht also darum, eine Vielfalt von Informationen zu strukturieren und zu ordnen.

Sinnvollerweise gehen die Schüler in zwei Schritten vor: im ersten wird die Art der Präsentation festgelegt und thematisch untergliedert. Das erleichtert das Zuordnen der einzelnen Themen. Hier kann man sich an die Ressortaufteilung von Zeitungen orientieren oder an einer inhaltlichen Gliederung. Der jeweils beste Weg ist abhängig vom Unterrichtsthema, so wird man beispielsweise bei einer Unterrichtseinheit zum Thema „Wahlen" im Politikunterricht sicherlich die Ressortaufteilung der Zeitung vorziehen, da das Thema sich in den unterschiedlichen Bereichen wie Politik, Kultur oder Wirtschaft niederschlägt. Bei einem literarischen Thema hingegen wird die Aufteilung sicherlich eine andere sein, hier bieten sich inhaltliche Ressorts an wie Autoren, Bücher oder Theaterstücke oder ähnliches.

Im zweiten Schritt werden die entsprechenden Artikel ausgewählt, den verschiedenen Bereichen zugeordnet und in eine Reihenfolge gebracht. Dabei wird durchaus eine Wertung vorgenommen, denn nicht alle Artikel können an privilegierter Stelle stehen. Dieser Prozess verdeutlicht für die Schüler, dass auch in den Zeitungsredaktionen subjektiv ausgewählt wird und welche Wirklichkeit eigentlich in Zeitungen widergespiegelt wird. Hier wird auch entschieden, wie das Layout des fertigen Produktes aussehen soll. Das Layout ist entscheidend für die Lesbarkeit der Zeitung. Hier muss festgelegt werden, wie die einzelnen Zeitungsseiten gegliedert werden, ob es Bilder geben wird und wie die Artikel präsentiert werden. Denn auch die Gestaltung einer Seite ist entscheidend dafür, wie die Botschaft beim Leser ankommt.

Wandzeitungen als multifunktionales Medium

Wandzeitungen sind vielfältig einsetzbar: Wenn sie als *Meinungswand* genutzt werden, sind sie nicht mit Unterrichtsinhalten gefüllt, sondern sie verdeutlichen das Zusammenleben in der Gemeinschaft durch Kritik, Vorschläge oder Meinungsäußerungen. Als *Ideenwand* dient eine Wandzeitung dazu, einen Überblick über ein Thema zu gewinnen und das Vorwissen der Schüler sichtbar zu machen. Schließlich können Wandzeitungen auch als strukturierte *Ergebniswand* eingesetzt werden, um Projektergebnisse zu präsentieren.

Wandzeitungen können sich auch an der Struktur einer Zeitungsseite oder einer ganzen Zeitung orientieren. So lassen sich journalistische Arbeitsweisen simulieren, ohne dass aufwändige Druck- und Layoutprozesse erforderlich wären. Die Schüler durchlaufen alle Planungsschritte von der Themeneingrenzung über die inhaltliche Struktur bis zur Textentwicklung und optischen Gestaltung. Hierbei sollte berücksichtigt werden, dass die Zeitung möglichst einheitlich aussehen sollte, um ein klares äußeres Erscheinungsbild zu präsentieren. Jede Seite muss klar gegliedert sein, der Schwerpunkt sollte deutlich werden. Fotos oder Zeichnungen ergänzen das Textangebot, das durch Überschriften strukturiert wird. Der ästhetische Anspruch an solch eine Zeitung sollte hoch sein, damit die Zeitung ihre Leser überzeugt und zugleich ein positives Lernerlebnis vermittelt. Vor der endgültigen Fertigstellung ist es sinnvoll, die einzelnen Seiten in die richtige Reihenfolge zu legen, um so die Wirkung des Materials zu prüfen. Die fertige Zeitung kann dann an Stellwänden präsentiert werden.

2.1.6 Zeitungsprojekte

Um die Lesekompetenzen zu fördern, wurde bereits 1979 vom Bundesverband Deutscher Zeitungsverleger (BDZV) gemeinsam mit dem Institut zur Objektivierung von Lern- und Prüfverfahren (IZOP) ein medienpädagogisches Projekt gegründet. Das Interesse der Verlage an „Zeitung in der Schule" war und ist zunächst ökonomisch geprägt. Es richtet sich darauf, Leser zu halten bzw. neue Leser zu gewinnen. Inzwischen treten 75 Prozent aller Tageszeitungen mit Angeboten an Schulen und andere Bildungseinrichtungen heran, seit 2006 gibt es auch ein Programm für Kindergärten. Das Projekt basiert bis heute auf drei Schwerpunkten:
- die Arbeit mit der Zeitung im Unterricht,
- Auswertung und Analyse von Zeitungen möglichst über einen längeren Zeitraum,
- die Möglichkeit von Schülern, eigene Texte zu schreiben und zu veröffentlichen.

Die Zeitungen werden den Schülern über einen bestimmten Zeitraum nach Hause oder in die Schule geliefert. Die Finanzierung derartiger Projekte wird bis auf wenige Ausnahmen auch heute noch über Sponsorenpools sichergestellt, die Schüler-Abos über einen Zeitraum von acht bis zwölf Wochen ermöglichen. Während der Projekte arbeiten die Schüler mit der Zeitung selbst, sie lesen und arbeiten mit journalistischen Textformen, nutzen sie aber auch als Recherche-Material für unterschiedliche Fächer. Auch der Vergleich verschiedener Zeitungen wird ermöglicht, da für einen kürzeren Zeitraum auch andere Zeitungen oder Zeitschriften zur Verfügung gestellt werden.

Einige Zeitungen bieten auch Langzeituntersuchungen an, in denen die Schüler über einen längeren Zeitraum die Berichterstattung zu einem Thema beobachten und dokumentieren. So erfahren die Schüler, dass die Zeitung ein sehr aktuelles Informationsmedium sein kann.

Aber die Schüler setzen sich nicht nur mit dem Medium Zeitung passiv auseinander, sondern sie werden auch zur aktiven Mitarbeit aufgefordert. Viele Projekte beinhalten das Verfassen eigener Artikel, die dann auf eigenen Seiten, die meist anzeigenfrei sind, erscheinen. Die Schüler lernen so aktiv den Prozess der Informationsauswahl und Verarbeitung bis zur Veröffentlichung kennen. Zugleich erfahren sie, dass auch die Zeitung ein Mittel sein kann, Ideen und Gedanken öffentlich zu machen und zu kommunizieren. Derartige Seiten sind als Jugendseiten wesentlich erfolgreicher als die zuvor von den Verlagen selbst produzierten Rubrikseiten zum Thema Jugend, weil dort die Welt der Jugendlichen nur wieder aus der Perspektive der Erwachsenen geschildert wurde.

Das Projekt „Jugend schreibt" (F.A.Z.)

Das älteste überregionale Projekt in Zusammenarbeit mit dem IZOP ist das seit 25 Jahren bestehende Projekt „Jugend schreibt" der *F.A.Z.* Bereits seit 1980 beteiligte sich die *F.A.Z.* an regionalen Projekten. „Jugend schreibt" entstand dann 1987 als überregionale Lese- und Schreibwerkstatt, die Jugendlichen die Möglichkeit gab, eigene Texte auf einer speziellen Seite in der Zeitung zu veröffentlichen. Zu Beginn geschah das zwei- bis dreimal im Monat, heute erscheinen die Artikel einmal wöchentlich am Mittwoch und werden alle auf www.fazschulenet.de veröffentlicht.

Das Besondere ist die Authentizität der Texte, denn es gibt seitens der Redaktion keine Themenvorgaben, die Schüler suchen sich eigene Themen. Die fertig gestellten Artikel werden in der Redaktion nur redigiert und an das Format der Zeitung angepasst. Das Programm richtet sich an Schüler der Klassen 11–12 in Gesamtschulen und Gymnasien und läuft jeweils über ein ganzes Jahr von Februar bis Ende Januar. Bewerben können sich Schulklassen oder Kurse aus dem gesamten Bundesgebiet sowie deutscher Schulen aus dem Ausland. Der Schwerpunkt liegt bei Deutsch-Kursen sowie Kursen der sozialwissenschaftlichen Fächer, in die sich ein derartiges Projekt am besten integrieren lässt.

Jährlich nehmen inzwischen 100 Kurse mit ca. 2000 Schülern an dem Projekt teil, wobei bei der Auswahl auf eine gleichmäßige Beteiligung möglichst aller Bundesländer geachtet wird. Inzwischen haben etwa 30.000 Schüler aus ungefähr 1000 Kursen an dem Projekt teilgenommen. Eine weitere Besonderheit des Projektes ist, dass es gänzlich ohne Sponsoren auskommt und damit die redaktionelle Unabhängigkeit auch für die Schüler gewährleistet. 1992 erhielt das Projekt den Stiftung Lesen Preis „Mainzer Auslese". Das Projekt läuft unbegrenzt und hat weitere Projekte der *F.A.Z.* nach sich gezogen, wie „Jugend liest", „Jugend recherchiert" und „Jugend und Wirtschaft".

Das Projekt wendet sich an Lehrkräfte, die bereit sind, ihren Unterricht etwas anders als üblich zu organisieren und eine veränderte Rolle einzunehmen. Die Lehrkraft wird bei einem derartigen Projekt zum Berater und nimmt die Rolle des kritischen Lesers ein, nicht die des korrigierenden Lehrers. Eine Teilnahme bindet zwar Unterrichtszeit über einen langen Zeitraum, aber da die Inhalte nicht vorgegeben werden, lassen sich die für die Oberstufe verpflichtenden Themen gut integrieren. Die Schüler erhalten die Möglichkeit, nicht nur theoretisch zu lernen, sondern zugleich in einem Bezugsfeld zur wirklichen Arbeitswelt zu agieren.

Für eine Bewerbung müssen die Unterlagen jeweils bis zum 31. Oktober eines Jahres vorliegen. Zum Programm gehören ein kostenloses Einführungsseminar durch das IZOP-Institut sowie mehrere Treffen zum wechselseitigen Austausch. Die Schüler erhalten die *F.A.Z.* vom 1. Februar bis zum 31. Januar des Folgejahres kostenlos nach Hause geliefert. Die besten eingereichten Produkte der Schüler werden einmal wöchentlich mittwochs auf der „Jugend schreibt" Seite und online veröffentlicht. Viermal im Jahr erscheint eine projektinterne Zeitung, die „Kleine Zeitung", die das IZOP-Institut allen Projektteilnehmern zur Verfügung stellt. Auch nach Ende des Projektes können noch Texte veröffentlicht werden. Zum Abschluss des Projektes werden die besten Beiträge von der fazit-Stiftung mit Preisen im Rahmen einer Abschlussveranstaltung prämiert. Anmeldung, aber auch begleitende Unterrichtsmaterialien sowie Informationen über weitere Projekte der *F.A.Z.* finden sich im Schul- und Lehrerportal www.fazschule.net.

Die Erfahrung mit dem Projekt hat gezeigt, dass es überwiegend Themen sind, die den Lebensalltag der Jugendlichen berühren, wie Krankheit, soziale Themen, Kriminalität, Jugendkultur, andere Kulturkreise oder auch das Reisen.[14] Die eingereichten Texte werden von der Redaktion redigiert; die Korrekturen werden auf Wunsch über die Lehrkraft an die Schüler kommuniziert, die so erlernen, sich auch mit Kritik auseinanderzusetzen.

Weitere Zeitungsprojekte

Neben den bundesweiten Projekten der überregionalen Zeitungen existieren zahllose Angebote von Lokal- und Regionalzeitungen.[15]
- *Kindertagesstätten:* Seit 2006 können auch Kitas an Zeitungsprojekten teilnehmen. Die Erzieherinnen erhalten dazu Projektmaterial mit Anregungen zum Lesen, Spielen und Basteln mit der Zeitung. Es wird empfohlen, ausgewählte Texte vorzulesen und mit den Kindern zu besprechen; für Vorschulkinder gibt es Spiele zum Entdecken von Buchstaben und Zahlen.
- *ZEUS:* Stellvertretend für die vielen großen und kleinen regionalen Zeitungskooperationen mit Grund- und Sekundarschulen mag das von der UNESCO ausgezeichnete Projekt ZEUS stehen, das im größten Bundesland Nordrhein-

Westfalen mit den zahlreichen Lokalredaktionen der WAZ-Mediengruppe jährlich ca. 50.000 Schüler betreut. Das Projekt wurde 1997 ins Leben gerufen und richtete sich zunächst an die Klassen 8–10. Inzwischen ist es erweitert auf alle Schulstufen. Im Zentrum steht die Leseförderung, aber auch das Verfassen eigener Artikel, die regelmäßig veröffentlicht werden, aber ebenso die Medienkompetenz durch aktive Medienarbeit sowie die Schaffung kooperativer Lernstrukturen, die die Auseinandersetzung mit unterrichtlichen Themen intensivieren.

Hinzu kommt, dass die Schüler aufgefordert sind, auch außerhalb der Schule zu recherchieren und Kontakt aufzunehmen mit anderen Menschen, die anders leben und andere Interessen haben. Hier wird die soziale Kompetenz gestärkt, eine Fähigkeit, die für das spätere Berufsleben von entscheidender Bedeutung ist. Finanziert wird das Projekt von einem Sponsorenpool, wobei diese sich auch aktiv beteiligen, in dem sie den Schülern Einblicke in die Arbeitswelt gewähren und so einen Beitrag leisten zur beruflichen Orientierung vieler Jugendlicher.

Ergänzend zu den umfangreichen Projektmaterialien finden sich auf der Internetseite des Projektes www.derwesten.de/zeusmedienwelten/zeuskids/ Tipps für Lehrer und Schüler zum Verfassen eigener Texte. Diese werden dann regelmäßig in der Zeitung oder in der Rubrik zeuspower im Internet veröffentlicht. Zur weiteren Förderung der medienübergreifenden Arbeit bietet das Zeusprogramm seit 2011 auch eine Kooperation mit einem lokalen Radiosender an.

- *ZeitungsZeit NRW:* 2010 wurde von Zeitungsverlagen aus Nordrhein-Westfalen und der Landesregierung das Projekt ZeitungsZeit NRW ins Leben gerufen, das in den 9. Klassen aller Schulformen die ökonomische Bildung fördern soll. Im Fokus steht dabei die unternehmerische Selbstständigkeit. Die Schüler erhalten jeweils für drei Monate ein Exemplar ihrer Tageszeitung und können für jeweils zwei Wochen eine Boulevardzeitung zusätzlich erhalten. Die Internetseite des Projektes www.partner-fuer-die-schule.nrw.de hält für Schüler und Lehrer ergänzende Materialien bereit. Im Zentrum der Arbeit mit den Tageszeitungen steht zum einen die Förderung der Lesekompetenz, aber zum anderen geht es um die thematische Auseinandersetzung mit dem Thema Wirtschaft und Selbstständigkeit. Zum Projekt gehört ein Fotowettbewerb, der jährlich die besten Fotos zum Thema selbstständige Unternehmer in NRW prämiert. Eine weitere Besonderheit ist ein besonderes Ferienangebot für die Schüler: Sie erhalten die Möglichkeit, kostenlos an einem fünftägigen Trainingsprogramm zum Berufsfeld Zeitung teilzunehmen. Sie haben hier die Möglichkeit, die unterschiedlichen Arbeitsfelder in einem Zeitungsunternehmen kennenzulernen und auch praktisch umzusetzen sowie berufsfeldbezogene Kompetenzen zu erlernen.
- *Zeitschriften in der Schule:* Das Projekt existiert seit 2004 und wird von der Stiftung Lesen und der Stiftung Presse-Grosso getragen. Es richtet sich an die

Jahrgänge 5–12 der allgemeinbildenden und berufsbildenden Schulen. Einmal jährlich jeweils nach den Osterferien, erhalten die teilnehmenden Schulklassen vier Wochen lang jeweils 30 unterschiedliche Zeitschriften, wobei das Spektrum von Nachrichtenmagazinen über Kinder- und Jugendzeitschriften bis hin zu Computer- und Sportzeitschriften reicht. Für die Klassen 5–8 und für die Jahrgänge 9–12 wird jeweils ein anderes Sortiment zusammengestellt.
Die Zeitschriften werden wöchentlich ausgetauscht. (Informationen unter www.stiftung-lesen.de)

Die hier genannten Beispiele bilden nur einen Ausschnitt aus einem breiten Spektrum an Projekten, das unter der Überschrift „Zeitung in der Schule" seit 1979 entstanden ist. Einige Kultusministerien unterstützen sie als Bausteine der Leseförderung.

2.1.7 Wo bleibt das Buch? Leseförderung im Medienverbund

Das Thema Leseförderung ist heute in aller Munde, insbesondere nach der PISA-Studie von 2001, als deutschen Schülern bescheinigt wurde, dass ihre Lesefähigkeiten nicht ausreichend seien. Da das Beherrschen der Kulturtechnik „Lesen" ein wesentlicher Faktor für den Lernerfolg in allen Unterrichtsfächern ist, setzt die gezielte Beschäftigung mit geschriebenen Texten bereits im Kindergarten ein – die Lesesozialisation sollte möglichst früh beginnen, wenn sie einen erfolgreichen Verlauf nehmen soll. Allerdings müssen wir uns heute angesichts der Medienentwicklung und der damit verbundenen Alltagserfahrung der Schüler die Frage stellen, ob ein Textbegriff, der nur das gedruckte Wort umfasst, noch zeitgemäß ist.

Das Nebeneinander von Büchern, Zeitungen und Zeitschriften auf der einen Seite, Film und Fernsehen, Hörbüchern und Internet auf der anderen verlangt nach einem Textbegriff, der die Rezeption und Produktion multimedialer Texte einschließt. Ein medienorientierter Lese- und Literaturunterricht muss also neben den Printmedien die audiovisuellen und digitalen Medien mitberücksichtigen. In den Bildungsstandards sowie in vielen Curricula (nicht nur des Sprachunterrichts) hat der erweiterte Textbegriff seinen Niederschlag gefunden. Zunehmend wird der Umgang mit den Möglichkeiten des Computers und des Internet sowie mit Film und Fernsehen gefordert.

Ein wesentliches Problem bei der Nutzung unterschiedlicher Medien für die Leseförderung liegt in den unterschiedlichen Textstrukturen. Während wir ein Buch, um den Inhalt zu erfassen, von der ersten bis zur letzten Seite lesen, werden uns mediale Texte im Internet, aber ebenso im Film oder Fernsehen, als nichtlineare, diskontinuierliche Texte angeboten, die nur selektiv wahrgenommen werden. Es fehlt hier an vorgegebenen Strukturen, an einer hierarchischen oder linearen Ordnung. Im Internet fehlen zudem Qualitätsfilter, wie sie in den „klassischen" Medien existieren, etwa in Gestalt eines Lektorats.

So präsentieren sich die Seiten im Internet in verwirrender Vielfalt. Anspruchsvolles steht neben Fehlerhaftem, differenzierte Information neben dem Web-Angebot, das gut versteckten Partikularinteressen gehorcht. Die üblichen Formen der Rezeption sind das „Surfen" und das „Zappen", gelesen wird nur, was schon auf den ersten Blick interessant zu sein scheint. Auch Filme lassen sich heute leicht selektiv rezipieren.

Leseförderung unter diesen Bedingungen heißt heute oft: Innehalten, entschleunigen, genau hinschauen, kritisch vergleichen. Soll die Recherche nach Texten Erfolg haben, müssen die Schüler lernen, mit allen Textformen umzugehen – und alle Textformen zu hinterfragen. Lernarrangements müssen so angelegt werden, dass die Tendenz zum oberflächlichen Lesen und zum ziellosen Klicken durchbrochen wird und stattdessen eine Konzentration auf wenig Material und dessen Durchdringung möglich ist. Wichtigste Voraussetzung hierfür sind klare, von den Schülern selbst formulierte Fragestellungen.

Neben der Analyse ist die aktive Gestaltung die Methode der Wahl. Wer selbst Medienobjekte kreiert, stößt auf Widerstände und Fragen, die er nicht gestellt hätte, wäre er nur passiver Nutzer geblieben. Internet und Multimedia bieten viel Potenzial zur Steigerung der Lesemotivation, durch aktive Medienarbeit lässt sie sich ebenfalls fördern. Dabei sollte es aber nicht um das blinde Produzieren gehen, sondern um die bewusste Gestaltung im Dienste eines besseren Verstehens.

Die Attraktivität, die elektronische Medien für Kinder und Jugendliche hat, ist ein Faktor, mit dem man rechnen, der aber auch nicht überbewertet werden sollte. 2011 zeigte die Stiftung Lesen in einer Studie, dass die Verfügbarkeit von E-Book-Readern bei Sechstklässlern ein größeres Leseinteresse bewirkt, als wenn ihnen nur gedruckte Bücher zur Verfügung stehen. Insbesondere bei Kindern aus bildungsfernen Familien führe das elektronische Angebot zu einer Aufwertung des Lesens und einer Senkung der Hemmschwelle, sich auch einmal an ein dickes Buch zu wagen.[16]

Bereits in der Grundschule können die elektronischen Medien gezielt zur Leseförderung eingesetzt werden – durch Literaturverfilmungen, die als Leseanreize genutzt werden und zu Medienvergleichen anregen, oder auch das Online-Angebot „Antolin" des Schroedel-Verlages (www.antolin.de). Dieses Programm zur Leseförderung richtet sich an die Klassen 1–10 und ermöglicht es Schülern, zu gelesenen Büchern Fragen in Quizform zu beantworten und so Punkte zu sammeln. Lehrkräfte können auf die Leseseiten ihrer Schüler zugreifen und die individuelle Leseleistung beurteilen. Zudem können sie auch über „Antolin" mit ihren Schülern kommunizieren. Die Buchtitel werden ständig aktualisiert.

Wird in der Grundschule noch sehr viel an der Lesekompetenz gearbeitet, so wird diese in den weiterführenden Schulen vorausgesetzt. Der Unterricht muss sich aber auch hier bewusst der Leseförderung widmen, nicht nur im Deutschunterricht, sondern auch in den anderen Fachbereichen. Lesemotivation kann überall stattfinden, gerade wenn sie im Zusammenhang mit anderen Medien steht. Im Folgenden werden einige Ideen zur Leseförderung in der Sekundarstufe vorgestellt, bei denen Texte nicht nur gelesen, sondern im Verbund mit anderen Medien erarbeitet werden:

- Sachtexte als Hypertexte anlegen und auf die Schul-Internetseite stellen. Dabei werden wichtige Lerninhalte erarbeitet und miteinander verknüpft.
- Internetseiten zu Kurzgeschichten erstellen. Die Kurzgeschichte wird um eigene Zusätze wie Personenbeschreibungen auch in Bildform, Erläuterungen oder Links zu Internetseiten erweitert.
- Lesesteckbriefe oder Buchkritiken auf die schul- oder klasseneigene Homepage stellen. Ambitionierte Schüler können auch Buchkritiken auf der Seite www.lesepunkte.de veröffentlichen (ein Projekt der Universität Köln).
- Poetry Slam. Hinter dem Begriff Poetry Slam versteckt sich eine unterhaltsame und variantenreiche Form des Literaturvortrags. Spontan kann jede Person eigene Werke, die vorbereitet oder aus dem Stehgreif entstanden sind, einem Publikum in lockerem Rahmen vortragen.
- Eine ähnliche Präsentationform existiert auch für Bücher, der Book Slam. Hier kann entweder ein Buchabschnitt vorgelesen oder frei erzählt werden, möglich sind aber auch Interviews mit den Hauptpersonen oder eine kurze Bühneninszenierung.
- Literaturverfilmungen im Unterricht. Sie können nach der gemeinsamen Lektüre stattfinden, können aber auch als Einstimmung für ein Buch gezeigt werden. In beiden Fällen bietet sich an, Vorlage und Film zu vergleichen.
- Spurensuche an literarischen Schauplätzen. Mit der Kamera und vorher recherchierten und gelesenen Texten einem Autor nachspüren und ihn im Film oder auch auf der Internetseite präsentieren.
- Projekt „Junge Journalisten" bei der Berlinale-Sektion „Generation". Diese widmet sich speziell Filmen, die die Welt aus der Sicht von Kindern und Jugendlichen betrachten. Es werden jedoch nicht nur Filme gezeigt. Seit 2006 berichten Jugendliche zwischen 11 und 17 Jahren vom Festival, schreiben Kritiken, führen Interviews mit den Schauspielern und Regisseuren und stellen alles noch am selben Tag ins Netz (www.jungejournalisten.berlinale.de). Derartige Projekte existieren auch bei anderen kleineren Filmfestivals in der Bundesrepublik.
- Auch fächerübergreifende Projekte lassen sich multimedial realisieren. So kann beispielsweise im Erdkunde-Unterricht ein Land Thema sein, zu dem dann in anderen Fächern zur Geschichte, zur Kultur oder zur Sprache Texte verfasst werden. Sie können auf der Bildebene ebenso entstehen wie als Tondokumente oder schriftlich verfasste Texte.

Informieren mit unterschiedlichen Texten

Aufgaben
- Lest die beiden Zeitungstexte und erklärt, welche Funktion sie haben: informieren, unterhalten oder eine Meinung zum Ausdruck bringen. Begründet eure Einschätzung.
- Erklärt, worin sich der zweite Text vom ersten unterscheidet.

Gutenbergschule lädt ein
Die Gutenbergschule lädt für morgen von 9 bis 13 Uhr zu einem Tag der offenen Tür ein. Die berufliche Schule an der Hamburger Allee, in der unter anderem Druck- und Medientechnik gelehrt wird, will einen Einblick in ihre Arbeit geben. Studierende der zweijährigen Fachschule haben jüngst den Innovationspreis der Deutschen Druckindustrie gewonnen. (trau.)

Frankfurter Allgemeine Zeitung, 18.11.2011, Nr. 269, S. 46

150 Flugausfälle, aber kein Chaos
Die Anzeigetafel in der Abflughalle A des Frankfurter Flughafens rattert am Nachmittag pausenlos und verkündet immer wieder schlechte Nachrichten: Berlin, Prag, London-Heathrow – cancelled. Es ist 14.30 Uhr, eine halbe Stunde vor Beginn des Streiks, zu dem die Gewerkschaft der Flugsicherung (GdF) aufgerufen hat. Drei italienische Geschäftsmänner suchen die Tafel vergeblich nach ihrem Heimatort Florenz ab. „Es ist komisch, in Deutschland zu sein, und es ist Streik", sagt einer und lächelt ein wenig gequält. Eigentlich sollte ihr Flieger um 17 Uhr gehen. Um die Ecke haben es sich einige Fluggäste auf den raren Ledersitzen bequem gemacht. Die Stimmung ist angespannt. „Um 16.45 Uhr sollte mein Flug nach Lyon gehen", sagt eine Französin, „wegen des Streiks kann ich nun bis 21.30 Uhr warten." Andere Passagiere zeigen mehr Verständnis für die Streikenden. Eine Berlinerin hält den Arbeitskampf für ein legitimes Mittel, auch wenn sie nicht weiß, ob sie am selben Tag noch nach Hause kommt. Obwohl die Mitarbeiter der Vorfeldkontrolle, der Verkehrszentrale und der Vorfeldaufsicht in der Lage sind, nahezu den kompletten Flugverkehr lahmzulegen, sind nach Angaben des Flughafenbetreibers am Ende des Tages lediglich 150 von 1250 Flügen ausgefallen. Fraport-Vorstandsmitglied Peter Schmitz zeigt sich bei einer Stellungnahme einerseits erbost über die seiner Ansicht nach „extrem hohen" Forderungen. Andererseits sei er erleichtert, wie er sagt, dass durch Mitarbeiter aus dem Management das befürchtete Chaos habe verhindert werden können. Auch heute will die GdF streiken, von 8 bis 22 Uhr. (dagl./frot)

Frankfurter Allgemeine Zeitung, 17.02.2012, Nr. 41, S. 43

Arbeitsblatt „Zeitung" 2: Informierende Texte II Sek. I

Nachricht und Meldung

Aufgabe
- Informierende Zeitungstexte beantworten meist die sieben W-Fragen (siehe Tabelle). Überprüft, ob auch in den beiden Zeitungstexten auf Arbeitsblatt 1 alle W-Fragen beantwortet werden. Unterstreicht die entsprechenden Passagen.
- Lest den Text „Meldungen und Nachrichten". Sicher könnt ihr den ersten Text von Arbeitsblatt 1 schnell einer Textsorte zuordnen. Aber was ist der zweite Text?

Die sieben W-Fragen

Frage	Text 1	Text 2
Wer?		
Was?		
Wann?		
Wo?		
Wie?		
Warum?		
Welche Quelle?		

Meldungen und Nachrichten
Die Meldung ist die kürzeste aller journalistischen Textformen. Sie ist meist nur wenige Zeilen lang und beantwortet in aller Kürze die W-Fragen ohne weitere Informationen. Die Nachricht hat einen zweiteiligen Aufbau: Am Anfang steht das Wichtigste – das weniger Wichtige (nähere Umstände usw.) folgt am Schluss. Eine Nachricht kann auch Meinungsäußerungen beteiligter Personen enthalten, ebenso wie wörtliche Zitate. Die Beantwortung der W-Fragen bildet das Gerüst des Textes. Damit ist die Nachricht nicht chronologisch aufgebaut.

Arbeitsblatt „Zeitung" 3: Meinung und Kommentar — Sek. I

Information oder Meinung?

Aufgaben
- Lest die Texte und untersucht, um welche Textsorte es sich handelt. Unterstreicht Textstellen, die Hinweise darauf geben.
- Fasst die Hauptaussagen der beiden Texte zusammen. Worin unterscheiden sie sich?

Berlin für Angriffe auch am Strand
Ausweitung der Piratenbekämpfung wird wohl zugestimmt
löw. BERLIN, 29. Februar. Die Bundesregierung wird voraussichtlich einer Ausweitung der europäischen Marinemission gegen Piraterie auf den Strand von Somalia zustimmen. Das geht nach Teilnehmerberichten aus den Ausführungen im Verteidigungsausschuss des Bundestages hervor. Dabei gehe es nicht um Angriffe auf Piraten selbst, sondern auf ihre Infrastruktur „am Strand", eine nicht scharf definierte Zone oberhalb der Wasserlinie. Aus der Luft, etwa durch Bordhubschrauber, sollen Angriffsboote, Treibstoff- und Vorratsbehältnisse von Piraten zerstört werden, die bereits seit geraumer Zeit durch Patrouillenflugzeuge und Satellitenbilder beobachtet werden. Die Abgeordnete Buchholz (Die Linke) wandte sich scharf gegen diese „brandgefährliche" Ausweitung, der Abgeordnete Siebert (CDU) befürwortete sie. (…)
Frankfurter Allgemeine Zeitung, 01.03.2012, Nr. 52, S. 4

Eskalation
Gegen das Piratenunwesen vor Ostafrika sind in letzter Zeit Erfolge erzielt worden. Es gab weniger Kaperungen, einige Mutterschiffe und Angriffsboote wurden versenkt, private und militärische Schutzteams wehrten Angriffe ab. Es spricht also einiges dafür, den militärischen Druck zu erhöhen und gleichzeitig den Eigenschutz durch die Reedereien konsequent auszubauen. Aber man sollte sich darüber im Klaren sein, dass diese „Eskalation" ihren Preis hat. Sie bleibt nicht einseitig. Längst haben die somalischen Piraten gezeigt, dass sie auf ein verändertes Vorgehen reagieren. Sie weiten den Raum aus, in dem sie operieren; sie schleppen Geiseln als menschliche Schutzschilde auf ihren Kaperfahrten mit; sie werden aggressiver. Daher gilt auch für das in der EU erwogene Vorgehen gegen Boote „am Strand": Das kann den Druck abermals erhöhen, ein Befreiungsschlag wäre es aber nicht. Der militärische Druck kann die Symptome mildern, was notwendig ist, und Zeit für die Behandlung der Krankheit gewinnen. Diese Zeit muss aber genutzt werden. Der Krankheitsherd ist die Gesetz- und Regierungslosigkeit an Land.
Frankfurter Allgemeine Zeitung, 01.03.2012, Nr. 52, S. 8

Arbeitsblatt „Zeitung" 4: Feuilletonistische Texte

Glossen verstehen

Aufgaben
- Lesen Sie den Text und versuchen Sie zu erklären, worum es geht.
- Markieren Sie Textstellen, an denen der Text sich von einem Zeitungsbericht unterscheidet. Wo entsteht eine komische Wirkung?
- Beantworten Sie folgende Fragen:
  - Was hat die Kanzlerin nach Meinung des Autors falsch gemacht?
  - Was ist mit der „leeren Internet-Birne" gemeint?
  - Welche Probleme bringt die wachsende Informationsmenge mit sich?

Fehlalarm

(gey.) Wer Gefahren beschwört, liegt meistens richtig. Die Welt ist voller Nebenwirkungen, die wiederum nichts anderes als Wirkungen sind, weswegen mit Fug[1] bemerkt worden ist: Leben ist gefährlich. Irgendwo besteht immer eine Gefahr und doch genießt, wer an das Gefahrenpotential von irgendetwas erinnert, höchstes aufklärerisches Prestige[2]. In Wahrnehmung ihrer gesellschaftlichen Frühwarnfunktion ging die Bundeskanzlerin in der „Bild am Sonntag" jetzt so weit, vor der Gefahr der leeren Internet-Birne zu warnen: „Wenn wir alles in Sekunden irgendwo abrufen können, besteht die Gefahr, dass wir immer weniger davon dauerhaft im Kopf behalten, weil uns die schiere Informationsmenge überfordert." Hier liegt der höchst seltene Fall vor, in dem eine Gefahrenmeldung sich selbst widerlegt. Denn wir sind ja keine Reaktionsdeppen, die entlang des Schemas von Reiz und Reaktion funktionieren; jede Wahrnehmung ist ein komplexer Vorgang der Aneignung, die die schlichten Annahmen der Assoziationspsychologie[3] sprengt; da die weltweite Informationsmenge gerade nicht „schier" auf uns einstürzt, sondern nur in Dosen – immer hübsch eins nach dem anderen – die Köpfe erreicht, platzt beim Surfen keine Birne. Vor allem aber besteht die Gefahr nicht so sehr darin, dass wir immer weniger behalten, sondern dass wir immer weniger vergessen – und zwar von dem überflüssigen, unfruchtbaren Wissen, das die diskursive Aktivität inmitten eines Wirrwarrs von Ideen und Erfahrung lähmt und zu jenem stumpfen Geist führt, den Alfred North Whitehead[4] in seinem hellsichtigen Aufsatz über „Die rhythmischen Ansprüche von Freiheit und Disziplin" analysiert. Nicht die Fülle der Antworten ist gefährlich, so schon Whitehead, sondern der Mangel an Fragen, die die Antworten zu beziehen wissen. Die richtige Frage an die Kanzlerin muss also lauten: Wie lässt sich ihr Fehlalarm sekundenschnell wieder vergessen?

Frankfurter Allgemeine Zeitung, 30.01.2012, Nr. 25, S. 25
Worterklärungen auf Arbeitsblatt 5

Glossen schreiben

Aufgaben
- 2007 hat der damalige Bundesminister für Wirtschaft und Technologie, Michael Glos, den unten zitierten Satz gesagt. Verwenden Sie diese Aussage als Ausgangspunkt für einen glossierenden Text. Gehen Sie dazu folgendermaßen vor:
  - Überlegen Sie, inwiefern diese Aussage einem Journalisten Anlass zu Kritik und/oder Häme geben könnte. Denken Sie dabei an das Amt eines Ministers für Technologie.
  - Notieren Sie in Stichworten, wie Sie Ihre Gedanken ausschmücken, mit Beispielen versehen und durch Übertreibung ins Komische überführen können.
  - Versuchen Sie, aus Ihren Ideen eine klare, pointierte Aussage herauszufiltern.
  - Schreiben Sie einen kurzen Text.
- Probieren Sie es alternativ mit dem Thema „US-Präsidenten und der Sport" (siehe Text unten).

> „Ich habe Gott sei Dank Leute, die für mich das Internet bedienen."
> Michael Glos, ehemaliger Bundesminister für Wirtschaft und Technologie

US-Präsidenten und der Sport
US-Präsident Barack Obama ist ein begeisterter Basketball-Spieler. Und er hat jahrelang das Team seiner 10-jährigen Tochter Sasha trainiert. Aber damit ist es inzwischen vorbei. Die Begründung für den Rücktritt: Die Mädchen sind zu gut geworden, und Obama kann ihnen nichts Neues mehr beibringen. Auch Obamas Vorgänger George W. Bush hatte seine Sorgen mit dem Sport. Das belegt das folgende Zitat: „Es ist traurig, dass ich nicht öfter joggen kann. Das gehört zu den traurigsten Dingen des Präsidentenamtes."

Worterklärungen zum Text „Fehlalarm" auf Arbeitsblatt 4:
[1] *mit Fug:* berechtigterweise
[2] *Prestige:* der gute Ruf
[3] *Assoziationspsychologie:* Richtung der Psychologie, die das Denken des Menschen auf einzelne Sinneseindrücke und deren Beziehung zueinander zurückführt
[4] *Alfred North Whitehead* (1861–1947): britischer Philosoph und Mathematiker

Arbeitsblatt „Zeitung" 6: Aufbau einer Zeitung   Sek. I

So funktioniert Zeitung: Themen, Ressorts und Newsroom

Die Themen, über die eine Zeitung berichtet, sind in unterschiedliche Themengebiete geordnet. Diese heißen auch Rubriken oder Ressorts. Die wichtigsten Ressorts sind: Politik, Wirtschaft, Kultur (dieser Teil heißt oft auch „Feuilleton"), Sport, Lokales.

Aufgaben
- Schaut euch die vollständige Ausgabe eurer Tageszeitung an und notiert in einer Tabelle die einzelnen Ressorts. Schreibt dazu, auf welchen Seiten man sie findet, und ergänzt zu jedem Ressort zwei Schlagzeilen eurer Wahl.
- Sucht Euch dann ein wichtiges Thema aus dem Politikressort aus und überprüft, in welchen anderen Ressorts das Thema noch behandelt wird. Benennt die Textsorte und Darstellungsform.
- Lest den Text „Der Newsroom" und überlegt, welche Vor- und Nachteile diese Methode hat, Zeitungen zu produzieren.
- Vergleicht eine Ausgabe eurer Tageszeitung mit einer Ausgabe der *F.A.Z.* Wie unterscheiden sie sich im Hinblick auf Format und Aufbau? Untersucht, wie viele und welche Quellen verwendet werden.

Ausgewähltes Thema: _____

Ressort	Titel und Art des Artikels

Der Newsroom
In den letzten Jahren hat sich eine neue Organisationsform in den Zeitungsredaktionen herausgebildet: Im „Newsdesk" oder „Newsroom" laufen bei vielen Zeitungen heute alle Fäden zusammen. Dort entscheiden die Redakteure, welche Themen in welchem Teil der Zeitung behandelt werden. Wenn in einem Verlag mehrere Zeitungen erscheinen (was oft der Fall ist), werden im Newsroom meist die Inhalte für mehrere Zeitungen (und ihre Internetseiten) produziert. Die Schweizer Zeitung *Blick* zeigt im Internet, wie dort der Newsroom aussieht und arbeitet: www.blick.ch/news/so-funktioniert-der-newsroom-bei-blick-id45243.html

Arbeitsblatt „Zeitung" 7: Die Titelseite einer Zeitung

Titelseiten im Vergleich

Die Titelseite einer Zeitung oder auch das Cover einer Zeitschrift sind wie das Schaufenster eines Geschäftes: Sie verraten viel darüber, was die Zeitung zu bieten hat, wie sie sich selbst versteht und wen sie ansprechen möchte. Geht es ihr eher darum, den Lesern Anregungen zum Nachdenken zu geben oder will sie Sachinformationen vermitteln?
Will sie Gefühle wie Begeisterung oder Abscheu auslösen?

Aufgaben
- Vergleicht eine Titelseite der *F.A.Z.* mit einer Titelseite der *Bild* – jeweils vom gleichen Erscheinungstag. Wenn ihr die Zeitungen nicht als gedruckte Ausgabe zur Verfügung habt, findet ihr die aktuellen Titelseiten auch auf www.meedia.de (unter „Die Zeitungen von heute").
- Beantwortet für euren Vergleich folgende Fragen:
  - Welche Nachrichten werden für die Titelseite ausgewählt?
  - Wie wichtig sind Bilder und welche „Aussage" haben diese?
  - Wie werden die Überschriften formuliert? Untersucht die Wortwahl, die Satzgrammatik, die Emotionalität der Sprache.
  - Wie ist die Seite gestaltet? Untersucht Farben, Linien, Schriftgrößen im Hinblick auf ihre Wirkung.

Ein Thema – verschiedene Informationsziele

Aufgaben
- In allen drei Texten auf dieser Seite und auf Arbeitsblatt 9 spielt das Thema Mobiltelefone eine Rolle. Lies die Texte und fasse in einem Satz zusammen, wen die Texte worüber informieren wollen.
- Unterstreiche jeweils die wichtigste Information. Überlege, für wen die Informationen, die hier geboten werden, ausreichend sind, und wer vielleicht mehr oder andere Angaben benötigen würde.
- Bestimme die Textsorte – du kannst dazu aus verschiedenen Vorgaben auswählen. Begründe deine Entscheidung und diskutiere dein Ergebnis mit deinem Sitznachbarn.

Ein Handy reicht nicht
Jeder dritte Deutsche hat mindestens zwei Mobilfunkanschlüsse. Wie der Branchenverband Bitkom mitteilt, existierten Ende 2011 in Deutschland mehr als 112 Millionen Anschlüsse. Dies sei ein Rekordwert, heißt es bei Bitkom in Berlin.
Quelle: Bitkom

Multimedia/Handy für Wasserratten
Panasonic kehrt auf den europäischen Markt zurück und präsentiert ein Android-Smartphone, das kleine Missgeschicke verzeiht: Das Eluga widersteht Wasser nach dem IP57-Standard für bis zu 30 Minuten in einer Tiefe von einem Meter. Kurze Tauchgänge in der Badewanne sollten also kein Problem sein. Ansonsten hat es eine 8-Megapixel-Kamera mit Autofokus und Bildschirmstabilisator, 8 GB integrierten Speicher und einen Dual-Core-Prozessor. Es wiegt 103 Gramm, ist mit 7,8 Millimeter recht schlank und hat einen 10,9 Zentimeter großen Touchscreen. Dessen Auflösung ist nach Angaben des Herstellers mit 950 x 540 Pixel so hoch, dass man die einzelnen Bildpunkte mit bloßem Auge nicht mehr ausmachen kann. Das Display erzeugt bis zu 16 Millionen Farben. Wenn der Ladestand niedrig ist, kann man mit dem Eco-Mode Energie sparen. Dabei werden alle inaktiven Funktionen ausgeschaltet. Das Handy wurde am Montag in Barcelona vorgestellt und wird voraussichtlich Mitte April für 400 bis 450 Euro erhältlich sein. (ober.)
Frankfurter Allgemeine Zeitung, 28.02.2012, Nr. 50, S. T6

Ein Thema – verschiedene Informationsziele (Fortsetzung)

Bundesanwälte bitten Amerikaner um Hilfe bei NSU-Ermittlungen
Internetforen sollen Täterwissen von Zschäpe beweisen
löw. BERLIN, 12. Februar. Die Bundesanwaltschaft will mit Hilfe amerikanischer Behörden Internetdaten der rechtsextremen mutmaßlichen Terroristen Mundlos, Böhnhardt und Zschäpe auswerten. Ein Sprecher bestätigte am Wochenende, dass ein entsprechendes Rechtshilfeersuchen gestellt worden sei. Einzelheiten wollte er wegen der laufenden Ermittlungen nicht nennen. Die Zeitschrift „Focus" meldete, es gehe um Zugänge zu Foren und Handelsseiten sowie bei der Video-Plattform Youtube. Man erhoffe sich Aufschlüsse über die Ideologie der Nutzer und gegebenenfalls auch Hinweise auf Täterwissen bei Frau Zschäpe, die als Einzige der drei Hauptverdächtigen noch lebt und in Haft ist.
Das Bundeskriminalamt (BKA) wies am Sonntag Vorwürfe und Darstellungen als „absurd" zurück, es habe Daten eines sichergestellten Mobiltelefons gelöscht und damit der Justiz vorenthalten. Ein Bericht der Zeitung „Bild am Sonntag" enthalte durchwegs unzutreffende Mutmaßungen und Folgerungen zu einem üblichen Vorgang. Dabei habe das BKA Amtshilfe durch die Bundespolizei bei der Auswertung der Daten erhalten, wonach die Kopien bei der Bundespolizei gelöscht worden seien. Die Daten stünden „vollständig und unverändert" den Ermittlern zur Verfügung. Da eine BKA-Beamtin den Vorgang vollständig begleitet habe, stehe sie auch für ein mögliches Gerichtsverfahren als Zeugin der Maßnahme zur Verfügung.
Der Vorsitzende des Bundestagsinnenausschusses, Bosbach (CDU), sowie die Bundestagsvizepräsidentin Pau (Die Linke) hatten Bewertungen abgegeben, der Fall sei „gravierend" (Bosbach), er rieche nach Vertuschung (Pau). Innen-Staatssekretär Fritsche hatte eine umfassende Erklärung durch die Amtsleitung des BKA angefordert.
Frankfurter Allgemeine Zeitung, 13.02.2012, Nr. 37, S. 4

Bestimmung der Textsorten

Text 1: _____

Text 2: _____

Text 3: _____

Hintergrundbericht
Kommentar
Nachricht
Interview
Meldung
Produktinformation
Reportage

Arbeitsblatt „Zeitung" 10: Information und Grafik I   Sek. I

Eine Infografik verstehen I

Viele Informationen lassen sich in einer Grafik anschaulicher darstellen als in einem langen Text. Das gilt besonders dann, wenn viele Zahlen im Spiel sind, komplizierte technische Vorgänge beschrieben werden oder geografische Räume thematisiert werden. Infografiken ergänzen meist einen längeren Text und bestehen aus verschiedenen Bausteinen. Die Grafik „Zeitenwende im Internet" (Arbeitsblatt 11) informiert über das Verhalten von Internetnutzern. Um die Grafik zu verstehen, muss man sehr genau lesen. Die Fragen sollen dir helfen, die Aussagen der Grafik zu entschlüsseln.

Zeitenwende im Internet

Änderung der verbrachten Online-Zeit zwischen Oktober 2010 und Oktober 2011 in Prozent

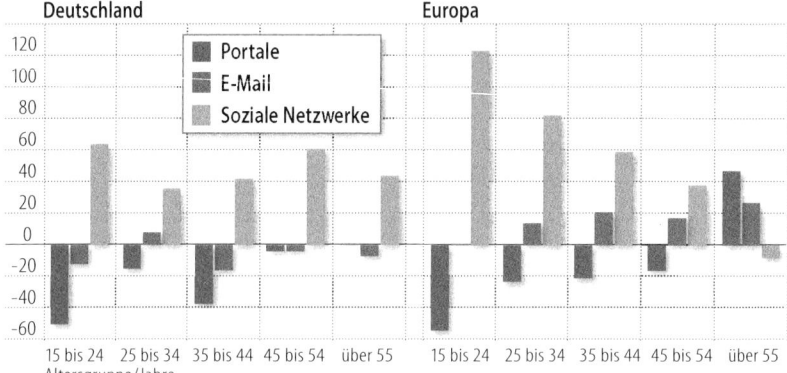

Änderung der Internet-Tätigkeiten gegenüber dem Vorjahr in Prozent

Deutschland		Milliarden Minuten im Oktober 2011	Europa		Milliarden Minuten im Oktober 2011
Social Media	51	18,4	Nachrichten/Info.	38	17,3
E-Commerce	14	2,8	Social Media	36	156,9
Unterhaltung	7	10,4	Unterhaltung	32	70,0
Online-Spiele	6	3,1	E-Commerce	29	16,9
Nachrichten/Info.	1	1,5	Verzeichnisse	21	15,2
Suche/Navigation	−3	1,6	E-Mail	17	31,4
E-Mail	−6	2,4	Online-Spiele	11	15,4
Auktionen	−21	2,1	Suche/Navigation	−1	14,3
Portale	−24	6,0	Portale	−10	80,9
Instant Messengers	−53	3,3	Instant Messengers	−49	23,1

Quelle: Comscore   F.A.Z.-Grafik Kaiser

Quelle: Frankfurter Allgemeine Zeitung, 29.11.2011, Nr. 278, S. 17

Arbeitsblatt „Zeitung" 11: Information und Grafik Sek. I

Fragen zur Infografik „Zeitenwende im Internet"

1. Worum geht es in der Grafik?
   a) Um die Verbesserung des Internetzugangs in Deutschland und Europa.
   b) Um das Verhalten von Internetnutzern 2011.
   c) Um die Änderung im Verhalten von Internetnutzern.

2. Was lässt sich über den Zeitraum der Untersuchung sagen?
   a) Es gibt dazu keine genauen Angaben.
   b) Es geht um die Unterschiede zwischen 2010 und 2011.
   c) Die Untersuchung bezieht sich auf den Oktober 2011.

3. Der wichtigste Trend besteht darin, dass ...
   a) ... die sozialen Netzwerke intensiver genutzt wurden.
   b) ... kaum noch jemand E-Mails schreibt.
   c) ... die Nutzung von Nachrichtenangeboten in Deutschland nachlässt.

4. Der untere Teil der Grafik unterscheidet sich vom oberen dadurch, dass ...
   a) ... hier männliche und weibliche Nutzer unterschieden werden.
   b) ... hier keine Aufteilung nach Altersgruppen vorgenommen wird.
   c) ... hier die Nutzungszeiten in Stunden pro Woche angegeben werden.

5. Wo und in welcher Altersgruppe ist die Zunahme der Aktivitäten in sozialen Netzwerken am stärksten gestiegen?

   _____

6. Was lässt sich über die Zeit sagen, die 40-Jährige in Deutschland und Europa 2011 mit dem Schreiben von E-Mails verbracht haben?

   _____

7. Auf welcher Quelle beruhen die Angaben in dieser Grafik?

   _____

8. Diskutiert, inwieweit eure eigenen Internetaktivitäten sich in dieser Infografik wiederfinden.

Arbeitsblatt „Zeitung" 12: Wissenschaftsjournalismus I Sek. II

Wissenschaftsjournalismus: Anschaulich argumentieren

Komplizierte Themen und wissenschaftliche Diskussionen verständlich zu vermitteln, ist die große Herausforderung beim Wissenschaftsjournalismus. Der Text „Kettensägen ohne Massaker" zeigt beispielhaft, wie man gegensätzliche wissenschaftliche Positionen darstellen und sie miteinander in Beziehung setzen kann.

Aufgaben
- Lesen Sie den Text einmal und stellen Sie dar, worum es geht. Klären Sie Begriffe und Aussagen, die Sie nicht verstehen.
- Welche Positionen werden diskutiert? Markieren Sie sie im Text und schreiben Sie sie vorläufig auf. Benennen Sie die wissenschaftlichen Untersuchungen, die als Beleg für diese Positionen angeführt werden.
- Analysieren Sie nun detailliert den Aufbau des Textes. Ordnen Sie die 13 Absätze in den Verlauf der Argumentation ein. Grob lassen sich fünf Abschnitte identifizieren:
Ausgangssituation
Problemaufriss
Vertiefung anhand einer aktuellen Studie
Diskussion
Schlussfolgerung
- Bewerten Sie, inwieweit der Text sinnvoll und konsequent strukturiert ist.
- Diskutieren Sie am Beispiel dieses Textes die Frage, ob ein Wissenschaftsjournalist in wissenschaftlichen Diskussionen selbst eine Position beziehen darf oder sollte.

Georg Rüschmeyer: Kettensägen ohne Massaker

Tropische Regenwälder gehören zu den fragilsten Ökosystemen der Erde. Über die Frage, ob sie nur unberührt überleben können, ist ein Streit entbrannt. Nun zeigt eine neue Studie, dass der Dschungel gewisse Eingriffe aushält.

(1) Den tropischen Regenwäldern geht es nicht gut. Die Dschungel Südamerikas, Afrikas und Südostasiens sind Heimat für rund die Hälfte aller Landtierarten und eine wichtige Kohlenstoffsenke für das globale Klima. Doch etwa zehn Millionen Hektar davon fallen jedes Jahr der Brandrodung oder der Motorsäge zum Opfer. Übrig bleiben karges Ackerland oder spillerige Sekundärwälder. Das

hochkomplexe Ökosystem Regenwald hat auf solchen Flächen praktisch keine Chance, sich jemals zu regenerieren.

(2) Der totale Kahlschlag ist nicht die einzige Gefahr. Oft wüten die Sägetrupps wie Motten in Kaschmirpullovern in den ehemals intakten Wäldern: Nach und nach dehnen sich die durch sie geschaffenen Kulturflächen aus, am Ende ragen nur noch inselhafte Waldflächen aus einem Meer baumloser Äcker und Weiden. Fragmentierung nennen Ökologen diesen Prozess, den sie fürchten. Denn derart isolierte Wälder sind nicht nur von allen Seiten dem Druck der Zivilisation mit ihrem Hunger nach Feuerholz, Wildbret und vermarktbaren Edelhölzern ausgesetzt. Auch wenn man sie unter strengen Schutz stellt, ist ihre Zukunft ungewiss, denn auf Dauer benötigen viele Regenwaldbewohner, zum Beispiel Großkatzen wie der Jaguar, riesige Lebensräume. Schrumpft die Fläche solcher Waldinseln unter eine kritische Größe, drohen der Verlust vieler Tier- und Pflanzenarten und schließlich der Zusammenbruch des gesamten ökologischen Beziehungsgeflechts: Der Regenwald stirbt. Aber wann ist dieser, jede Umkehr ausschließende, Moment erreicht? Wie lange können andere, weniger empfindliche Arten einspringen und das Ökosystem erhalten?

(3) Wie entscheidend der Schutz der letzten weitgehend unberührten Regenwälder für das Überleben vieler Tierarten ist, zeigte vergangenen Oktober eine Studie in dem britischen Wissenschaftsjournal *Nature*. Dafür analysierte ein internationales Forscherteam die Daten von 138 Studien, welche die Biodiversität in weitgehend ursprünglichen Regenwäldern und unterschiedlich stark gestörten Vergleichswäldern untersucht hatten. Die Resultate dieser Metaanalyse sind so komplex wie der Dschungel selbst, doch das Fazit fällt eindeutig aus: Unterm Strich „zeigen die meisten Formen der Walddegradierung einen überwältigend nachteiligen Effekt auf die Biodiversität", schreiben die Forscher. Beim Schutz der tropischen Artenvielfalt gebe es also keinen Ersatz für die urwüchsigen Primärwälder.

(4) Das würde wohl kein Tropenökologe bestreiten. Doch manche Experten warnen vor dem Umkehrschluss, die zahlreichen mehr oder minder fragmentierten und degradierten Wälder als ökologisch wertlos abzuschreiben. Regelrecht erzürnt zeigt sich Robin Chazdon von der University of Connecticut. Die *Nature*-Arbeit habe methodische Schwächen und sei nicht differenziert genug. Vor allem aber stößt sich Chazdon an dem „Spin" der Arbeit: Der suggeriere eindeutig, gestörte Wälder seien einfach nicht gut genug, sagt die Tropenökologin. „Sicher gibt es Arten, die außerhalb streng

geschützter Primärwälder nicht überleben können, aber ebenso sicher werden solche Schutzgebiete allein nicht ausreichen, um die Artenvielfalt der tropischen Regenwälder zu erhalten."

(5) Ähnlich sieht das Chase Mendenhall aus Stanford in einem Leserbrief an *Nature*: „Auch solche vom Menschen geprägten Ökosysteme beheimaten noch eine zumindest mittlere Biodiversität – und das ist entscheidend, wenn man bedenkt, dass sie inzwischen 85 Prozent der tropischen Wälder ausmachen." Mendenhall plädiert für einen ganzheitlichen Ansatz beim Schutz tropischer Biodiversität, anstatt einseitig einem ökologischen Idealbild anzuhängen.

(6) Empirische Unterstützung für diese etwas optimistischere Einschätzung lieferte in der November-Ausgabe des Fachjournals *PloS One* eine Studie deutscher Wissenschaftler. Trotz eines unvermeidlichen Rückgangs der Artenvielfalt könnten auch fragmentierte und vom Menschen deutlich gestörte Regenwaldinseln ihre ökologischen Funktionen noch erstaunlich gut erfüllen, schreiben die Biologen um Matthias Schleuning vom Forschungszentrum für Biodiversität und Klima der Senckenberg-Gesellschaft und der Universität Frankfurt. Ihre Daten, die sie im Rahmen eines vom Bundesforschungsministerium in sieben Staaten Afrikas geförderten Forschungsverbunds namens BIOTA-Africa sammelten, stammen aus dem Kakamega-Forest in Kenia, dem östlichsten Zipfel des äquatorialafrikanischen Regenwalds.

(7) Seit Beginn des 20. Jahrhunderts schrumpfte der Kakamega-Wald von geschätzten 240 000 Hektar auf weniger als ein Zehntel seiner einstigen Größe. Dabei entstanden in einem der am dichtesten besiedelten Gebiete Afrikas sieben mehr oder minder isolierte Einzelflächen – vom 40-Hektar-Wäldchen Malava East bis hin zur Hauptinsel mit knapp 9500 Hektar, die inzwischen etwa zur Hälfte als Naturreservat unter strengem Schutz stehen. Also keineswegs unberührte Natur, doch herrschen gerade hier gute Bedingungen, um den Einfluss von Fragmentierung und Aktivitäten wie dem selektiven Einschlag zu untersuchen. Neben klassischen Parametern der Artenvielfalt interessierten sich die Forscher dabei vor allem für die Funktionstüchtigkeit des Ökosystems Regenwald mit seinem hochkomplizierten Geflecht von Auf-, Ab- und Umbauprozessen, von Fressen und Gefressenwerden. Nur: Wie misst man die?

(8) „Wir haben uns dafür eine Reihe von Prozessen genauer angesehen, die für die Stabilität des Ökosystems besonders wichtig und repräsentativ sind", sagt Schleuning. Dafür legten die Forscher unter anderem Laub-Proben auf den Urwaldboden, um deren Abbaugeschwindigkeit abzuschätzen und zählten die daran beteiligten

Krabbeltiere. Sie untersuchten etwa die Aktivität von Treiberameisen und der sie begleitenden Vögel, die sich über die aufgescheuchten Insekten hermachten. Als Schätzwert für die Fähigkeit der Wälder, sich aus eigener Kraft zu regenerieren, untersuchten die Biologen, wie effizient Insekten Blüten bestäuben und fruchtfressende Vogelarten die Baumsamen verbreiten oder wie Tiere deren Verteilung stören, wenn sich darüber hermachen.

(9) Bei der Auswertung der 2010 nach fast zehn Jahren abgeschlossenen Langzeitstudie staunten die Forscher: „Entgegen unseren Erwartungen blieb die Intensität dieser Ökosystemfunktionen in fragmentierten Wäldern, in denen zudem einzelne Bäume abgeholzt werden, weitgehend stabil und stieg in einigen Fällen sogar an. Im Gesamtbild ist die Funktionalität dieser Wälder also trotz moderater menschlicher Störung erhalten geblieben", fasst Schleuning die Studie zusammen. Neben dem Schutz der letzten großen und intakten Waldgebiete könnten also auch isolierte und vom Menschen geprägte Regenwälder durchaus schutzwürdig sein, zumal sie sich mit ihren Ökosystemfunktionen auch die Fähigkeit erhalten hätten, eines Tages von selbst wieder zu echten Urwäldern zu werden. Wenn man sie nur lässt.

(10) Aber sind die Ergebnisse des Frankfurter Teams nicht unvereinbar mit den Resultaten der in *Nature* veröffentlichten Metaanalyse? Den Widerspruch gebe es so nicht, stellt Schleuning fest, denn die Fragestellungen seien jeweils ganz andere. Die *Nature*-Arbeit konzentriere sich auf reine Biodiversitätsparameter, die bekanntermaßen besonders stark auf Störungen durch den Menschen ansprechen. Der Fokus der von ihm koordinierten Analyse hingegen liege auf den Ökosystemprozessen. So sehen das ebenfalls die Hauptautoren des *Nature*-Artikels, Luke Gibson von der Universität von Singapur und Tien Ming Lee von der Universität von San Diego. Auf Nachfrage dieser Zeitung streiten sie den von Robin Chazdon kritisierten Spin ihrer Arbeit jedoch ab, betonen die Schutzwürdigkeit auch degradierter Wälder und stellen ihre Übereinstimmungen mit den Ergebnissen der deutschen Kollegen heraus.

(11) Eine Gemeinsamkeit findet sich vor allem in einem Punkt, der große politische Relevanz besitzt: In beiden Studien wirkt sich das selektive Fällen von Stämmen wertvoller Gehölze vergleichsweise gering auf Artenvielfalt und Ökosystem aus. Und um dieses sogenannte Reduced Impact Logging (RIL), bei dem im Idealfall nur wenige Exemplare bestimmter Baumarten gefällt werden und die umliegende Vegetation nur geringen Schaden nimmt, liefern sich Regenwaldschützer einen Glaubenskrieg. Die Fundis unter ihnen vermuten in

diesen vermeintlich nachhaltigen Methoden nur „Greenwashing", einen grün verbrämten Raubbau am Wald also. Die Naturschutz-Realos (unter ihnen der WWF und das Holz-Zertifizierungssystem FSC) wiederum halten solche Ansätze einer nachhaltigen Bewirtschaftung für den richtigen Weg, Regenwälder auch außerhalb von Schutzgebieten zu erhalten und zum Vorteil der lokalen Bevölkerung zu nutzen. Für beide Sichtweisen finden sich Beispiele: angeblich nachhaltig bewirtschaftete Wälder, wo schließlich nur noch Stümpfe stehen, und Erfolgsgeschichten von streng nach FSC-Regeln bewirtschafteten Wäldern.

(12) Hoffnung schürt beispielsweise die fast 300 000 Hektar große Kabo-Konzession im Kongo. Dort leben noch zahlreiche Gorillas und Schimpansen, die sich laut einer Langzeitstudie der amerikanischen Wildlife Conservation Society offenbar nur wenig von den Holzfällern stören lassen. Allerdings gefährdet die Erschließung gerade Menschenaffen auch indirekt, weil diese so eher mit den Parasiten sowie Krankheitserregern des Menschen in Kontakt kommen und weil Wilderer die Zugangswege der Waldarbeiter nutzen. Trotz dieser Bedrohung und dem Mangel an wissenschaftlichen Daten über die langfristige Entwicklung solcher selektiv abgeholzter Wälder werde an einer kritischen Zusammenarbeit mit den Konzessionsbetreibern auf Dauer kein Weg vorbeiführen, sagt die Gorilla-Expertin Martha Robbins vom Max-Planck-Institut für evolutionäre Anthropologie in Leipzig. „Wenn wir unsere Bemühungen auf Schutzgebiete beschränken, werden wir in Afrika viele Großsäuger wie Affen oder Elefanten verlieren." In Gabun zum Beispiel lebe rund die Hälfte aller Menschenaffen außerhalb der 13 Nationalparks des westafrikanischen Landes – in Urwaldflächen, die durch den Eingriff des Menschen bedroht oder bereits geschädigt sind.

(13) Das schätzt Matthias Schleuning ähnlich ein: „Wo Menschen direkt mit und vom Regenwald leben, finde ich es unrealistisch, jegliche Nutzung verbieten zu wollen. Eine limitierte selektive Abholzung kann da ein Weg sein, den ökologischen Schaden für den Regenwald zu minimieren und gleichzeitig die Menschen am Mehrwert des Regenwalds teilhaben zu lassen." Bei der Umsetzung stecke der Teufel dann natürlich im Detail: Wie hoch die Nutzungsintensitäten sein dürften oder welche Hölzer gefällt werden können, müsse vor Ort im Dialog entschieden werden. Dass menschliche Eingriffe das Ökosystem aber zumindest nicht unausweichlich auf einer Einbahnstraße ins Verderben führen, das sei die gute Nachricht aus dem Kakamega-Forest.

Frankfurter Allgemeine Sonntagszeitung, 19.02.2012, Nr. 7, S. 60

Schreibübung: Von der Nachricht zur Reportage

Aufgaben
- Verfasse eine Nachricht zu einem beliebigen Thema. Berücksichtige die im Text genannten Regeln. Du kannst zunächst zu den sieben W-Fragen (Arbeitsblatt 2) die wichtigsten Informationen notieren.
- Schreibe die Nachricht in einen Bericht um.
- Lies den Beginn der Reportage und beschreibe, wie sich der Text von einer Nachricht unterscheidet. Verfasse eine Reportage.

Nachricht und Bericht
Eine *Nachricht* teilt den Lesern in kurzer Form etwas über ein Ereignis oder eine Neuigkeit mit. Die Grundregel heißt: Das Wichtige am Anfang, das weniger Wichtige zum Schluss. Die Sprache ist sachlich und informativ, Wertungen werden vermieden. Der Text steht im Präteritum. Meist werden schon im ersten Satz mehrere W-Fragen beantwortet.

Ein *Bericht* ist eine längere Nachricht, die die W-Fragen ausführlicher beantwortet. Sie bietet oft auch weiterführende Informationen, die für den Hintergrund des Ereignisses wichtig sind. Der Bericht kann auch wörtliche Zitate enthalten und steht wie die Nachricht im Präteritum.

Beginn einer Reportage
Bücken und Buckeln – Flaschensammeln am Rande der EM
Gerd sitzt vor dem Eingang zur Berliner Fanmeile und sortiert seine Beute. Sorgsam pult er die Etiketten von den Faschen in der pinkfarbenen Plastikkiste auf seinem Schoß und lächelt in die Abendsonne. Zum Strahlen hat der Berliner mit dem grauen Spitzbart und der Deutschlandkappe an diesem Tag auch allen Grund. Denn wenn sich hier hinter der Absperrung gleich Hunderttausende Fußballfans zur schwarz-rot-goldenen Fußballfete vor der Großleinwand am Brandenburger Tor treffen, hat Gerds Gewerbe Hochkonjunktur (...).
Quelle: Markus Henrichs / taz vom 17.6.2012

Die Reportage
Die Reportage berichtet über etwas selbst Erlebtes und kommt von einem besonderen Ereignis auf etwas Allgemeines. Sie steht im Präsens, um den Leser direkt in die Situation zu führen. Einige Merkmale:
- Darstellung konkreter, oft spannungsgeladener Ereignisse
- Szenischer Einstieg oder Zitat
- Mehrere meist kontrastierende Hauptpersonen
- Verwendung von prägnanten Zitaten
- Hintergrundinformationen werden in die Schilderungen eingeflochten

Kulturkritik und Produktempfehlung: die Rezension

Die Textsorte „Rezension"
Eine Rezension (oder Kritik) beschäftigt sich mit einem Buch, einer CD, einem Film oder einem anderen kulturellen Produkt/Ereignis. Sie verbindet Information und Meinung und soll Leser dazu anregen, selbst das besprochene Werk zu kaufen bzw. eine Aufführung zu besuchen – oder auch nicht.
Oft informieren Rezensionen zunächst über Inhalt und Machart des besprochenen Werkes, bevor der Autor anschließend seine (begründete) Meinung zum Ausdruck bringt. Rezensionen stehen meist im Präsens.

Eine Rezension verfassen
Schritt 1: Das Werk
Wähle einen Gegenstand oder eine Darbietung, über die du eine Rezension verfassen möchtest. Beschaffe dir zusätzliche Informationen: Wer ist der Autor/Musiker/Akteur, was hat er/sie bereits hervorgebracht? Gibt es andere Werke, auf die man in der Rezension eingehen sollte (z. B. CD mit Bearbeitungen anderer Stücke oder Literaturverfilmung)?

Schritt 2: Vorbereitende Notizen
Stelle in wenigen Sätzen Inhalt und Aufbau dar. Was hat dich besonders interessiert?
Notiere die Wirkung auf dich: Wie war dein erster Eindruck? Wurden deine Erwartungen erfüllt? Hast du dich gelangweilt oder sogar geärgert? Welche Stelle hat dich besonders fasziniert?
Versuche, die Machart zu bewerten. Oft kann man zwischen künstlerischer Idee und handwerklicher Umsetzung unterscheiden.
Gibt es Publikumsreaktionen?
Würdest du das Buch/die CD/den Film/das Theaterstück weiterempfehlen?

Schritt 3: Erste Textfassung
Verbinde deine Notizen zu einem geschlossenen Text. Vielleicht hast du schon eine Idee für einen originellen Einstieg oder eine Überschrift, die Leser neugierig macht.

Schritt 4: Überarbeiten
Lies den fertigen Text einem Mitschüler oder einer Mitschülerin vor und mach dir Notizen zum Feedback. Überarbeite den Text und stell dir die Frage, ob deine Bewertung fair und begründet ist. Könntest du den Text auch dem Künstler gegenüber vertreten? Überprüfe den Text zum Schluss auf Rechtschreib- und Zeichensetzung.

Texte gemeinsam bearbeiten: Redaktionskonferenz

*In der Redaktionskonferenz überarbeitet ihr gemeinsam Texte.
Der Kriterienkatalog kann euch helfen, dabei systematisch vorzugehen.*

Kriterienkatalog zum Redigieren von Texten:

Kriterien	Erfüllt/ nicht erfüllt	Verbesserungsvorschlag
Gestaltung der Überschrift: Wird damit die Aufmerksamkeit des Lesers auf das Thema gelenkt?		
Bei längeren Artikeln: Gibt es sinnvolle Zwischenüberschriften?		
Ist das Thema für die Zielgruppe angemessen dargestellt? (nicht zu wissenschaftlich, aber auch nicht zu nichtssagend)		
Bei informierenden Texten: Werden die W-Fragen beantwortet? Kommen die wichtigsten Informationen zuerst?		
Bei meinungsbetonten Texten: Werden die unterschiedlichen Standpunkte erläutert?		

Kriterien	Erfüllt/ nicht erfüllt	Verbesserungsvorschlag
Ist die bewertende Argumentation schlüssig?		
Ist der Text gut recherchiert? Sind die Informationen vollständig?		
Konzentriert der Text sich auf sein Thema und vermeidet er Abschweifungen?		
Ist der Text verständlich und klar gegliedert?		
Wurden aussagekräftige Substantive, Adjektive und Verben verwendet? Stehen die Verben in der richtigen Zeitform?		
Ist der Satzbau einfach genug und abwechslungsreich? Wurden Schachtelsätze vermieden?		
Wurde richtig und ausreichend zitiert?		
Sind Rechtschreibung und Grammatik fehlerfrei?		

2.2 Computer, Internet und Social Media

2.2.1 Voraussetzungen

Welche Medien in welchem Unterrichtszusammenhang einsetzen? Im Hinblick auf die so genannten „neuen" Medien gibt es noch viele offene Fragen.

Wenn von Medien in der Schule gesprochen wird, dann ist oft vor allem der Bereich der so genannten „neuen" Medien gemeint: Also jene elektronischen Datenträger und Informationsnetzwerke, die im täglichen Leben einen immer größeren Raum einnehmen: Vom PC über das Handy bis zum interaktiven Whiteboard und zurück.

Grundsätzlich ist das Attribut „neu" bei der Klassifizierung kultureller Erscheinungen problematisch, weil es keinerlei qualitative Information enthält und zudem schon nach wenigen Jahren – wenn das ehemals Neue etabliert ist – nicht mehr zutrifft. Trotzdem taucht das Attribut „neu" an Umbruchstellen der Kulturgeschichte immer wieder auf und hält sich mitunter auch dann noch, wenn das Neue längst Vergangenheit ist. Beispiele dafür sind in der Musikgeschichte die „Ars nova" oder die „Neue Sachlichkeit" in der Literatur- und Kunstgeschichte. Ob die Rede von den „neuen Medien" auch in hundert Jahren noch verstanden wird, ist reine Spekulation – als besonders glückliche Formulierung kann sie schon heute nicht gelten.

Abgesehen davon, dass sie die übrigen Medien zu „alten" oder „altmodischen" Medien degradiert, wird eine Umgrenzung „neuer" Medien auch sachlogisch zunehmend schwierig: Längst sind die Medienverbünde so eng verschränkt, dass das Neue vom Alten nicht mehr plausibel zu trennen ist: Das Hörspiel aus dem Kassettengerät wäre ein altes Medium, das Hörspiel als Podcast ein neues, die traditionsreiche Papier-Zeitung verwandelt sich in ein neues Medium, wenn sie am Tablet-PC gelesen wird.

Die Durchdringung von Alt und Neu fordert dazu heraus, über den Medienbegriff insgesamt nachzudenken: Als Medien werden einerseits technische Informationsträger bezeichnet, die selbst über keinen Inhalt verfügen (etwa ein mp3-Player). Manchmal tritt aber auch ein vorwiegend inhaltliches Begriffskonzept hervor, wenn etwa vom „Medium Film" gesprochen wird. Wer diesen Medienbegriff weiterverfolgt, gelangt dann in der Konsequenz zu der Frage, ob auch Bücher, Gemälde und germanische Höhlenzeichnungen „Medien" sind.

Weitere Unschärfen ergeben sich, wenn von „digitalen Medien" gesprochen wird: Filme und Hörspiele können in Gestalt digitaler Datenpakete auftreten, aber auch als Magnetaufzeichnungen oder auf herkömmlichen Filmrollen, deren Daten also analog fixiert wurden. In vielen Zusammenhängen ist es sinnvoller, nicht von digitalen, sondern von „elektronischen" Medien zu sprechen.

2.2.2 Sind Computer in der Schule sinnvoll? – Eine noch nicht endgültig beendete Debatte

Im Jahr 2007 wurde in mehreren Medien darüber berichtet, dass einige Schulen in den USA die für viel Geld angeschaffte Computerausrüstung aus dem Unterricht verbannten.[17] Anstatt die Lernsoftware zu benutzen, hatten Schüler Musik und Filme konsumiert oder sich im Chat über alles Mögliche verständigt – nur nicht den Unterrichtsgegenstand. Attacken auf die Sicherheitssysteme der schulischen Netzwerke führten dazu, dass die Laptops im Unterricht praktisch nicht mehr einsetzbar waren. Beunruhigend an diesen Nachrichten war vor allem, dass nicht etwa altbekannte Technologiekritiker die Laptop-Projekte in Frage stellten, sondern deren einstige Befürworter.

Auch in Deutschland gab es schon skeptische Stimmen aus Schulen, in denen sich nach der Einführung von Laptop-Klassen Enttäuschung breitmachte, weil sich die Lehrer mit der komplexen und störanfälligen Technik allein gelassen fühlten.[18] Diese Berichte nährten Zweifel an den von Bund und Ländern intensiv vorangetriebenen Programmen zur verbesserten Ausstattung von Schulen mit Computern. Gefragt wurde, ob es überhaupt sinnvoll ist, so viel Geld in die Technik zu stecken, wenn sich herausstellt, dass der Unterricht durch deren Einsatz keineswegs besser wird. Der daddelnde Schüler, der sich ausgerechnet im Unterricht das Rüstzeug für eine Karriere als Computerspiel-Junkie verschafft, ist in der Tat keine angenehme Vorstellung.

Etwa um die gleiche Zeit verschärften sich Debatten um das Thema „Medienverwahrlosung". Insbesondere das Kriminologische Forschungsinstitut Niedersachsen trat mit Studien hervor, die einen Zusammenhang zwischen intensiver Mediennutzung und verringerten Schulleistungen bzw. einer höheren Neigung zu Aggressivität erkennen ließen. Man identifizierte eine Gruppe vorwiegend männlicher Jugendlicher, die fast ihre gesamte Freizeit vor dem Bildschirm verbringen und sich dabei vor allem gewaltverherrlichenden Computerspielen widmen.[19]

Die Engführung dieser Diskussionen in der breiten Öffentlichkeit mündete in eine allzu einfache Gegenüberstellung: Auf der einen Seite die sinnvollen Freizeitbeschäftigungen (Freunde treffen, Lesen, Sport etc.), auf der anderen Seite das unproduktive Hantieren mit elektronischen Medien, entweder in Form subversiver Aktionen oder als einsames Verharren vor dem Computerbildschirm, das zur Vernachlässigung sozialer Kontakte und anderer, für die Persönlichkeitsentwicklung wichtiger Tätigkeiten führe.

Im Grunde geschah genau das, was schon vor zweihundert Jahren passierte, als sich das Lesen von Büchern zu einer beliebten Freizeitbeschäftigung des Bürgertums entwickelte: Man richtete den Blick auf einen bestimmten Typ des Mediennutzers (die Vielleserin, die ihre häuslichen Pflichten vernachlässigt) und schloss daraus auf eine generell verderbliche Wirkung des Mediums. Diese Einschätzung wurde bekanntlich relativiert – das Lesen von Romanen gilt heute nicht mehr als fragwürdige Beschäftigung. Im Gegenteil: Es liegt eine gewisse Ironie darin, dass Lesen nun der Nutzung elektronischer Medien als bessere Alternative entgegengehalten wird.

Forschungsergebnisse zu den Folgen eines intensiven Medienkonsums werden einerseits zu wenig beachtet, können aber andererseits aber auch zu vorschnellen und unpräzisen Schlussfolgerungen führen. Ein Beispiel: Das Kriminologische Forschungsinstitut Niedersachsen hat Zusammenhänge zwischen der Nutzung von Medien und schulischen Leistungen bei Grundschülern untersucht. Dabei stellte sich heraus, dass Kinder, die einen Fernseher im eigenen Kinderzimmer haben oder sich täglich mehrere Stunden mit Spielekonsolen beschäftigen, durchschnittlich schlechtere Leistungen in Deutsch, Sachkunde und Mathematik erbringen.[20]

Dieser Befund sagt zunächst nichts darüber aus, ob der Zusammenhang ein ursächlicher ist oder die Vielseher auch durch andere Faktoren belastet sind (z. B. ungünstiger Bildungshintergrund, geringere Förderung durch Eltern im Vorschulalter). Aber auch bei der Eingrenzung auf solche Schüler, die aus Familien mit mittlerer bis höherer Bildung stammen und in einem positiven familiären Umfeld aufwachsen, sind bei Vielsehern und Häufigspielern schlechtere Leistungen zu beobachten. Man wird aus diesem Befund mit gutem Grund Empfehlungen an Eltern ableiten können, die Nutzung von Fernseher und Spielkonsole in diesem Alter und darüber hinaus zeitlich zu begrenzen und die Kinder auch zu anderen Tätigkeiten zu motivieren.

Machen Computerspiele also generell dumm? Das wäre keine legitime Folgerung. Eher ist es wohl so, dass Vielseher und Häufigspieler schlicht und einfach zu wenig Zeit zum Lernen und für andere Tätigkeiten verwenden, die ihrer mentalen und/oder körperlichen Entwicklung dienen. Die Computerspiele selbst scheinen nicht das zentrale Problem zu sein. Vieles deutet sogar darauf hin, dass sie bestimmte kognitive Fähigkeiten fördern, etwa diejenige, verschiedene Aufgaben gleichzeitig zu erledigen – eine Herausforderung, die sich vielen Angestellten im modernen Büroalltag stellt. Paul Kearney vom Unitec Institute of Technology in Auckland fand das 2005 mit Hilfe eines Tests heraus, bei dem die Probanden verschiedene bürotypische Aufgaben gleichzeitig erledigen mussten.[21] Ein Teil seiner Probanden hatte vor dem Versuch zwei Stunden lang das Action-Spiel „Counter-Strike" gespielt und zeigte im Test deutlich bessere Leistungen als die Vergleichsgruppe. Andere Untersuchungen deuten darauf hin, dass solche Spiele das räumliche Vorstellungsvermögen verbessern können.

Mit diesen Erkenntnissen ist natürlich nicht die Frage beantwortet, ob es zu den vordringlichen Entwicklungsaufgaben eines 11-Jährigen gehört, sich auf die Anforderungen des modernen Büroalltags vorzubereiten oder durch Computerspiele eine geringfügige Verbesserung seiner räumlichen Vorstellungskraft zu erzielen. Hier wie auch im Hinblick auf das viel diskutierte Thema Jugendgewalt kommt es darauf an, die Veränderungen in der Medienwelt in den sozialen und entwicklungspsychologischen Kontext einzuordnen.

So müsste es im Hinblick auf das Thema Jugendgewalt vor allem darum gehen, die primären Ursachen für Fehlverhalten zu finden (etwa Perspektivlosigkeit, soziale Ausgrenzung, familiäre Probleme, psychische Dispositionen). Medien scheinen hier eher von sekundärer Bedeutung zu sein und dienen mitunter als Alibi, um nicht an die Wurzel der Probleme gehen zu müssen. Gleichwohl wird mit Recht diskutiert, Jugendlichen den Zugang zu gewaltverherrlichenden Computerspielen energischer zu verwehren, als das bisher geschieht. Das ist nicht unbedingt eine Frage des Medientyps Computerspiel: Auch Printprodukte mit menschenverachtenden, volksverhetzenden oder pornografischen Inhalten werden Kindern und Jugendlichen ja aus gutem Grund vorenthalten.

2.2.3 Die eigene Linie finden und bewahren

Festzuhalten bleibt, dass beim Aufkommen neuer Medientypen bestimmte Argumentationsmuster immer wieder auftauchen: In die noch unvertrauten Übertragungs- und Darstellungsformate werden positive wie negative Vorstellungen über deren Möglichkeiten und Folgen hineinprojiziert. Im Nachhinein zeigt sich dann, dass beides – Sorgen wie hoch gesteckte Erwartungen – übertrieben war. Es bleibt eine Herausforderung für jede Schule und jeden Lehrer, eine Balance zu erreichen und wichtige Entwicklungen aufzugreifen, aber nicht jedem Trend hinterher zu hetzen. Um hier die eigene Linie zu bewahren und auf der anderen Seite auch nicht in die Position eines permanent überforderten Innovationsverweigerers zu kommen, sind drei Dinge hilfreich: eine gewisse Gelassenheit, ein wenig Sachkunde und eine gute Portion Neugier.

Dass der Einsatz von Computern zum Bestandteil eines zeitgemäßen schulischen Curriculums gehört, ist mittlerweile unstritten. Weitaus weniger Einigkeit herrscht darüber, *wie* dies geschehen soll. Geht es vor allem um eine Einführung in technische Prozesse und Strukturen? Steht der Schüler als Anwender von Software-Produkten im Fokus? Werden vorrangig klassische Werkzeuge wie Textverarbeitung und Tabellenkalkulation erschlossen oder sind die neusten Web 2.0-Trends wichtiger? Sollen Schüler sich als geschickte Rechercheure im Internet üben oder ist es wichtiger, dass sie sich mit dem Schutz der Persönlichkeit in sozialen Netzwerken beschäftigen?

Um Prioritäten über inhaltliche Schwerpunkte festlegen zu können, sollte sich jeder, der mit Medienbildung zu tun hat, zunächst über seine *pädagogischen Ziele* klar werden. Gerade durch die rasanten Veränderungsprozesse und die Vielzahl mitunter faszinierender Neuentwicklungen auf dem Markt für Computer- und Kommunikationstechnik ist es nicht einfach, die eigene Zielsetzung fest im Blick zu behalten. Ganz gleich, ob Lehrer sich als eher medienkritisch verstehen oder die neuen Technologien selbst intensiv nutzen, stehen sie in der Verantwortung, immer wieder neu zu bestimmen, welche Unterrichtsinhalte im Hinblick auf die Förderung der Schüler geboten erscheinen. Dabei sollte der Grundsatz gelten, dass Medien für die Menschen da sind – und nicht umgekehrt.

2.2.4 Grundlagen am Computer: schreiben, rechnen, gestalten, kommunizieren

Um sinnvoll mit Computern arbeiten zu können, brauchen Schüler gewisse Voraussetzungen. Viele Schulen haben Kurse eingerichtet, in denen Schüler Grundfertigkeiten erwerben können. Dazu zählen:
- organisieren von Dateien in Ordnern, ggf. Orientierung auf der schuleigenen Lernplattform;
- Anwendungen wie Textverarbeitung und Tabellenkalkulation starten und ihre Grundfunktionen nutzen (Dateien anlegen, speichern, Daten eingeben);
- schreiben von E-Mails;
- aufrufen und erkunden von Internetseiten.

Eine Alternative zum eigenen IT-Basismodul ist der europäische Computerführerschein (ECDL, European Computer Driving Licence). Dabei handelt es sich um ein Zertifikat, das weltweit in vielen Ländern im Rahmen beruflicher Qualifikationen anerkannt wird. Es umfasst den Nachweis, dass man sicher mit Computer, Internet und einigen wichtigen Anwenderprogrammen umgehen kann. Die ECDL Foundation in Dublin entwickelt die international gültigen Standards und Richtlinien und überprüft sie mit einem Qualitätssicherungssystem. Die praktische Umsetzung in den einzelnen Ländern erfolgt über nationale Koope-

rationspartner, in Deutschland beispielsweise die „Dienstleistungsgesellschaft für Informatik" (DLGI). Der Computerführerschein setzt sich aus sieben Modulen zusammen:
1. Grundlagen der Informationstechnologie
2. Betriebssystem
3. Textverarbeitung
4. Tabellenkalkulation
5. Datenbank
6. Präsentation
7. Internet

Schulen können sich als Prüfungszentrum von der DLGI anerkennen lassen und dann selbst den ECDL abnehmen. Manche bieten auch eine reduzierte Form des Führerscheins an, die nur vier der sieben Module umfasst. Da der ECDL auf die Bewältigung beruflicher Anforderungen ausgerichtet ist, muss man sich fragen, ob er für allgemeinbildende Schulen das ideale Instrument zur Förderung von IT-Kompetenz ist. Es gilt sicher dann, wenn die Schule einen Schwerpunkt bei der Berufsfindung und -vorbereitung hat. Eine Untersuchung an Hamburger Haupt- und Berufsschulen kam 2008 zu dem Ergebnis, dass Schülerinnen und Schüler, die an ihrer Schule den Europäischen Computerführerschein erwerben, bessere Chancen beim Berufseinstieg haben.

2.2.5 Faktor fünf: die wichtigsten Computeranwendungen

a) Textverarbeitung

Ein Textverarbeitungsprogramm zu beherrschen, ist Voraussetzung für ein Studium und die meisten Berufe. Aber was heißt schon *beherrschen*? Die einen rufen das Programm auf und schreiben los, andere nutzen Funktionen wie Indexerstellung oder Dokumentvergleich und richten sich individuelle Layout-Vorlagen ein. Wie weit sollten Schüler sich in diese Funktionen einarbeiten? Gehört es überhaupt zu den Aufgaben der Schule, diese Fertigkeiten systematisch zu vermitteln?

Ein sinnvolles Prinzip lässt sich folgendermaßen formulieren: Die Schüler sollten Anwendungen mindestens so gut beherrschen, dass sie allen Anforderungen bis zum jeweiligen schulischen Abschluss gerecht werden können. Im gymnasialen Unterricht sollten sie beispielsweise in der Lage sein, eine Facharbeit am Computer zu verfassen, also einen etwa zehnseitigen, strukturierten Text mit Seitenzahlen und Fußnoten, in dem verschieden formatierte Überschriften vorkommen und möglicherweise Abbildungen eingebettet sind.

Für die Sekundarstufe I könnte man die Mindeststandards etwa so formulieren: Die Schüler sollten in der Lage sein, kurze Texte zu verfassen und abzuspeichern, unterschiedliche Formatierungsmöglichkeiten anzuwenden und Bilder oder Grafiken in ein Textdokument einzufügen. Das ist ungefähr das, was sie leisten müssen, um ein gestaltetes Handout als Ergänzung zu einem Referat zu erstellen.

Gerade das Verändern der Textgestalt hat eine kreative Komponente, die wiederum auf den jeweiligen Inhalt zurückstrahlt: Schüler können beobachten, wie sich die Textwirkung durch Gestaltung verändert und das Zusammenspiel von Bild und Text dessen Attraktivität und Verständlichkeit erhöht – oder auch das Gegenteil bewirkt. Das Aushandeln einer guten Textgestaltung hat immer auch damit zu tun, wie Inhalte strukturiert werden und was in einem Text besonders wichtig ist.

Die Arbeit mit einer Textverarbeitung (und anderen Anwendungen) sollten Schüler idealerweise an Gegenständen erproben, die einen direkten Bezug zum Unterricht oder zur Klassen- und Schulgemeinschaft haben. Ein geeignetes Beispiel für die Klassen 5–6 etwa ist das Schreiben einer Einladung zu einem schulischen Ereignis (vgl. **Arbeitsblätter „Computer" 1–4**).[22]

b) Tabellenkalkulation

Tabellenkalkulationen sind universell einsetzbare Instrumente für jede Form von Zahlenreihen, Tabellen und automatisierten Rechenvorgängen. Da der Umgang mit diesen Programmen üblicherweise Lehrplaninhalt des Faches Mathematik ist, wird hier auch der Schwerpunkt der Beschäftigung mit dem Programm liegen. Allerdings lässt es sich auch gut in anderen Naturwissenschaften oder auch Erdkunde einsetzen. Und warum nicht die Fähigkeiten der Schüler in einem Unterrichtsprojekt des Faches Politik/Sozialkunde zum Thema Wahlen nutzen? Hier könnten Schüler die Stimmabgabe in ihrem Jahrgang oder der ganzen Schule simulieren und eine fiktive Sitzverteilung errechnen.

In diesem Kontext ist vor allem die Fähigkeit des Programms, aus Zahlenreihen unterschiedliche Diagramme zu erstellen, sehr gut einsetzbar. Hier lässt sich auch ein Bogen zur Textkompetenz schlagen: Zum Umgang mit nichtkontinuierlichen Texten gehört auch das Verstehen und kritische Hinterfragen von Diagrammen und Infografiken. Hier kann die Erfahrung, selbst solche Grafiken erzeugt und ihre mitunter suggestiven Aussagen durchgespielt zu haben, zu einer geschärften Wahrnehmung beitragen.

c) E-Mail-Programm

Das Schreiben von E-Mails ist heute beinahe so alltäglich wie Telefonieren geworden. Trotzdem oder gerade deshalb darf man hin und wieder an die Vorzüge dieses Instrumentes erinnern: E-Mails können von jedem verfasst, in Minutenschnelle und fast ohne Kosten um die ganze Welt geschickt werden. Das macht sie zu einem sehr nützlichen Mittel, um mit der Welt außerhalb der Schulmauern Kontakt aufzunehmen.

Viele Informationsangebote im Internet enthalten auch einen Hinweis auf einen Ansprechpartner (ein Impressum ist ohnehin verpflichtend). Warum also sollten Schüler nicht einmal an einen Experten schreiben, wenn ihnen etwas unklar ist oder sie an einem Thema ein besonderes Interesse gefunden haben? Es kann für sie zu einem besonderes Erlebnis und einer Bestätigung ihrer Arbeit führen, wenn sie dann eine Nachricht erhalten, die direkt an sie gerichtet ist und zeigt, dass Menschen sich für ihr jeweiliges Interessensgebiet engagieren. Die Schüler lernen dabei, Barrieren zu überwinden, mit anderen zu kooperieren, und sie merken, dass Fachwissen nichts Lebloses sein muss, sondern mit persönlichen Lebenserfahrungen verknüpft ist.

Die meisten Schüler werden die Grundfunktionen von Kommunikationsprogrammen wie „Outlook" oder „Thunderbird" bereits kennen: Schreiben, Adressaten auswählen, Dateianhänge hinzufügen. Hier ist keine systematische Software-Schulung erforderlich. Dinge wie Adressverwaltung, Terminplanung oder das Organisieren großer E-Mail-Mengen hat für schulische Zwecke kaum Relevanz.

> **Unterrichtstipp:**
> **E-Mail-Projekte im bilingualen und Fremdsprachenunterricht**
> In diesen beiden Unterrichtsfeldern ist die Durchführung von E-Mail-Projekten besonders sinnvoll und gehört längst zum methodischen Repertoire. Die schriftliche Kommunikation mit Gleichaltrigen in deren Muttersprache ist motivierend und schult die eigenen Sprach- und Schreibkompetenzen. Dies kann beispielsweise im Rahmen eines Comenius-Projektes geschehen. Solche Kooperationen erfordern eine gewisse Vorplanung. Bei der Suche nach geeigneten Partnern können etablierte Vermittler helfen:
> - www.slf.ruhr-uni-bochum.de/index.html
>   Der „Tandem-Server" der Ruhr-Universität Bochum vermittelt
>   Einzel- und Gruppenpartnerschaften.
> - www.englisch.schule.de/email.htm
>   Auf seiner privaten Website bietet der Englischlehrer Reinhard Donath hilfreiche Tipps für E-Mail-Projekte.
> - www.etwinning.de
>   Das Projekt „eTwinning" des Vereins „Schulen ans Netz" fördert internetbasierte, internationale Kooperationen zwischen Schulen.

d) Internetbrowser

Hier gilt Ähnliches wie für c): Der Umgang mit Internet-Browsern ist fast allen Schülern bekannt. Es gibt allerdings einen Bereich, in dem es bei jugendlichen wie auch erwachsenen Nutzern oft Wissenslücken gibt – bei den Einstellungen zur persönlichen Datensicherheit. Hier können nur wenige allgemeingültige Hinweise gegeben werden, da die Einstellungen vom jeweiligen Produkt und den Anforderungen des Schulservers abhängen. Einige Grundlagen dazu finden sich in Kap. 3.3.

e) Präsentations-Software

Jeder hat ihn schon erlebt: Den an sich gut gemeinten Vortrag, der durch Computerpannen, unglücklich angelegte Folien oder einfach zu viel technischen Aufwand um seine mögliche Wirkung gebracht wird. Eine Präsentations-Software sollte nur dann benutzt werden, wenn sie den Vortragenden auch unterstützt – d.h. es kommt hier immer darauf an, neben den Funktionen von „Powerpoint" oder anderen Programmen auch die praktische Verwendung zu thematisieren und zu üben. Als diskretes Begleitmedium, das den Vortrag mit visuellen Ankerpunkten und Gedächtnisstützen versieht, ist der Einsatz einer Präsentations-Software sinnvoll und gehört für Studium und viele Berufe zur Grundqualifikation.

2.2.6 Das Internet: Ein Gigant mit vielen Gesichtern

Beim Versuch, sich eine Welt ohne Internet vorzustellen, haben viele Menschen heute erhebliche Probleme. Dabei ist es erst 20 Jahre her, dass das Internet überhaupt eine nennenswerte Bedeutung für den internationalen Datenaustausch gewann: Nach Schätzungen bewältigte das Internet 1993 etwa 1 Prozent der Informationsflüsse in den weltweiten Telekommunikationsnetzen; etwa im Jahr 2000 wurde die 50-Prozent-Schwelle überschritten und 2007 waren es 97 Prozent der weltweit ausgetauschten Daten.[23]

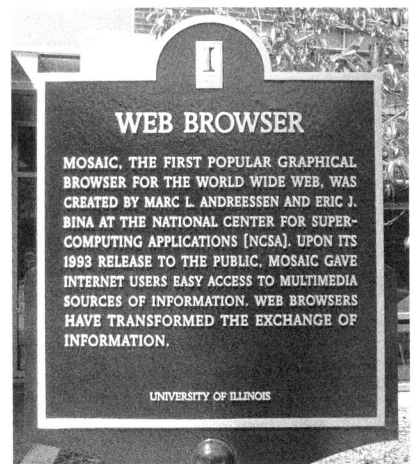

An der Universität von Illinois werden Pionierleistungen aus der Frühphase des Internet gewürdigt.

Bei einer so jungen Erfindung fällt es nicht leicht, die historische Relevanz verlässlich einzuschätzen: Manche Medienwissenschaftler ziehen einen Vergleich mit der Erfindung des Buchdrucks, dessen Folgen für die Verbreitung von Information und Bildung bis heute nachwirken. Ob dieser Maßstab der richtige ist, werden erst spätere Generationen beurteilen können – sicher ist, dass die Ausbreitung des Internet (und die damit verbundenen Anwendungen und Datentransfersysteme) weltweit tiefgreifende Veränderungen im Arbeits- und Privatleben nach sich gezogen haben und ziehen. Noch gravierender sind möglicherweise die langfristigen politischen Folgen: Die internationale Vernetzung wirtschaftlicher Prozesse, die immer weiter schwindenden Möglichkeiten einer Abschottung gegen Informationsflüsse und die Chancen und Risiken grenzüberschreitender politischer Kampagnen werden das 21. Jahrhundert weiterhin prägen.

Bis es soweit kommen konnte, entwickelten sich die Standards für die Vernetzung von Computern und die Vernetzung von Netzen in mehreren Schüben. Das 1969 entstandene „Arpanet", ein Projekt des US-Verteidigungsministeriums, diente in den 70er Jahren als Basis für die Vernetzung von Universitäten. Zu diesem Zeitpunkt war das Verschicken von E-Mails bereits eine der wesentlichen Funktionen des Netzes, das von einer Vielzahl kleiner und großer Einrichtungen betrieben und ausgebaut wurde. Auch militärische Einrichtungen und die NASA waren in die Entwicklung des Internet involviert, allerdings wird deren Einfluss gerne überschätzt.

Ungewöhnlich für technische Erfindungen ist der enge Kontakt zwischen Erfindern und Produkt. Die Erfinder des Internet waren lange Zeit auch seine wichtigsten Nutzer. Sie verwendeten es als Arbeitsinstrument und Experimentierfeld gleichermaßen und stellten ihre eigenen Problemlösungen anderen Nutzern zur Weiterentwicklung zur Verfügung.

Auch wenn die im Netz verbreiteten Inhalte heute von kommerziellen Anbietern dominiert werden, hat sich der offene Charakter der technischen Architektur insgesamt bewahrt. Das Internet trägt immer wieder dazu bei, dass Informationen in totalitär regierten Staaten verbreitet oder dass Anliegen von Bürgerrechtlern über die klassischen Medien hinaus zum Massenthema werden und auch zu politischen Konsequenzen führen – als Beispiel seien hier nur die Demokratiebewegungen in Tunesien und Ägypten des Jahres 2011 genannt.

In solchen Situationen zeigt sich die Affinität des offenen Netzwerkes für „Graswurzel"-Bewegungen aller Art. In Deutschland ist die Aufdeckung verschiedener Plagiats-Skandale im Jahr 2011 zu erwähnen: In ihrer Häufung und der Geschwindigkeit der Überführung sind diese Vorfälle nur durch die Existenz des Internet erklärbar. So arbeitete auf der Seite http://guttenplag.wikia.com eine Vielzahl von Personen gemeinsam an der Auffindung von nicht ausgewiesenen Zitaten und Textübernahmen in der Dissertation des damaligen Verteidigungsministers Karl-Theodor zu Guttenberg. Was früher vermutlich von einer Wissenschaftler-Kommission hinter verschlossenen Türen über viele Monate hinweg geprüft und möglicherweise dezent verschwiegen worden wäre, konnte nun innerhalb wesentlich kürzerer Zeit in aller Öffentlichkeit erledigt werden. Das Ergebnis führte letztendlich zum Rücktritt des Ministers.

Das „Guttenplag-Wiki" wurde im Juni 2011 mit einem Grimme-Online-Award ausgezeichnet. Im enormen Medienecho auf diese Initiative zeigt sich, dass hier etwas Neues zu erkennen ist: Anders als „klassische" Medien gibt es bei einem Wiki keine zentrale, die Inhalte steuernde Instanz. Es ist ein Produkt vieler, in dem zugleich auch der Produktionsprozess dokumentiert wird. Diese Form des kooperativen Arbeitens ist transparent und kann in bestimmten Situationen ausgesprochen effektiv sein – eine Zeitung sprach im Hinblick auf das „Guttenplag-Wiki" von „Schwarmintelligenz". Eine gewisse Ironie liegt darin, dass die Technologie, die (auch Schüler) dazu animiert, Recherche-Aufgaben auf dem Weg des Plagiierens zu lösen („Copy & Paste"), im gleichen Zug auch zu deren Aufdeckung beitragen kann.

Das Thema Plagiate darf in einem zeitgemäßen Mediencurriculum nicht fehlen. Dabei reicht es nicht, darüber zu klagen, dass Schüler Referate wie Flickenteppiche aus zusammenkopierten Textbrocken erstellen. Diese Vorgehensweise entspricht genau dem Muster, das sie beim Surfen im Internet kennen lernen. In den einschlägigen „Frag-mich-was"-Foren gehört das Einkopieren von Textbausteinen zum Alltag. Und in vielen Weblogs ist das Aneinanderreihen und Kommentieren von Fundstücken das wesentliche Konstruktionsprinzip.

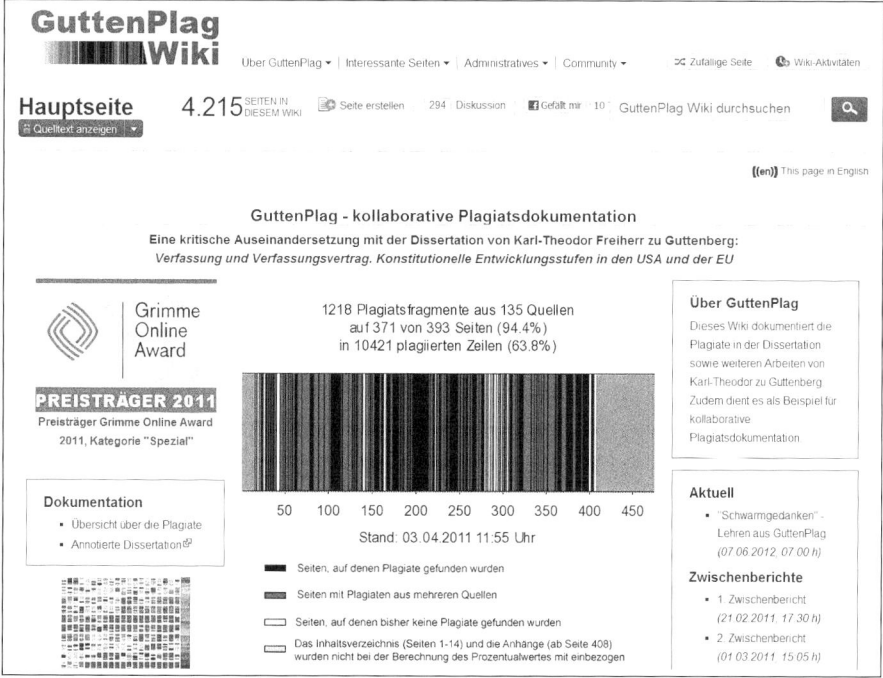

Die Seite http://guttenplag.wikia.com trug zur Aufdeckung mehrerer Plagiatsskandale bei.

Es ist kein Wunder, dass Schüler, die von diesem Umfeld geprägt werden, zunächst einmal kein Bewusstsein für die Notwendigkeit des korrekten Zitierens haben. Man sollte darüber nicht lamentieren, sondern das Thema durch angepasste Lernangebote in den Unterricht holen. Schüler müssen lernen, dass in Schule und Wissenschaft andere Regeln galten als in den Liebhaber- und Amateur-Zirkeln des World Wide Web. Wenn sie darüber nachdenken, dass neue Erkenntnisse gewissermaßen die Währung sind, in der innerhalb einer Wissenschafts-Community Handel getrieben wird, werden sie auch verstehen, dass es wichtig ist, eigene und fremde Erkenntnisse deutlich voneinander zu trennen.

Ein Einstieg in das Thema kann darin bestehen, dass die Schüler ihr Vorwissen zum Internet zusammentragen (vgl. **Arbeitsblatt „Computer" 5**).[24] In einem motivierenden Lern-Arrangement können sie sich anschließend selbst auf die Suche nach Plagiaten in einem Schülertext machen. Indem sie in die Rolle des Plagiats-Jägers schlüpfen, hinterfragen sie automatisch auch die Praxis des Zusammenschneidens von Textbausteinen (vgl. **Arbeitsblatt „Computer" 6**).

So wenig, wie die kurze Geschichte des Internet bislang wissenschaftlich umfassend aufgearbeitet wurde, so wenig sind auch die pädagogisch nutzbaren Qualitäten einer vernetzten Informationstechnik bislang systematisch ausgewertet worden. Zwei Kategorien, die bei dieser Arbeit eine Rolle spielen würden, wären *Transparenz* und *Kooperation*. Die Einrichtung einer technischen Umgebung, etwa einer schulischen Lernplattform, kann dazu dienen, eine neue Kultur des kooperativen Lernens zu etablieren oder zu stärken. Dazu gehört die gemeinsame Arbeit an Textdokumenten, Peer-Feedback und Lernberatung durch den Lehrer, immer zu verstehen als Ergänzung für die unverzichtbare direkte und mündliche Kommunikation. Einen hohen Motivationsfaktor haben beispielsweise auch Projekte, in denen Schüler Internet-Wikis nicht nur nutzen, sondern auch selbst mitgestalten (vgl. Kap. 2.2.10).

In seiner kurzen Geschichte hat sich das Internet im Hinblick auf das Erscheinungsbild des Anwenders grundlegend gewandelt. Vom Experten- und Insider-Netz ist es zu einem Massenphänomen geworden, das klassische Medien wie Zeitung, Fernsehen und Radio nicht nur ergänzt, sondern sie regelrecht aufsaugt. Dabei gibt es jedoch einen zentralen Unterschied: Die erwähnten klassischen Medien sind immer auch verknüpft mit der Vorstellung eines Anbieters von Inhalten (also einer Redaktion, eines verlegerischen Programms mit Themen und Meinungen usw.). Das Internet dagegen ist zunächst einmal ein „reines" Medium ohne Inhalt.

Durch verschiedene Erweiterungen in den Standards zur Datenübermittlung und den Ausbau der Webbrowser zu multimedialen Übergabestationen ist heute eine direkte Übertragung und Nutzung vielfältiger Datenformate möglich: Textdateien und Grafiken lassen sich in Internetseiten einbinden; Audiodaten und Filme können über das Streaming-Verfahren in Echtzeit von einem Server abgerufen werden, ohne zunächst die gesamte Datei auf dem Zielrechner abzuspeichern. Auf einer ähnlichen Technologie beruhen Internet-Telefonie und Videokonferenzen.

Das Datenvolumen, das durch die Leitungen zwischen Tausenden von Internetservern gepumpt wird, hat sich gerade mit dem verstärkten Aufkommen von Videos in den letzten Jahren immer weiter erhöht. Im Jahr 2009 wurden durchschnittlich 11,6 Exabyte (1 Exabyte = 1 Mio. Gigabyte) Datenmaterial pro Monat über das öffentlich zugängliche Internet transportiert, was einem täglichen Datenaufkommen von mehr als 0,4 Exabyte entspricht und damit der tausendfachen Datenmenge aller Bücher, die jemals in jeder Sprache auf der Welt geschrieben wurden.[25] Erwartet wird eine weitere Vervielfachung.

2.2.7 Orientierung im Netz: Website, Webseite und Portal

Das Internet besteht aus einer Unzahl von Angeboten, und gerade bei den wichtigsten Bezeichnungen gibt es immer wieder Verwirrung. Als Website (engl. „site" = Ort, Platz, Gelände) wird eine komplette Internetpräsenz (auch Plattform, Webangebot etc.) bezeichnet, die oft aus vielen hundert einzelnen, miteinander verlinkten Seiten besteht. Eine solche „Web-Seite" wiederum ist ein einzelnes Dokument, das über eine URL, eine Internet-Adresse, zugänglich ist.

www.faz.net ist die URL, mit der die Startseite im Webangebot der Frankfurter Allgemeinen Zeitung aufgerufen werden kann. Wer dort die Unterseite des Sport-Ressorts aufruft, gelangt beispielsweise auf die Seite www.faz.net/aktuell/sport/. Je nachdem, welches System eine Website erzeugt hat, setzen sich die Bezeichnungen für einzelne Seiten mitunter aus komplexen Buchstaben- und Zahlenfolge zusammen. Bei manchen Angeboten wird der eigentlichen Startseite zudem ein „Intro" vorgeschaltet, eine Animation, die die Besucher der Website in der Art eines Vorspanns neugierig auf das dann folgende Angebot machen soll.

Die häufig gebrauchte Bezeichnung „Homepage" ist eigentlich identisch mit der Startseite eines Webangebotes, von der aus man dann über ein Menü die Unterseiten ansteuern kann. Mitunter spricht jemand aber auch von seiner neuen Homepage und meint damit die komplette Website.

Unter Webportal (lat. porta, „Pforte") im engeren Sinne ist ein Anwendungssystem zu verstehen, das sich durch die Integration von verschiedenen Anwendungen und Diensten auszeichnet. Dem Benutzer stehen unterschiedliche Funktionen zur Verfügung. Zu den klassischen Webportalen, die nach wie vor sehr hohe Zugriffszahlen haben, zählt etwa t-online.de.

Unterrichtstipp: die Klassen-Website

Die eigene Klassen-Website ist ein Projekt, das bei Schülern viel Kreativität freisetzen und zu einem besseren Zusammenhalt in der Gruppe beitragen kann. Vermutlich gibt es in jeder Klasse einen oder mehrere Schüler, die schon Erfahrung mit einer eigenen Website gesammelt haben. Ihnen bietet solch ein Projekt eine gute Entfaltungsmöglichkeit. Aber auch die anderen Schüler können wichtige Aufgaben übernehmen: Welche Inhalte sollen auf der Startseite stehen? Wie sollen gemeinsame Projekte und Aktivitäten dargestellt werden? Soll es weitere Funktionen wie einen Kalender, ein Fotoalbum oder Links zu den beliebtesten Websites geben?

Das Erstellen einer einfachen Website ist bei Anbietern wie „webme.com" kostenlos und ohne nennenswerte Vorkenntnisse möglich. Werbefreie Seiten gibt es bei vielen Anbietern für weniger als drei Euro im Monat. Zu beachten ist, dass auch private Internetseiten ein Impressum enthalten müssen.

Dort sollten die Betreiber mit Anschrift und Kontaktdaten genannt werden. Eine Klassenhomepage kann, wenn sie über längere Zeit betrieben und gelegentlich aktualisiert wird, als kollektives Gedächtnis fungieren und den Schülern bewusst machen, was sie schon gemeinsam erlebt und wie sie sich verändert haben.

2.2.8 Online-Journalismus: audiovisuell, kommunikationsfreudig

Die Startseite von FAZ.NET: optische Nähe zur gedruckten Zeitung

Für fast alle Zeitungen, Zeitschriften und Rundfunksender ist das Internet inzwischen zu einer wichtigen zweiten Säule neben ihrem ursprünglichen Angebot geworden. Wer im Netz nicht präsent ist, verliert an Aufmerksamkeit und verpasst eine Chance, ohne große Barrieren in direkten Kontakt zu Lesern und potenziellen Käufern zu treten. Informationsanbieter wie t-online.de sind ausschließlich im Netz präsent – allerdings dienen hier die aktuellen Informationen aus Politik, Wirtschaft, Sport und Kultur vorwiegend als Vehikel, um das Kerngeschäft, Dienstleistungen im Online-Bereich, zu flankieren.

Kann eine reine Online-Zeitung wirtschaftlich arbeiten? Alle bisherigen Versuche in der Richtung deuten darauf hin, dass dies derzeit kein tragfähiges

Modell ist. Die „Netzeitung" ist das prominenteste Beispiel. Mit großem Ehrgeiz und hohen journalistischen Ansprüchen im Jahr 2000 gestartet, geriet das Projekt schon bald ins Schlingern. Die Eigentümer wechselten schnell – der letzte war der Kölner Verlag DuMont Schauberg. Er gab Ende 2009 das Scheitern des Projektes bekannt.

Was für die Internetnutzer angenehm ist, stellt Verlage vor ein großes Problem: Es gibt im Internet so viele kostenlose Nachrichtenportale, dass es kaum möglich ist, mit Informationen aus dem allgemeinen Zeitgeschehen Geld zu verdienen. Erst in den letzten Jahren versuchen Zeitungsverlage verstärkt, auch im Online-Bereich kostenpflichtige Bereiche aufzubauen. Einzelne Anbieter wie FAZ.NET oder das *Handelsblatt* tun das schon seit längerer Zeit.

Grundsätzlich finden sich die aus dem Print-Journalismus bekannten Prozeduren auch im Online-Journalismus wieder: Es geht um eine Themenauswahl nach Relevanz, Aktualität und Leserinteressen; die Themen müssen recherchiert, Texte geschrieben und redigiert werden. Es gibt allerdings auch einige wesentliche Unterschiede: So ist es bei Online-Medien prinzipiell nicht notwendig, einen Redaktionsschluss zu setzen – die Nachrichtenmaschine rollt rund um die Uhr, sofern die dafür notwendigen personellen Mittel vorhanden sind. Beiträge können ständig aktualisiert oder korrigiert werden. Auch in der Ausprägung der journalistischen Formate unterscheidet sich der Online-Journalismus von den herkömmlichen Printmedien (vgl. Kap. 2.1.3). In den folgenden Textpassagen werden die wichtigsten Besonderheiten dargestellt.

1. Nicht-linearer Aufbau: Teaser und Text

Der Aufbau von Internet-Seiten ist durch die nicht-lineare Hypertext-Struktur bestimmt: Der Weg des Lesers beginnt in den meisten Fällen auf der Haupt- oder Startseite. Diese bündelt die wichtigsten Nachrichten in Form von „Teasern" (engl. to tease = reizen, necken). Sie reißen die Nachricht in einem prägnanten, Neugier erzeugenden Kurztext an und lösen damit im besten Fall den Klick auf einen Link aus, hinter dem sich dann der komplette Beitrag verbirgt.
Besonders bei kommerziellen Informationsanbietern werden die Regeln für das Verfassen von Teasern und die Gestaltung ganzer Seiten durch die Verwendung bestimmter „Keywords" bestimmt, um sicherzustellen, dass die Beiträge bei der Verwendung von Suchmaschinen möglichst weit oben auf den Ergebnislisten erscheinen (suchmaschinenoptimiertes Schreiben).

Ein inhaltlicher Schwerpunkt vieler journalistischer Online-Angebote sind serviceorientierte Texte: Hilfen zur Produktauswahl, Fragebögen und Umfragen. Dies liegt nahe, weil viele dieser Angebote (wie z. B. auch Gehalts- oder Zinsrechner) durch die darunter liegenden Datenbanken nutzerfreundlich aufgebaut und aktuell gehalten werden können. Nur wenige große Zeitungen können sich allerdings eine Online-Redaktion leisten, die im nennenswerten Umfang eigene Beiträge recherchiert und produziert. Meist handelt es sich um die Zweitverwertung von Inhalten, die bereits in der Printausgabe des jeweiligen Mediums erschienen sind. Auf den **Arbeitsblättern „Computer" 7/8** werden die heute üblichen Funktionen eines Internetangebotes vorgestellt und können von den Schülern den Markierungen in einer Abbildung zugeordnet werden.

2. Die Zeitung als Multimedia-Theke

Ein weiterer wichtiger Unterschied zu Printmedien ist die Einbindung multimedialer Inhalte: Neben Bildern und Grafiken, die durch einen Klick vergrößert werden können, können Film- und Tonbeiträge ergänzend oder auch gleichberechtigt neben klassischen Zeitungsartikeln stehen. Zudem lassen sich durch die Verwendung der Hypertext-Technik beliebig viele Zusatzinformationen einflechten: Links zu einem Online-Lexikon, das schwierige Begriffe erklärt, zu themenverwandten Beiträgen oder vorausgehenden Artikeln zum gleichen Thema, direkte Verweise auf Quellen, Behörden oder Produktanbieter.

Der letzte Punkt weist auch schon darauf hin, dass das Verhältnis zwischen redaktionellem Inhalt und Werbung im Internet mitunter ein problematisches ist. Anzeigen lassen sich hier viel gezielter platzieren als in Printmedien, sie drängen sich als Pop-up-Fenster dem Leser auf oder können als scheinbar redaktionell gesetzter Service-Link mit dem Text nahezu verschmelzen. In Deutschland überwacht der Deutsche Presserat neben den Printmedien auch solche Internet-Angebote, die einen journalistisch-redaktionellen Charakter haben. Zu den kritischen Punkten zählen dabei vor allem Verletzungen des Persönlichkeitsrechtes und die gesetzlich geforderte Trennung zwischen redaktionellen Inhalten und Werbung.

3. Direkte Kommunikation mit dem Leser

Die Möglichkeit einer unmittelbaren Kommunikation zwischen Produzent und Rezipient wird in Internet-Angeboten ausgiebig genutzt. Zumeist gibt es zu jedem Beitrag eine Kommentarfunktion; daneben haben viele Anbieter eigene Internet-Foren eingerichtet, in denen Leser Erfahrungen austauschen und miteinander diskutieren können. Beide Funktionen werden von Moderatoren begleitet. Sie geben thematische Anregungen und achten darauf, dass die gesetzten Regeln (Bezug zum vorgegebenen Thema, Umgang miteinander, „Netiquette") eingehalten werden. Eine andere Variante, die vor allem von Rundfunk- und Fernsehanbietern gewählt wird, ist ein live moderierter Internet-Chat, oft im Anschluss an eine Diskussionssendung (vgl. auch Kap. 2.2.12).

Die direkte Kommunikation mit den Rezipienten bietet den Medienanbietern zwei Vorteile: Sie erhöht zum einen die Bindung an das Medium, zum anderen werden eigene Beiträge durch die Zuarbeit der Leser möglicherweise inhaltlich aufgewertet. Das funktioniert jedoch nur, wenn die interaktiven Angebote sorgfältig gestaltet und durch professionelle Moderatoren begleitet werden. Und nicht zuletzt hängt der Erfolg davon ab, dass sich genügend viele Leser in ausreichend hoher Qualität an dem Medienprojekt beteiligen.

Nutzergenerierte Inhalte (user generated content) gehören schon seit langem zur Publizistik. So arbeiten viele lokale Zeitungen nicht zuletzt aus Kostengründen mit Hilfe von Leserreportern. Aber auch große Magazine wie der *Stern* setzen auf die Mithilfe von Amateuren und drucken von Lesern eingeschickte Fotos ab. Diese Praxis hat durch die technischen Möglichkeiten des Internet einen enormen Schub erhalten. So ist etwa mit *myheimat.de* ein ganzes Portal entstanden, das auf der lokalen Berichterstattung durch Hobby-Reporter fußt.

Im Hinblick auf Qualität und Unabhängigkeit des Journalismus sind diese Tendenzen nicht unproblematisch. Sie bieten allerdings für die schulische Medienarbeit auch Chancen. Für Schüler ist die aktive Beteiligung an lokalen oder thematisch orientierten Medienprojekten allemal motivierender als eine Medienproduktion, die ausschließlich der eigenen Qualifikation dient und nach Fertigstellung in der Schublade verschwindet.

> **Unterrichtstipp: Die „gefälschte" Seite**
> Umfragen und ganz konkrete Erfahrungen zeigen immer wieder, dass Schüler dem Wahrheitsgehalt von Internet-Angeboten allzu leicht vertrauen. Ein origineller Weg, dieses Vertrauen aufzuweichen, besteht darin, zu einem gerade aktuellen Unterrichtsthema eine gefälschte Internetseite zu gestalten. Der Berliner Lehrer Markus Schega hat das in einer sechsten Klasse einer Grund- und Sonderschule mustergültig umgesetzt.
>
> Das Thema der Website lautet „Die Römer in Berlin". Schüler haben alte Mauerreste fotografiert und sie als Überreste eines antiken Forums ausgegeben. Gemauerte Lüftungsschlitze erscheinen auf der Internetseite als Abwehrstellungen. Mit dem etwas unkonventionellen Projekt verbinden sich recht hohe Anforderungen an die Schüler:
> - Voraussetzung sind eigene Recherchen, um „echtes" Wissen über Leben und Kultur im Römischen Reich zu erwerben.
> - Die Verfälschung der Sachverhalte fordert Kreativität und schärft das Bewusstsein für die Unterscheidung von gesicherten und ungesicherten Kenntnissen.
> - Die Schüler erwerben durch die Gestaltung einer Website mit Texten und Bildern wichtige Fertigkeiten im Bereich praktischer Mediennutzung.
> - In einer Reflexionsphase wird es darum gehen, Kriterien für die Prüfung zuverlässiger Internetseiten zu entwickeln.

> - Das Projekt hat auch eine ethische Dimension, die diskutiert werden muss: Ist es überhaupt erlaubt oder angemessen, im Rahmen von schulischem Unterricht bewusst falsche Informationen zu verbreiten?
>
> *Weitere Informationen:*
> www.bics.be.schule.de/son/wir-in-berlin/kubim/roemer/index.htm
> Link zur Seite „Die Römer in Berlin"
> www.lehrer-online.de/roemer-in-berlin.php
> Darstellung des Unterrichtsvorhabens auf lehrer-online.de

2.2.9 Recherche: Mehr als „googeln"

Die Wertigkeit von Information hat sich mit der Ausbreitung des Internet und der digitalen Informationstechnik verändert. Informationen sind leichter und schneller verfügbar. Es gibt kaum noch Barrieren, und dank besserer Suchmaschinen ist es kein Kunststück mehr, eine Nadel im Heuhaufen zu finden, eine kleine Wörterkette, die durch das Universum gespeicherter Texte geistert. Die Schwierigkeit ist bei weniger komplexen Rechercheaufgaben nicht das Finden, sondern das Einordnen und Bewerten. Denn mit der Zunahme verfügbarer Information sind Verlässlichkeit und Qualität keineswegs gestiegen.

Während im Medium Buch durch Vorauswahl und redaktionelle Bearbeitung eine gewisse Filterung stattfindet, steht im Internet jedem die Möglichkeit offen, Aussagen ungeprüft zu veröffentlichen. Angestaubtes und Gegenwärtiges, Schwieriges und Simples stehen unkommentiert nebeneinander, nur einen Klick weit voneinander entfernt. Solche Unterschiede zu bemerken, ist eine wesentliche Voraussetzung für eine gelingende Internet-Recherche.

Dabei helfen einige einfache Kriterien, deren Überprüfung nach und nach zur selbstverständlichen Routine werden kann. Mit den **Arbeitsblättern „Computer" 9–11** können Schüler dies am Beispiel dreier Internet-Seiten erproben, die über Probleme aus dem Themenbereich „Drogen und Sucht" informieren. Mitunter genügen schon wenige Textpassagen, um einen guten Eindruck von Herkunft, Intention und Qualität der jeweiligen Internetseite zu gewinnen. **Arbeitsblatt „Computer" 12** enthält eine Checkliste für die Internet-Recherche.

Die Erfahrungen vieler Lehrer zeigen, dass auch medienaffine Jugendliche, „digital natives", die in ihrer Freizeit viele Stunden wöchentlich vor dem Computer verbringen, im Hinblick auf Recherchekompetenz nur geringe Fertigkeiten vorweisen können. Das hängt damit zusammen, dass die intellektuellen Anforderungen an das Lösen einer Rechercheaufgabe gemeinhin unterschätzt werden. Recherchieren wird vielfach gleichgesetzt mit dem Eingeben eines Begriffes in das Suchfeld einer Suchmaschine („googeln") – das ist jedoch nur der geringste Teil einer Recherche.

Die entscheidenden Dinge passieren vor und nach dem „Googeln": Um Wissen aufzubauen, müssen Schüler zunächst wissen, worin ihr Rechercheziel besteht. Was wissen sie bereits über einen Sachverhalt, welche Lücken wollen sie füllen? Welche Begriffe sind unklar, und mit welchen Begriffen können sie verlässlich arbeiten?[27]

Erst wenn der Kontext einer Recherche und ihr Ziel geklärt sind, kann man überhaupt sinnvoll nach etwas suchen – und läuft trotzdem Gefahr, beim Surfen auf mehr oder weniger relevanten Seiten immer weiter abzuschweifen. Es gehört auch Disziplin zur Recherche – und die Ergebnisse sollten immer gleich protokolliert oder zumindest abgespeichert werden. Bei der Weiterverarbeitung der Rechercheergebnisse sind wichtige Fragen zu beantworten: Was bedeuten die gewonnenen Informationen im Verhältnis zum bisherigen Wissen? Wie zuverlässig sind diese Informationen? Ergeben sich durch sie neue Fragen? Waren die bisherigen Fragen die richtigen?

Recherchieren ist eine anspruchsvolle Aufgabe, die aber zu den Grundfertigkeiten eines Menschen im 21. Jahrhundert gehört. Der Journalist Clive Thompson schrieb im Computermagazin „Wired" über ein markantes Beispiel von Schülern, die auf der Suche nach der Seite der Welthandelsorganisation nicht bemerkten, dass sie auf eine Parodie politischer Aktivisten gestoßen waren. Um erfolgreiche Recherchen anzustellen, müsse man über die Welt schon einiges wissen, schreibt Thompson.[28] Jean-Jacques Rousseau hat es 250 Jahre früher ganz ähnlich formuliert: „Man muss viel gelernt haben, um über das, was man nicht weiß, fragen zu können".

Unterrichtstipp: Suchstrategien vergleichen
Wer eine Information sucht, gibt ein Suchwort bei Google ein. Irgendetwas findet sich dort immer. Aber gibt es für manche Ziele auch bessere Wege, Informationen zu finden? Um herauszufinden, wer was zu bieten hat, gehen die Schüler an verschiedenen Stellen auf die Suche:
• bei Wikipedia,
• bei den Kinder-Suchmaschinen www.blinde-kuh.de
 oder www.fragfinn.de,
• in einem Jugendlexikon,
• im klassischen Brockhaus-Lexikon.

Dann wird verglichen: Welche Informationen werden geboten? Wie sind sie strukturiert? Wo gibt es Unterschiede? Welche Angebote sind besonders ausführlich? Wo finde ich passende Bilder? Wenn Schüler solch einen systematischen Vergleich an nur wenigen Beispielen durchgeführt haben, bekommen sie einen guten Eindruck davon, welche Vor- und Nachteile die einzelnen Informationsquellen haben.

2.2.10 Wikis – vom Leser zum Autor

Wikis sind browserbasierte Hypertext-Systeme für Websites, an denen verschiedene Autoren mitschreiben. Artikel können jederzeit aktualisiert, verändert und korrigiert werden. Dabei werden alle Änderungen dokumentiert – auch ältere Versionen von Texten bleiben so erhalten. Die Artikel lassen sich leicht miteinander verlinken, und es gibt Funktionen, mit denen sich die Seiten zu Kategorien zusammenfügen oder alphabetisch auflisten lassen, sodass sich ganz von selbst nach und nach ein Online-Lexikon aufbaut.

Ein Wiki (hawaiisch „wiki", schnell) wird zusammen mit der dafür benötigten Software auf einem zentralen Server gespeichert. Zur Bedienung sind keine umfangreichen Vorkenntnisse nötig, ein Web-Browser und etwas Einarbeitungszeit genügt, um mit dem System zurechtzukommen. Die am weitesten verbreitete Software ist „Mediawiki"; sie ist wie auch andere Programme kostenlos erhältlich.

Der prominenteste Anwender von Mediawiki ist die Online-Enzyklopädie *Wikipedia*, eine der weltweit am häufigsten aufgerufenen Websites überhaupt. Es gibt mittlerweile 270 Sprachversionen von *Wikipedia*, mit 3,8 Millionen Seiten ist die englische die mit Abstand größte, gefolgt von der deutschen Version, die etwa 1,3 Millionen Seiten enthält.[29]

Nachdem erste Versuche einer großen, für alle offenen und nichtkommerziellen Online-Enzyklopädie in den 1990er Jahren scheiterten, entstand 2001 die heutige *Wikipedia*. Die technische Infrastruktur wird von der gemeinnützigen Wikimedia Foundation betrieben, die deutsche Version wird vom Verein Wikimedia Deutschland betreut. Der nichtkommerzielle Charakter des Projektes ist ein wichtiger Grundsatz – dazu gehört auch, dass sämtliche Texte unter einer Lizenz verbreitet werden, die eine kostenfreie Nutzung erlaubt, sofern die Quelle genannt wird und dritten die gleichen Nutzungsrechte eingeräumt werden.

Von der Wissenschaft wurde und wird *Wikipedia* mit Misstrauen beobachtet. Und in der Tat schwankt die Qualität der Beiträge gravierend. Ob ein Artikel fundiert geschrieben und sinnvoll eingegrenzt wird, hängt davon ab, ob sich zu dem betreffenden Thema kompetente Autoren engagieren (und sich auch durch die permanente Einmischung weniger kompetenter Autoren nicht vertreiben lassen). Es gibt zwar Listen mit Themen, zu denen noch Artikel gewünscht werden, aber ein übergreifendes Konzept, welche Wissensbereiche wichtig und welche weniger wichtig sind, kann bei einer solch offenen Struktur nicht umgesetzt werden. *Wikipedia* ist eben kein Verlagsprodukt, sondern eine Volks-Enzyklopädie – mit allen Risiken und Nebenwirkungen.[30]

Sich in die Strukturen von *Wikipedia* einzuklinken, erfordert etwas Stehvermögen, denn auf den Diskussionsseiten herrscht mitunter ein rauer Ton. Auch ist die Menge der „weißen Flecken" nicht sehr groß – zu sehr vielen Themen gibt es bereits Artikel und Autoren, die „ihre" Themenfelder eifrig hüten und bewachen.

Die explosionsartige Ausdehnung des *Wikipedia*-Projektes, das heute Millionen von Lehrern, Schülern, Journalisten, Studenten (und inzwischen auch gestandenen Wissenschaftlern) als Informationsbasis dient, verdeutlicht, wo die eigentlichen Stärken des Internet liegen: in der Schaffung transparenter und kooperativer Architekturen, an denen viele Menschen beteiligt sind. Genau deshalb sind Wikis ein für die Schule ausgesprochen interessantes Thema:
- Die Möglichkeit, Gelerntes öffentlich zu präsentieren, ist für viele Schüler motivierend und sie erhöht die Verbindlichkeit des Lernens.
- Bei der Arbeit mit Wikis lassen sich fachliche Anforderungen und Medienkompetenz sinnvoll verbinden.
- Das kooperative Verfassen und Überarbeiten von Artikeln stärkt die Textkompetenz.
- Je nach Thema bieten sich außerschulische Kooperationen an.

Wer in der Schule mit der Online-Enzyklopädie *Wikipedia* arbeiten will, wird sich also unter anderem darum kümmern müssen, geeignete Themenbereiche für eigene Einträge zu finden – sie dürften vermutlich am einfachsten im regionalen Umfeld der Schule oder in der Lebenswelt der Schüler (Themen aus Musik und Jugendkultur) aufzuspüren sein. Ein guter Ausgangspunkt können auch die Themen von Facharbeiten sein, die ja meist eine gewisse Spezialisierung aufweisen und von den Schülern ohnehin mit großer Intensität recherchiert werden.

Beratung und möglicherweise auch personelle Unterstützung kann man unter anderem von den lokalen Wikipedianern bekommen. In vielen Städten haben sie sich zu Gruppen zusammengeschlossen, die sich regelmäßig treffen. Auch Wikimedia Deutschland unterstützt Schulen durch fachliche Begleitung und Fortbildungsangebote.

Eine Alternative zu *Wikipedia* sind Regio- und Stadtwikis, die mittlerweile in vielen Kommunen und Landkreisen existieren. (Wenn keines vorhanden ist, könnte die Gründung eines solchen Wikis auch von einer Schule ausgehen, wenn sich dort genügend Interessierte finden.) Diese Wikis lassen sich gut mit den Fächern Erdkunde, Deutsch, Geschichte oder Politik/Gemeinschaftskunde verknüpfen. Einen Überblick über Stadtwikis und Tipps zur Gründung solcher Wikis gibt die „Stadtwiki-Gesellschaft zur Förderung regionalen freien Wissens e.V."

Die noch „kleinere", dennoch pädagogisch interessante Variante sind eigene Wikis im schulischen Raum oder auch im Klassenzimmer. Auch hier lassen sich die Vorteile von Wikis nutzen: Sie bilden eine flexible und an den jeweiligen Unterrichtskontext anpassbare Lernumgebung, bei der jeder vom Wissen des anderen profitiert und sein eigenes Können einbringen kann. Abgesehen davon, dass die Einrichtung eines Wikis einen gewissen Aufwand mit sich bringt, sollte man nicht unterschätzen, dass einige Zeit benötigt wird, bis sich das zunächst vollkommen leere Wiki mit Inhalt füllt.

Für die Arbeit mit Wikis gibt es also verschiedene Möglichkeiten der Ausgestaltung. Bevor man sich für eine Organisationsform entscheidet, sollten die jeweiligen Vor- und Nachteile sorgfältig abgewogen werden. Zwar wird man in der Regel zunächst nur innerhalb einer Lerngruppe für einen begrenzten Zeitraum ein Wiki-Projekt durchführen. Wenn ein eigenes Schulwiki angelegt werden soll, sind eine sorgfältige Planung und eine Einbindung in schulinterne Prozesse und Lehrpläne wichtig. Andernfalls wird das mit viel Mühe konzipierte Wiki schnell verwaisen. Bei einem offenen, nicht durch Passwörter geschützten Wiki ist eine aktive Betreuung unerlässlich. Es besteht sonst die Gefahr, dass unerwünschte Autoren das Wiki mit Unsinn vollschreiben. In der Tabelle auf der folgenden Seite sind Vor- und Nachteile der verschiedenen Arbeitsformen zusammengestellt.

Weitere Informationen zur Einrichtung von und zur Arbeit mit Wikis:
- www.mediawiki.org
  Überwiegend englischsprachige Seite des Programmanbieters
- http://wiki.doebe.li/Beat/WikiInSchool
  Informationen des Informatikers Beat Döbeli Honegger zu didaktischen und technischen Aspekten von Wikis im schulischen Bereich
- www.lehrer-online.de
  Beiträge unter anderem zur Arbeit mit Wikis in der Grundschule und im Geschichtsunterricht
- www.wikimedia.de
  Internetpräsenz von Wikimedia Deutschland (fachliche Unterstützung des Wikipedia-Projektes/Referentennetzwerk)
- www.stadtwiki.info
  Die Stadtwiki-Gesellschaft fördert Einrichtung und Betrieb von Stadt- und Regio-Wikis
- www.segu-geschichte.de
  Das Projekt „selbstgesteuert entwickelnder Geschichtsunterricht" der Uni Köln zeigt, wie Schüler methodisch mit einem wiki-ähnlichen Online-Angebot arbeiten können.
- http://wiki.zum.de/Wikis_in_der_Schule
  Die Zentrale für Unterrichtsmedien im Internet e.V. informiert in ihrem eigenen Wiki über das Thema.

Vor- und Nachteile unterschiedlicher schulischer Nutzungsmodelle von Wikis

	Klassen-Wiki auf lokalem Rechner	Schulwiki	Öffentliches, lokales Wiki	Beteiligung an einem bereits existierenden Wiki bzw. an Wikipedia
Beschreibung	Ein einfaches Wiki wird auf einem einzelnen Rechner installiert und im Klassenraum damit gearbeitet.	Ein Wiki wird auf dem Schulrechner installiert (in manchen Lernplattformen ist die Funktion schon enthalten).	Ein öffentliches Wiki wird auf einem Server installiert und v.a. zu schulischen Zwecken genutzt.	Schüler beteiligen sich in einer AG oder innerhalb des Fachunterrichts an Wikipedia oder einem anderen Wiki.
Vorteile	• Relativ einfache Installation • Keine „Einmischung" von außen • Thematisch vollkommen flexibel	• Auf allen Computern der Schule benutzbar • Kein hoher Installationsaufwand, wenn Lernplattform vorhanden • Thematisch vollkommen flexibel	• Weltweiter Zugriff von allen Rechnern möglich • Viele Möglichkeiten der thematischen Ausgestaltung (z. B. regionales Wiki) • Möglichkeiten der Kooperation mit andern Schulen und Institutionen	• Weltweiter Zugriff von allen Rechnern möglich • Einbindung in eine etablierte und bekannte Community • Infrastruktur vorhanden • Hohe Motivation durch viele Zugriffe • Austausch mit anderen Nutzern
Nachteile	• Nur im Klassenraum erreichbar	• Aufwändiger zu installieren • Von außerhalb der Schule/für Schulfremde nicht erreichbar	• Aufwändiger zu installieren oder kostenpflichtig • Erfordert permanente Betreuung	• Thematischer Gestaltungsspielraum begrenzt • Nur für bestimmte Unterrichtsszenarien verwendbar

2.2.11 Weblogs: Prozesse begleiten und kommentieren

Weblogs (oder Blogs) bieten ähnlich wie Wikis eine technische Architektur zur Veröffentlichung und Verknüpfung von Artikeln im Internet an. Im Unterschied zu Wikis, die sich an das Modell eines Lexikons anlehnen, gleichen Weblogs eher einem interaktiven Tagebuch – daher auch der Name, der sich aus „Web" und „log" (für Tagebuch, Protokoll usw.) zusammensetzt. Charakteristisch ist die Anordnung der Beiträge: Im Weblog erscheint immer der aktuellste Text oben, die älteren rutschen nach und nach weiter nach unten und werden irgendwann in ein Archiv verschoben.

Auch im Weblog gibt es eine thematische Ordnung: Alle Texte können selbst definierten Kategorien zugeordnet werden. Als Leser kann man dann ältere Texte nicht nur im Archiv nach Erscheinungsdatum suchen, sondern auch alle Beiträge zu einem Stichwort auflisten. So ist es auch in umfangreichen Weblogs gut möglich, bestimmte Texte zu finden. Jeder Eintrag kann kommentiert und mit Beiträgen in anderen Weblogs verknüpft werden. Die vielen Vernetzungsmöglichkeiten (Links, Trackbacks, Feeds, vgl. Glossar in Kap. 2.2.15) zeichnen Weblogs als ideale Instrumente für das Erschließen, Teilen und Kommentieren von Internet-Inhalten aus. Medien wie Bilder, Sounds und Videos können recht einfach in ein Weblog eingebunden werden.

Spätestens seit der Jahrtausendwende sind Weblogs zu einem zentralen Bestandteil des Internet geworden. In der Blogosphäre, also der Gesamtheit der Blogger im Internet, findet man viele kreative und interessante Dossiers von Menschen (oder Gruppen), die sich für ein Thema interessieren und dazu persönliche Erfahrungen, Neuigkeiten und Lesenswertes zusammentragen. Das Spannende an den Blogs ist ihre thematische und gestalterische Vielfalt: Manche Blogger stellen sehr persönliche, tagebuchartige Aufzeichnungen ins Netz, andere sammeln Dokumente und Nachrichten. Eine spezielle Spielart ist das „Watchblog", das eine Institution kritisch beobachtet und begleitet. Mit den Weblogs ist im Internet eine produktive und manchmal auch geschwätzige Schreibkultur entstanden, die vielleicht am ehesten vergleichbar ist mit den Salons und Journalen in der Epoche der Aufklärung – beide Strömungen verbindet die Lust an der Mitteilung und am Austausch.

Die Unterschiede zwischen den großen Anbietern von Weblog-Systemen (wie Wordpress, blog.de oder blogger.de) sind marginal und betreffen vor allem Details – für den Einstieg ins Bloggen sind sie alle geeignet, da sich die Software leicht handhaben lässt. Bei kostenlosen Angeboten sollte man sich nach Möglichkeit vorher ein Bild von der Art der Werbeeinblendung machen. Wer ein Weblog einrichtet, hat als dessen Administrator die Möglichkeit zum Schreiben, Redigieren und Löschen von Beiträgen. Neben Administratorenrollen können auch weitere Funktionen (Autor, Redakteur etc.) vergeben werden, die dann zum Teil eingeschränkte Zugriffsrechte auf die Funktionen haben.

Anders als etwa eine Homepage, bei der es vor allem darauf ankommt, eine sinnvolle Struktur für ein dauerhaftes Informationsangebot anzulegen, sind Weblogs dynamisch, auf Entwicklung und Interaktion hin angelegt. Deshalb eignen sie sich in der Schule auch als Instrument, um Prozesse zu begleiten und zu dokumentieren, beispielsweise als Projekttagebuch oder Semester-Blog, elektronisches Leseportfolio oder zur Vorbereitung und Dokumentation einer Klassenfahrt (vgl. Tabelle auf den folgenden Seiten). Auch viele Lehrerinnen und Lehrer sind fleißige Blogger.

Hier eine kleine Auswahl:

http://shiftingschool.wordpress.com
Blog von Lisa Rosa (Landesinstitut für Lehrerbildung und Schulentwicklung Hamburg); schwerpunktmäßig geht es um das Verhältnis von neuen Medien und Schul- und Unterrichtsentwicklung

www.herr-rau.de
Sehr informatives und oft auch amüsantes Blog des Münchener Gymnasiallehrers Thomas Rau (Englisch, Deutsch und Informatik)

http://online-grundschule.de/blog/grundschulnews
Das Blog von Michael Gros (Grundschullehrer, Landesinstitut für Pädagogik und Medien des Saarlandes) beschäftigt sich vor allem mit der Nutzung digitaler Medien in der Grundschule.

www.medienbox.de
Verantwortliche für dieses Blog ist Wolfgang Schwarz – es geht vor allem um aktuelle Tipps für den Einsatz von Medien im Bildungsbereich.

http://herrlarbig.de
Blog des Lehrers Torsten Larbig aus Frankfurt/Main (Deutsch, kath. Religion); Schwerpunkte: Schule und digitale Medien, Netzpolitik, Literatur

http://primimaus.wordpress.com
Charmantes Blog der Grundschullehrerin Frau Weh

http://riecken.de
Blog des Deutsch- und Chemielehrers Maik Riecken; Untertitel: „Gedanken zu Bildung, Lehre und Schule

2.2 Computer, Internet und Social Media

Weblogs in der Schule: Typen und Anwendungsmöglichkeiten

Typ	Beschreibung	Möglichkeiten	Voraussetzungen	Schwierigkeiten
Lehrerblog mit Unterrichtsbezug	Die Lehrkraft betreibt ein Blog für ihre Schüler, um Material und Aufgaben zum „Abholen" bereitzustellen. Die Schüler können kommentieren. Beispiel: www.wolf-klasse.de	U-Material ist jederzeit und auch von zu Hause aus verfügbar (keine Ausreden mehr wg. vergessenen Materials!); ermöglicht auch Eltern Einblicke in Unterrichtsgeschehen	Schüler haben Zugang zum Internet (wenigstens in der Schule auch außerhalb des Unterrichts im Computerraum)	Keine
Kursblog/ Fachblog	Die Schüler holen nicht nur Stoff ab und kommentieren allenfalls, sondern stellen selbst eigene Beiträge ein. Sie können dann auch gegenseitig ihre Beiträge kommentieren. Beispiel: http://bbstphysik12.wordpress.com	In allen Fächern und Stufen sinnvoll einsetzbar; Aufgaben, z. B. Stundenprotokolle, aber auch ganz individuelle Leistungen können für alle sichtbar gemacht werden; die Leistungen können von allen diskutiert werden	Eigene E-Mail der Schüler für den Account; bei nicht volljährigen Schülern Einwilligung der Eltern empfohlen; Klärung über Datensicherheit nötig (z. B. Schutz durch Nicknames, keine Fotos mit Namenszuordnung); Klärung über Verhalten im Netz (Netiquette)	Wenn Voraussetzungen beachtet, werden: keine; bietet im Gegenteil die Möglichkeit, sinnvoll mit Web 2.0 zu arbeiten und dabei Medienkompetenz und eigene Internet-Safety im Netz zu lernen; Planungsaufwand hoch, amortisiert sich jedoch sehr gut im Einsatz
Klassenblog	Die Klasse hat ein eigenes Blog, das als Lerntagebuch die Arbeit der Klasse dokumentiert. Es kann anfangs von der Lehrkraft befüllt werden, die Schüler übernehmen. Beispiel: http://loewenklasse.posterous.com	Besonders geeignet für die Grundschule; Transparenz für die Eltern; Freude der Schüler an der Dokumentation ihres Lernens; gut zur Entwicklung einer Klassengemeinschaft; Freude am Schreiben lernen	Einverständnis der Eltern, dass ihre Kinder evt. mit Foto (aber ohne Namenszuordnung) im Netz stehen; ein Computer mit Netzzugang im Klassenraum (oder Computerraum)	Kontinuierlicher Pflegeaufwand durch die Lehrkraft; wird durch die vielen positiven Effekte mehr als wett gemacht

Typ	Beschreibung	Möglichkeiten	Voraussetzungen	Schwierigkeiten
Schülerblogs	Die Schüler haben eigene Blogs. Diese können evt. auch auf einem Lehrerblog verlinkt sein, das den Kurs zusammenbindet. Beispiel: http://indablogbuch.wordpress.com/schulerblogs/	Besonders geeignet für Deutsch (Kreatives Schreiben) und für fremdsprachige Lektürekurse sowie für Kunst LK; besonders hohe Entwicklung von Medienkompetenz möglich; höchster Aktivierungs- und Individualisierungsgrad	Wie bei Typ „Kursblog"; fester regelmäßiger Platz in der Unterrichtskonzeption; darf nicht bloß „zusätzlich" zum Unterricht sein; muss alle Schüler verbindlich einbinden	Lehrer muss regelmäßig alle Schülerblogs lesen und kommentieren.
Projektblog	Die Projektgruppe eines Lernprojekts (Typ Erkundungsprojekt) betreibt ein Blog zu ihrem Projektthema. Lehrer u. Schüler befüllen das Blog mit Material zum Thema aus dem Netz, diskutieren Aspekte des Themas und Brauchbarkeit des Materials, stellen Arbeitsergebnisse ein und diskutieren sie, werten das Projekt aus, geben Feedback zur Projektleitung. Beispiele: http://ewgprojektblog.wordpress.com http://migrationintegration.wordpress.com	Für ein Projekt ist ein Weblog das non plus ultra: Ressourcenbereitstellung, Kommunikation und Kollaboration, Projektdokumentation und Projektpräsentation sind auf einer einzigen, schnell konstruierten Website möglich; alle Schulstufen und Niveaus möglich; hoch individualisiertes und gleichzeitig kollaboratives Arbeiten ist möglich.	Experimentierfreude und Fehlertoleranz sowie Vertrauen in die Motivationskraft der Methode und die (ursprüngliche, vielleicht auch verschüttete) Lernlust der Schüler	Projektplanungsaufwand hoch, Begleitung erforderlich; Projektkompetenz und Medienkompetenz sowie Moderation und Coaching von Seiten der Lehrkraft sind Voraussetzung, allerdings sind diese nur durch „learning by doing" zu erwerben.

2.2 Computer, Internet und Social Media

Typ	Beschreibung	Möglichkeiten	Voraussetzungen	Schwierigkeiten
Fachschaftsblog	Eine Fachschaft der Schule (Kunst, Mathematik, Deutsch) betreibt ein Blog, auf der die Fachlehrer kommunizieren – aber auch Schüler und Eltern Informationen/Material abholen können. Beispiel: http://kunst-humboldt.blogspot.com	Bietet die Möglichkeit, eine Fachentwicklung in der Schule zu begleiten; Transparenz für Schüler und Eltern (Lehrpläne, Didaktische Diskussionen etc.) Dokumentation von Schülerarbeiten im Fach		Es braucht mindestens eine Person, die sich verantwortlich für die Pflege des Blogs fühlt.
Schülervertretungsblog	Die Schülersprecher (Schulsprecher, Stufensprecher, Klassensprecher) betreiben ein Blog für ihre Partizipations-Angelegenheiten. Das Blog ist idealerweise auf der Homepage der Schule verlinkt. Beispiel: http://svteam.lippeblogs.de	Kann zu mehr Beteiligung aller Schüler führen, anstatt die Vertretungsangelegenheiten durch bloßes Wählen von Sprechern zu delegieren; hilfreich bei der Professionalisierung von Sprechern und zur Erweiterung der Schuldemokratie	(schul-)politisch interessierte (interessierbare) und Web 2.0 interessierte (interessierbare) Schülervertreter	Schulleitung, Verbindungslehrer und Politiklehrer müssen sich interessieren und dürfen das Blog (und auch die Arbeit als Vertreter überhaupt) nicht als Privatsache der Schülervertreter abtun.
Elternratsblog	Eltern organisieren ihren Austausch und ihre Elternratsarbeit über ein Blog.	Transparenz der Elternratsarbeit für alle Eltern; fördert das Elternengagement und kann auch der Zusammenarbeit mit Lehrkräften und Schulleitung fördern.		

Typ	Beschreibung	Möglichkeiten	Voraussetzungen	Schwierigkeiten
Steuergruppenblog	Eine mutige Schule – die Kaiserin-Augusta-Schule Köln – organisiert seit mehreren Jahren ihre Steuergruppe über ein offenes Blog: http://steuergruppe.wordpress.com	Hohe Transparenz für die ganze Schulcommunity; entsprechend hohe Verbindlichkeit und Verantwortung	Alle Schulleitungsmitglieder müssen einverstanden sein. Experimentierfreude, Souveränität; sinnvoll: mit einer Testphase beginnen!	bisher keine – laut Auskunft der Schule
Schulblog	Die Schulwebsite ist ein Blog und dient sowohl der internen Kommunikation der gesamten Schul-Community als auch der Repräsentation nach außen. Beispiel: http://gymnasium-blomberg.de	Größte Transparenz für alle an der Schule beteiligten Gruppen; hohes Aktivierungspotenzial für Lehrer, Schüler, Eltern	Eine solche Website aufzubauen ist ein großes Schulprojekt und entsprechend ernst die Herausforderung.	Ein Weblog als Schulhomepage ist „work in progress". Am besten holt man sich Beratung durch erfahrene Schule.

Quelle: Lisa Rosa (http://lisarosa.wordpress.com/seminarmaterial/typen-modelle-fur-den-einsatz-von-blogs-in-schule-und-unterricht, aufgerufen am 18.1.2012)

2.2.12 Microblogging, SMS und Chat

Kinder und Jugendliche probieren gerne unterschiedliche Formen der Kommunikation aus und sind dabei meist unbefangener und experimentierfreudiger als Erwachsene. Das Schreiben von SMS ist nicht nur eine weit verbreitete Gewohnheit, es hat beispielsweise auch ein ganz spezielles System aus Abkürzungen hervorgebracht, das beinahe den Charakter einer eigenen Sprache angenommen hat („cu l8a" für „See you later"). Viele Jugendliche verbringen viele Stunden in der Woche in Chatrooms und tun dort das, was andere Jugendliche in Jugendtreffs, auf Partys oder an schlecht einsehbaren Häuserecken tun: Sie quatschen, albern herum, flirten und leben ihre Adoleszenzkrisen aus.

Ein typischer Reflex der Erwachsenenwelt besteht darin, neue Kommunikationsformen als minderwertig oder schädlich abzutun. Schnell ist man beispielsweise bereit, beim Anblick orthografisch fragwürdiger Botschaften eine Degeneration der Sprache zu konstatieren. Damit sollte man allerdings vorsichtig sein – immerhin geht mit der Lust an der Online-Kommunikation auch eine intensive Schreibtätigkeit von Jugendlichen einher, die sonst vielleicht nicht zu den Leistungsträgern in diesem Bereich gehören. Die Kurznachrichten ersetzen Gespräche, die früher mündlich geführt wurden – deshalb ist es auch kein Wunder, dass die Sprache in Mails, Tweets und SMS häufig der gesprochenen Sprache näher ist als der gehobenen Schriftsprache.

Eine große Zahl an Lehrkräften wird mit dem Bereich der Echtzeit- und Kurznachrichten im eigenen Unterricht nicht viel anfangen können. Andererseits lohnt es sich zu überlegen, ob man die Neigungen der Schüler nicht auch zum Nutzen pädagogischer oder fachlicher Ziele gewinnbringend aufgreifen könnte. Dazu müssten die verschiedenen Kommunikationswege daraufhin befragt werden, an welchen Stellen des Unterrichts sie didaktisch sinnvoll eingesetzt werden können.

Beispielsweise beim Besuch im Museum. Einige Schülerinnen und Schüler bekommen den Auftrag, spontane Eindrücke in Form von Short Messages oder Twitter-Nachrichten an eine vorher vereinbarte Adresse zu schicken. In der nächsten Stunde folgt dann eine Auswertung: Sind die Botschaften noch verständlich? Wie authentisch, wie aussagekräftig sind sie im Vergleich zu einem Bericht, der im Nachhinein angefertigt wurde? Wie verändert sich die Wahrnehmung aus der zeitlichen Distanz?

Der Drang zur Kürze, den jeder SMS-Schreiber aus purem Eigennutz verspürt, lässt sich aufgreifen, wenn es darum geht, Texte zusammenzufassen und das Essenzielle aus einer Quelle oder einem Material herauszuarbeiten. Wie lauten die wesentlichen Erkenntnisse einer Stunde – in drei Tweets zusammengefasst? Spätestens wenn die Ergebnisse ausgewertet und verglichen wurden, weiß jeder, worum es tatsächlich in der Stunde ging.

Die unmittelbarste Form der Online-Kommunikation ist das Chatten, die direkte Verständigung am Bildschirm. Sie übt auf viele Jugendliche einen besonderen Reiz aus – gerade dieser Reiz ist es aber auch, der unvorsichtigen Teilnehmern gefährlich werden kann, wenn sie in offenen Chatrooms auf bestimmte Vorsichtsmaßnahmen verzichten. Dazu gehört es, sich nicht unter dem echten Namen anzumelden, sondern nur unter einem Nickname. Auch sollte man keine Fotos von sich selbst in ein öffentlich zugängliches Profil laden und nur mit solchen Gesprächspartnern „flüstern", die man genau einschätzen kann.

Wer als Lehrkraft selbst ein Faible für das Chatten hat, wird – die geeignete technische Umgebung vorausgesetzt – dieses auch mal im Unterricht erproben. Neben einem geschlossenen Chat ist es reizvoll, sich mit außerschulischen Chat-Partnern zu verabreden, die beispielsweise zu einem gerade aktuellen Unterrichtsthema etwas zu sagen haben (Experten-Chat). Man sollte zuvor aber in einem geschlossenen Chatroom das Verfahren getestet und die Spielregeln mit den Schülern besprochen haben. Gerade am Anfang sollten die Erwartungen nicht zu hoch gesteckt werden. Hier einige Tipps fürs Chatten:

- Vor Beginn eines Chats die „Chattiquette" besprechen: Keine Beleidigungen, keine unsinnigen und überflüssigen Verlautbarungen (letzteres gilt vor allem in großen Gruppen).
- Sinnvoll sind ein zeitlicher Rahmen und eine feste thematische Vorgabe. Auch sollten vorab Sanktionen für Chatteilnehmer vereinbart werden, die sich nicht daran halten. Nach einer kurzen Aufwärmphase geht es dann nur noch um das vereinbarte Thema.
- Im Fremdsprachenunterricht können den Schülern einfache Situationen vorgegeben werden, die sie dann im Chat lösen.
- Eine Wiederholungsstunde lässt sich als Quiz anlegen – es geht dann darum, gemeinsam möglichst schnell die Lösung zu finden.
- Auch für kreative Tätigkeiten, z. B. die Entwicklung einer Fantasiegeschichte, kann ein Chat eingesetzt werden.

Weitere Informationen:

Die Seite www.chatten-ohne-risiko.net bietet einen Vergleich verschiedener Chat-Angebote und Hinweise für Lehrer.

2.2.13 Social Media im Unterricht

In sozialen Netzwerken miteinander zu kommunizieren, gehört zu den beliebtesten Freizeitbeschäftigungen Jugendlicher. Laut JIM-Studie nimmt der Bereich der Kommunikation bei Mädchen etwa die Hälfte der gesamten Computer-Nutzungszeit in Anspruch, bei Jungen etwas weniger. Innerhalb der kommunikativen Internet-Funktionen spielen die sozialen Netzwerke die weitaus größte Rolle und haben das vor wenigen Jahren noch beliebtere „Instant Messaging" an der

Spitzenposition abgelöst.[31] Im Wettbewerb um die Gunst der Jungen und Mädchen hat *Facebook* dabei das Rennen gemacht und andere soziale Netzwerke wie *SchülerVZ* hinter sich gelassen. In manchen Klassen sind nahezu alle Schüler dort angemeldet, in einem Großteil der Lerngruppen dürfte es mindestens die Hälfte sein. Daraus leitet sich ein erstes (aber keineswegs ausreichendes) Argument dafür ab, dieses Netzwerk auch in der Schule zu nutzen: Die meisten Schüler sind schon da.

Die Schule könnte die Gelegenheit ergreifen, eine virtuelle Umgebung, in der sich viele Schüler gerne aufhalten, auch für die Kommunikation zwischen Lernenden und Lehrenden, für den Austausch von Aufgaben und Lösungen, für kooperative Lernszenarien und dergleichen mehr einzusetzen. Damit hätte die Schule die Chance zu zeigen, dass man diese beliebte Plattform auch zum Lernen verwenden und dort kreative Projektarrangements realisieren kann.

Gegen einen solchen Schritt spricht allerdings auch einiges: Das Unternehmen *Facebook* wird wegen seiner intransparenten Verwendung von Nutzerdaten kritisiert. Zudem kann man einwenden, dass einige für den Unterricht nützliche Funktionen fehlen, etwa die Möglichkeit, pdf-Dateien hochzuladen. Drittens wird jeder Lehrer, der *Facebook* nutzt, seine eigene Rolle dort sehr genau prüfen und „gestalten" müssen. Eine Vermischung beruflicher und privater Informationen ist in diesem Fall nicht angeraten. Auch zum Umgang mit „Freundschafts"-Anfragen von Schülern braucht man eine klare Strategie – dies gilt allerdings auch dann, wenn man aus rein privatem Interesse bei *Facebook* unterwegs ist.

All diese Probleme sind mit einer gewissen Selbstdisziplin und einem klaren Verhaltenskodex lösbar: Viele Lehrer, die *Facebook* nutzen, schotten ihr eigenes Profil dort gegen fremde Einträge („Posts") ab, schreiben nichts über sich selbst oder arbeiten mit verschiedenen Accounts. Bevor man die Arbeit mit *Facebook* kategorisch ausschließt, sind ein paar Selbstversuche durchaus sinnvoll – man versteht so besser, was viele Jugendliche und Erwachsene an sozialen Netzwerken faszinierend finden. *Facebook* versteht es, den Drang zur Selbstdarstellung, aber auch die Neugier auf andere zu befeuern. Wer diese durchaus ambivalente Leidenschaft für das große Beziehungsnetzwerk selbst erkundet hat, kann eher ein begründetes Urteil darüber fällen, ob *Facebook* in der Schule etwas zu suchen hat – und wenn ja, was das sein könnte.

Als Basis für die Arbeit mit *Facebook* bietet es sich an, dort eine Gruppe zu gründen, die den Namen der jeweiligen Lerngruppe trägt. Die Schüler werden dann in diese Gruppe eingeladen – für alle anderen Personen bleibt sie geschlossen. Nun kann diese Gruppe als erweiterter Klassenraum benutzt werden:

- Schüler finden dort Hausaufgaben, abfotografierte Tafelbilder, Lernstoff für Klassenarbeiten oder unterrichtsrelevante Links.
- Sie selbst können dort Hausaufgaben ablegen (z. B. als Kommentar zu einem hinterlegten kurzen Text).
- Schüler verständigen sich über Hausaufgaben und helfen sich dabei.

• Sie können auch nachmittags gemeinsam Aufgaben lösen und für Klassenarbeiten lernen.

Es empfiehlt sich, dieses Szenario für eine stärkere Eigenverantwortung der Schüler zu nutzen. Da viele von ihnen *Facebook* eher als „ihren" Ort betrachten denn als einen Raum, in dem sich Lehrer aufhalten, sind auch viele von ihnen bereit, diesen Raum zu bespielen: Sie sind dann diejenigen, die dort Kurzprotokolle veröffentlichen und die Erarbeitung von Aufgaben organisieren. Die Erfahrung zeigt, dass die Verwendung von *Facebook* eine Reihe von Schülern anspricht, die über konventionelle Lernarrangements weniger gut zu erreichen sind.

Wer seinen Unterricht in diese Richtung verändern will, muss dafür Sorge tragen, dass alle Eltern und Schüler einer Lerngruppe dieses Verfahren akzeptieren und einen entsprechenden Zugang haben oder einrichten können. Informationen zu den Themen Datenschutz und „Netiquette" sind unabdingbar, können aber gut verknüpft werden mit generellen Fragen des Umgangs miteinander. Wie die eigene Persönlichkeit und die Persönlichkeitsrechte anderer im virtuellen Raum geschützt werden, das gehört heutzutage in jedes Mediencurriculum.

Immer wieder wird angemerkt, dass sich mit der Verbreitung von Handys und sozialen Netzwerken zunehmend häufig Fälle von Cyber-Mobbing aufträten. In der Tat handelt es sich hier um ein ernstes Problem, dem Schulen entschlossen und möglichst präventiv begegnen sollten (vgl. auch Kap. 3.3.1). Die Einrichtung einer geschlossenen *Facebook*-Gruppe, deren Mitglieder sich auch täglich in der Schule von Angesicht zu Angesicht begegnen, ist kein Szenario, das Cybermobbing begünstigt – es handelt sich gewissermaßen um einen erweiterten Klassenraum. Natürlich ist nicht auszuschließen, dass die gleichen Schüler an anderer Stelle anonym und destruktiv im Netz aktiv sind – dieses hätte aber mit dem Facebook-Klassenraum dann wenig zu tun.

Neben dem Einsatz als „Begleitmedium" im Fachunterricht lassen sich mit *Facebook* auch singuläre Unterrichtsarrangements realisieren (vgl. Unterrichtstipp).

Unterrichtstipp: „Werther als Avatar"

Viele Schüler sind in sozialen Netzwerken unterwegs. Warum also nicht das Interesse an der virtuellen Interaktion mit der Erschließung literarischer Texte verbinden? So können Schüler literarische Figuren als künstliche Personen in einem sozialen Netzwerk anmelden und sie dort kommunizieren lassen. Ein solches Projekt wurde 2010 an einer Schule in Schleswig-Holstein durchgeführt und mit beim europäischen Teach-today-Wettbewerb zur Internetsicherheit im Schulunterricht ausgezeichnet.[32]

Begleitend zur Lektüre des Buches legen die Schüler einen Avatar an (hier in Anlehnung an eine der beiden Hauptfiguren aus „Die Leiden des

> jungen Werther") und geben ihm Erfahrungen mit auf den Weg, die sie aus der Analyse der literarischen Figur gewinnen. Das Anlegen und Nutzen der Profile bei sozialen Netzwerken wie *Facebook* ist denkbar einfach: Die Schülergruppen legen sich zunächst bei einem Freemail-Anbieter (z. B. Google oder GMX) eine neue Mailadresse an, z. B. werther.zweitname@gmx.de. Anschließend nutzen sie diese Mailadresse, um sich im sozialen Netzwerk zu registrieren. Damit ist binnen Minuten eine neue virtuelle Persönlichkeit erschaffen.
>
> Der Umgang mit den Avataren sollte sehr bedacht und in Abstimmung mit der Lehrkraft erfolgen, um die Täuschung anderer Nutzer in engen Grenzen zu halten. In jedem Fall wird den Schülern deutlich, welche Vorsicht beim Gebrauch sozialer Netzwerke notwendig ist.

2.2.14 Handy, Smartphone & Co. – Freund oder Feind der Schule?

Handys sind eigentlich Telefone und gehören deshalb nicht unbedingt in ein Buchkapitel über Computer und Internet. Dass sie dennoch hier thematisiert werden, hat zwei Gründe: Erstens haben sich Handys inzwischen zu internetfähigen Multifunktionsgeräten weiterentwickelt (und es ist damit zu rechnen, dass sich dieser Trend fortsetzt), und zweitens steht die Verwendung dieser Geräte durch Schüler regelmäßig auf den Themenlisten von Schul- und Lehrerkonferenzen – sie sind eine pädagogische Herausforderung, zu der jede Schule eine Position beziehen und diese immer wieder überprüfen muss.

Es gibt heute eine große Vielfalt an verschiedenen Formen von Handy-Verboten: Manche Schulen untersagen das Mitführen von eingeschalteten Handys während des Unterrichts im Klassenzimmer, andere beziehen das Verbot auf das gesamte Schulgelände und/oder die Zeit der Pausen oder schließen auch andere elektronische Speichergeräte wie MP3-Player mit ein. Für Handy-Verbote gibt es gute Gründe. Störendes Klingeln, abgelenkte Schüler, Gewaltvideos, mit denen sich Jugendliche vor ihren Mitschülern brüsten, unerlaubtes Anfertigen von Schülerfotos. Auch Erfahrungen mit Überschuldung durch unbedachte Nutzung von Mobilfunkangeboten oder Berichte über elektromagnetische Strahlung haben viele Lehrkräfte verunsichert oder zu einer grundsätzlich negativen Einstellung gegenüber Handys geführt. Andere fragen sich, ob das Handyverbot die beste oder überhaupt die richtige Lösung der Probleme ist.

In jedem Fall kommt man nicht darum herum, die Realität zur Kenntnis zu nehmen: Handys und Smartphones sind zu ständigen Begleitern der ganz überwiegenden Zahl von Jugendlichen und Erwachsenen geworden. Die JIM-Studie 2011 dokumentiert einen Gerätebesitz von 96 Prozent aller Jugendlichen zwischen 12 und 19 Jahren.[33] Der Besitz eines Handys wird von Schülern dabei nicht nur unter dem Gesichtspunkt ihrer Zweckmäßigkeit gesehen: Sie empfinden sie auch als Teil ihrer zunehmenden Autonomie und der Zugehörigkeit zu einer Kommunikationsgemeinschaft.

Die kleinen Geräte werden immer leistungsfähiger und verfügen über viele Funktionen, die sich auch sehr sinnvoll in den Unterricht integrieren lassen: Foto- und Videokamera, Audio-Aufnahme, Internetzugang. Es lohnt sich darüber nachzudenken, wie eine Schule mit dem Phänomen über das bloße Verbot hinaus umgehen kann – auf Dauer ist der Ansatz, die Nutzung von Kleincomputern in das schulische Medienkonzept einzubeziehen wohl vorzuziehen. In jedem Fall sollte das Ziel sein, den Schülern Wege zu einem verantwortlichen und selbstbestimmten Verhalten in der Informationsgesellschaft aufzuzeigen. Die oben genannten Risiken der Handynutzung und eine kritische Selbstreflexion des eigenen Nutzungsverhaltens gehören dabei unbedingt auf die Tagesordnung.

Vor allem die Lehrkräfte, die selbst gerne mit elektronischen Medien arbeiten, sehen auch das Potenzial der mobilen Handgeräte für den täglichen Unterricht. Mitunter ergeben sich ganz spontan Gelegenheiten, z. B. wenn beim Lesen eines Textes ein Begriff oder ein Name auftaucht, dessen Bedeutung umstritten ist. Natürlich kann die Frage auf die nächste Stunde vertagt werden. Oder der Lehrer löst das Problem durch sein Expertenwissen – das wird aber nicht immer möglich sein und nimmt den Schülern die Gelegenheit, selbst etwas zu klären. Werden einige Schüler beauftragt, mit Hilfe ihres Handys oder Smartphones im Internet nach den erforderlichen Informationen zu suchen, bietet sich die Chance auf ein Erfolgserlebnis in Sachen Recherchekompetenz. Zudem kann die offene Frage vielleicht sofort beantwortet werden.

Das ist allerdings nur eines von vielen Szenarien, in denen die kleinen Geräte für den Unterricht genutzt werden können. Hier einige andere Beispiele:

Nutzung der Videofunktion

- Im Chemieunterricht wird von einem Experiment ein Video erstellt – das Versuchsprotokoll kann dann exakter erstellt und mit Zeitmarken versehen werden.
- Zu einem Schlüsselthema wird ein Erklärfilm entwickelt, der als Hilfe für die Wiederholung des Stoffes dient.
- Zur Förderung von Präsentationskompetenz erstellen die Schüler kurze Selbstporträts.

Nutzung der Fotofunktion

- Im Fremdsprachenunterricht wird eine Fotostory erstellt (Fotos in Textdatei übertragen, dazu Dialogtexte).
- Die Schüler dokumentieren Ergebnisse (Tafelbilder, Poster, Standbilder).

- Schüler nehmen während einer Exkursion wichtige Motive auf und erstellen daraus einen bebilderten Bericht.
- Geometrische Objekte werden aufgenommen und nachgezeichnet und berechnet (Mathematik, Kunst).
- Rätselbilder werden angefertigt und für Beschreibungen und Fantasiegeschichten verwendet.

Nutzung der Audiofunktion

- Schüler beschreiben und vergleichen Klingeltöne und führen sie auf die Person zurück, die sie ausgewählt hat.
- Eigene Klingeltöne werden komponiert.
- Schüler sammeln Geräusche und Klänge für eine O-Ton-Collage.

Wichtig ist, über solche Vorhaben auch im Kollegium zu sprechen, denn sie könnten mit dem allgemeinen Handy-Verbot kollidieren und so letztendlich zu Missverständnissen und Konflikten führen. Es ist wichtig, verbindliche Regeln zu vereinbaren und sie gegenüber den Schülern transparent und konsequent umzusetzen – das gilt natürlich ganz allgemein in der Schule. Im Hinblick auf die permanenten Veränderungen bei der Nutzung elektronischer Kleingeräte wird es hier aber immer wieder die Notwendigkeit geben, bestehende Regeln zu überdenken (vgl. Unterrichtstipp).

Unterrichtstipp: Projekttag „Mobiltelefon"

An diesem Tag werden die vielfältigen Funktionen von Handys sinnvoll eingesetzt. Zugleich geht es in Workshops auch um wirtschaftliche, soziale und naturwissenschaftliche Phänomene:

- Fragen des Persönlichkeitsschutzes, Kommunikationsgewohnheiten und die ökonomische Seite der Handynutzung können im Sozialkunde- und Gemeinschaftskundeunterricht thematisiert werden.
- Im Deutschunterricht geht es um SMS-Sprache und Sprechverhalten. Ein „Handy-Knigge" wird erstellt.
- Die Risiken der elektromagnetischen Strahlung können im Biologie- oder Physikunterricht zur Sprache kommen.
- Die Fächer Politik und Wirtschaft beschäftigen sich mit den Wirtschafts- und Stoffkreisläufen: Was passiert mit Handys, die im Abfall landen? Wer stellt die Geräte unter welchen Umständen her?
- Schülervertreter, Eltern und Lehrer diskutieren, ob und warum das geltende Handyverbot geändert werden sollte.

Weitere Informationen:

www.handysektor.de – Auf der Internetseite der Landesanstalt für Medien Nordrhein-Westfalen (LfM) und des medienpädagogischen Forschungsverbundes Südwest (mpfs) finden sich Materialien und Broschüren rund um das Thema Mobiltelefon – auch rechtliche Grundlagen werden erläutert.

2.2.15 Kurz erklärt: Glossar zu Computer, Internet und Social Media

Administrator
Person, die in einem Computernetzwerk dafür sorgt, dass die Software funktioniert; in Foren, Wikis usw. ist der Administrator derjenige, der für das Einhalten von Regeln zuständig ist, d.h. Benutzern Zugriffsrechte zuteilen und entziehen sowie unerwünschte Beiträge löschen kann.

Avatar
Abgeleitet aus dem Sanskrit, wo Avatāra „Abstieg" bedeutet; gemeint ist das Herabsteigen einer Gottheit auf die Erde. Im Kontext von elektronischer Medien ist ein Avatar ist eine künstliche Person in einer virtuellen Welt, z.B. in einem Spiel oder auch in einem sozialen Netzwerk.

Blog
Kunstwort, gebildet aus World Wide Web und log (Tagebuch, Journal). Bezeichnet ein öffentliches Tagebuch oder Journal, auf dem ein Blogger Aufzeichnungen führt und Erlebtes oder Gedachtes protokolliert. Die Beiträge werden chronologisch angeordnet, sodass die neusten Texte oben erscheinen.

Blogroll
Die meisten Blogs halten eine so genannte Blogroll, eine Liste mit vom Autor geschätzten Blogs; über die Blogroll sind viele Blogs miteinander verlinkt.

Browser
Von engl. browse (schmökern, sich umsehen, abgrasen). Browser sind Computerprogramme zur Darstellung von Internetseiten. Die heute verbreiteten Browser können durch zusätzliche Funktionen auch andere Arten von Dokumenten anzeigen und Mediendateien abspielen.

Chat
Von engl. chat (plaudern, sich unterhalten). Elektronische Kommunikation in Echtzeit. Im Text-Chat werden beinahe synchron Kurznachrichten ausgetauscht.

Bekannte Chatsoftware und Protokolle sind AOL (Instant Messanger, AIM) oder Internet Relay Chat (IRC).

Domain
Internet-Adresse, die nach international vorgegebenen Regeln (Domain Name System, DNS) von Providern vergeben und bei einer Vergabestelle eingetragen wird. So ist sichergestellt, dass es Domains wie www.bund.de nur ein einziges Mal gibt.

E-Mail
Abkürzung für electronic mail (elektronischer Brief). Ein über Computernetzwerke verschickter Brief, der auch Anhänge mit unterschiedlichen Medienformaten von mehreren MB Umfang transportieren kann.

Feed
Von engl. feed, Einspeisung, Zufuhr. Elektronische Nachrichten aus dem Internet, die kostenlos abonniert und automatisch in einen Feedreader oder auch in den Internetbrowser eingespeist werden können. Durch Feeds kann man sich aktuell über Veränderungen auf Internetseiten, neue Einträge in Blogs o. ä. informieren.

Forum, Internetforum
Eine thematisch strukturierte Internetpräsenz zum Austausch und Archivierung von Gedanken, Meinungen und Erfahrungen. Die Kommunikation findet dabei asynchron, das heißt nicht in Echtzeit, statt. Mehrere Beiträge (Postings) zum selben Thema werden als Thread (Faden) oder Thema (Topic) bezeichnet.

HTML
Die Hypertext Markup Language dient der Strukturierung von Inhalten wie Texten, Bildern und Hyperlinks in Dokumenten. HTML-Dokumente sind die Grundlage des World Wide Web und werden von einem Webbrowser dargestellt. Entwickelt wurde HTML ab 1989 bei der Europäischen Organisation für Kernforschung (CERN).

Hyperlink
Nach engl. Link, Verknüpfung oder Verweis. Die Verbindung verschiedener Dokumente durch Links ist ein Grundprinzip des Internet. Das schnelle Springen innerhalb von Dokumenten und innerhalb des gesamten Internet hat die Verfügbarkeit von Wissen und die Wahrnehmung von Texten grundlegend verändert. Außer dem eigentlichen Ziel sind im Hyperlink weitere Informationen hinterlegt, z. B. ob das neue Dokument in einem anderen oder dem gleichen Fenster des Browsers geöffnet werden soll.

Instant Messaging
Ähnlich wie im (→) Chat können die Teilnehmer beim Instant Messaging (nahezu) in Echtzeit kommunizieren, sind hier allerdings darauf angewiesen, dass alle Teilnehmer eine bestimmte Software benutzen. Bei Jugendlichen ist ICQ beliebt, auch der AOL Instant Messenger, MSN von Microsoft und der Yahoo! Messenger kommen zum Einsatz.

IP-Adresse
Gerätekennung, die in Computernetzen verwendet wird, um Sender und Empfänger von Datenpaketen zu identifizieren. Juristisch umstritten ist die Speicherung von IP-Adressen durch Internet-Provider, wodurch es in den meisten Fällen möglich ist, im Nachhinein zu ermitteln, welche Geräte miteinander kommuniziert haben (vergleichbar der Telefondatenspeicherung).

Lernplattform
Ein Learning Management System ist ein komplexes Softwaresystem, in dem Lernmaterialien bereitgestellt und kooperativ bearbeitet werden können. Durch die Definition verschiedener Räume und die Zuteilung von Zugriffsrechten können so Lernprozesse organisiert und auch verwaltet werden. Viele Schulen arbeiten inzwischen mit Lernplattformen; beliebt ist unter anderem Moodle, ein Open Source Software, die nichts kostet und von keinem Verlag kontrolliert wird.

Microblogging
Bei dieser Art des Bloggens werden kurze Textnachrichten verschickt (meist weniger als 200 Zeichen). Die einzelnen Nachrichten können öffentlich zugänglich und über verschiedene Kanäle wie (→) SMS, (→) Instant Messaging oder Internetseiten abgerufen werden. Bekanntester Anbieter ist (→) Twitter.

Nick, Nickname
Als Nickname (engl. für Spitzname) bezeichnet man einen erdachten Benutzernamen, mit dem man sich (meist für längere Zeit) in einer Community oder einem sozialen Netzwerk bewegt. Vor einer Anmeldung ist immer genau zu überlegen, ob man sich mit dem echten Namen (Klarnamen) oder einem Nicknamen präsentieren möchte.

Permalink
Als Permalinks werden die direkten Pfade zu einzelnen Blogbeiträgen bezeichnet.

Post, Posting
Einzelne Beiträge in (→) Internetforen oder (→) Blogs. Eine Folge von Postings zu einem Thema wird als (→) Thread bezeichnet.

SMS
Abkürzung für Short Messaging Service (engl. für Kurznachrichtendienst). Kurzmitteilungen im Umfang von etwa 160 Zeichen, die zumeist über Handy, seit einigen Jahren aber auch über das Internet verschickt werden können.

Social Bookmarks
Besuchern einer Internetseite können soziale Lesezeichen in Diensten wie Facebook, Twitter o. ä. setzen, um auf diese Seite hinzuweisen und sie weiterzuempfehlen.

Tagcloud
Eine Schlagwortwolke (engl. tag für Schlagwort und cloud für Wolke) ist eine wirkungsvolle Methode zur Visualisierung von Informationsrelevanz. Aus einer Liste von Schlagwörtern werden die häufig verwendeten oder gesuchten Begriffe in einer Grafik dargestellt und je nach Gewichtung größer oder kleiner dargestellt.

Thread
Engl. Faden, Strang; bezeichnet eine Folge von Diskussionsbeiträgen in einem (→) Blog oder (→) Forum, die hierarchisch gegliedert sind.

Twitter
Größter Anbieter für das (→) Microblogging. Die Kurzbeiträge (max. 140 Zeichen) heißen Tweets (engl. Gezwitscher).

Weblog
Langform von (→) Blog

Wiki
Ein Wiki (hawaiisch schnell) ist ein Hypertext-System, dessen Inhalte von den Benutzern online und direkt aus dem (→) Browser heraus geändert werden können. Es eignet sich besonders gut für das gemeinsame Erstellen einer Wissensdatenbank oder eines Lexikons. Die bekannteste Anwendung ist die Online-Enzyklopädie Wikipedia.

„Liebe Mitschülerinnen und Mitschüler ..." – Einladungstexte

In eurer Schule und in eurer Klasse gibt es immer wieder Veranstaltungen, zu denen ihr andere einladen könnt. Deshalb ist es gut, wenn ihr in der Lage seid, Einladungen am Computer zu schreiben und zu gestalten. Die folgenden Aufgaben sollen euch helfen, eine ansprechend gestaltete Einladung zu verfassen.

Aufgaben
- Bringt von zu Hause Einladungen zu irgendwelchen Veranstaltungen mit. Seht die Einladungen durch und überlegt gemeinsam, welche Informationen eine Einladung unbedingt enthalten muss.
- Bildet Zweier-Teams und entscheidet euch für eine Veranstaltung, zu der ihr einladen wollt. Noch besser ist es, wenn ihr eine Einladung zu einer Veranstaltung verfasst, die demnächst tatsächlich stattfindet.
- Notiert auf einem leeren Blatt Papier die Informationen, die eure Einladung enthalten muss. Denkt daran, dass die Eingeladenen auch neugierig auf eure Veranstaltung werden sollten.
- Verfasst am Computer einen ersten Entwurf für die Einladung. Achtet dabei noch nicht auf Schriftarten und Formatierung. Wechselt euch beim Schreiben ab. Der jeweils andere Lernpartner prüft, ob alles vollständig und richtig geschrieben ist.
- Wählt einen Ordner aus, an dem ihr die Einladung abspeichert. Notiert euch den Namen des Ordners.
- Tauscht euren Entwurf mit einem anderen Zweier-Team aus und gebt euch gegenseitig eine Rückmeldung zu euren Entwürfen.

Tag der offenen Tür

Schulfest

Klassenausstellung

Tag der Naturwissenschaften

Lesenachmittag

Musik-Dinner

Schrift gestalten

Im nächsten Schritt geht es darum, den fertigen Einladungstext zu gestalten. Dabei könnt ihr zum einen Schrift und Hintergrund verändern, zum anderen auch Bilder hinzufügen.

Aufgaben

- Die Gestaltung einer Einladung soll diese für den Leser attraktiv machen. Überlegt, welche Punkte des Textes besonders wichtig sind und deshalb hervorgehoben werden sollten.
- Ihr könnt verschiedene Gestaltungsmöglichkeiten auswählen und miteinander kombinieren. Dabei geht ihr folgendermaßen vor:
  - Markiert zunächst Textteile, die neu gestaltet werden sollen, z. B. eine Zeile oder ein Wort.
  - Klickt auf eine der Schaltflächen zur Formatierung von Text oder Absätzen. Das Bild stammt aus dem Programm „Word 2007" – die Anordnung der Schaltflächen ist in allen Programmversionen unterschiedlich. In älteren Versionen könnt ihr die Befehle über den Menüpunkt „Format" auswählen.
  - Das kleine schwarze Dreieck neben einigen Symbolen zeigt an, dass man zwischen verschiedenen Möglichkeiten wählen kann.
  - Experimentiert mit Schriftarten, -farben und -größen. Überlegt, welche Formatierung dem Ziel eures Textes am besten entspricht. Beachtet auch, dass zu viele Formatierungen den Leser eher verwirren, als ihm Orientierung zu geben.

Die wichtigsten Befehle zur Textformatierung

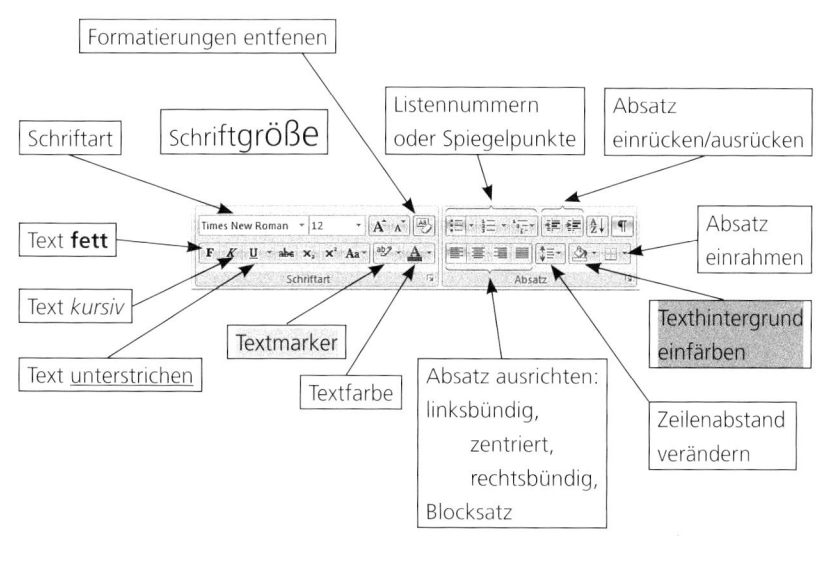

Bild und Text

Cliparts auswählen

Fotos, Illustrationen oder andere Bildelemente machen Texte besonders anschaulich. Bei einer Einladung könnte eine kleine Zeichnung das Thema der Veranstaltung verdeutlichen. Eine Straßenskizze kann als Wegbeschreibung dienen. Man kann auch „Cliparts" nehmen. Das sind kleine Symbolbilder, die ein Thema illustrieren. In den meisten Textverarbeitungsprogrammen gibt es eine vorbereitete Sammlung mit Cliparts. Wenn ihr sie aus dem Internet herunterladet, müsst ihr darauf achten, ob die Cliparts veröffentlicht werden dürfen (sofern ihr eure Einladung öffentlich verbreitet).

Bilder aus dem Internet einfügen

1. Die gewünschte Internetseite aufrufen und mit der rechten Maustaste auf das Bild klicken. Es öffnet sich ein Untermenü. Hier auf den Button ‚Kopieren' klicken.
2. Dann die eigene Textdatei aufrufen und auf die rechte Maustaste klicken. Das Untermenü öffnet sich wieder – jetzt auf den Button ‚Einfügen' klicken.
3. Maus über das Bild bewegen und wieder rechts klicken. Den Menüpunkt ‚Grafik formatieren' anwählen. Unter ‚Layout' lässt sich einstellen, ob das Bild den Text verdecken („vor dem Text") oder darunter liegen soll („hinter dem Text") oder ob der Text um das Bild herumlaufen soll. Auch Helligkeit und Kontrast können verstellt werden.
4. Bild verschieben: einmal auf die Fläche klicken, dann lässt sich das Bild mit gedrückter Maustaste bewegen.

Aufgaben

- Um eine Grafik in eure Texte einzufügen, könnt ihr im Menü ‚Einfügen' den Button ‚Clipart' anklicken.
- Sucht für mindestens zwei der folgen Themen Seiten im Internet, dieÙgeeignete Bilder oder Cliparts enthalten: *Halloween-Party, Lesung, Radtour, Schreibwettbewerb, Segelwochenende* (Tipp: Ihr könnt bei den meisten Suchmaschinen auch gezielt nach Bildern suchen.
- Fügt die gefundenen Bilder aus dem Internet in ein Textdokument ein (Anleitung siehe oben).
- Sucht nun nach einem geeigneten Bild für eure Einladung und fügt es dort ein.
- Überarbeitet noch einmal die Formatierung der Einladung und druckt sie aus. Vergleicht eure Einladungen mit Hilfe der Checkliste.

Arbeitsblatt „Computer" 4: Einladungstexte IV   Sek. I

Einladungen bewerten

Ihr habt nun alle Einladungstexte geschrieben. Druckt sie aus und tauscht die Ergebnisse untereinander aus. Versetzt euch in die Rolle des Gastes, der eine Einladung erhält. Lest den Text und beantwortet dazu die folgenden Fragen aus der Sicht des Gastes:

1. Macht dich der Einladungstext neugierig auf das Fest/ die Veranstaltung? Begründe deine Einschätzung.

   ✎ _____

   _____

2. Enthält die Einladung alle wichtigen Informationen für dich als Gast? Markiere in der Liste die wichtigsten Informationen.

vorhanden	fehlt	
○	○	Wer lädt ein? (Gastgeber)
○	○	Wer wird eingeladen? (Anrede des Gastes)
○	○	Was findet statt? (Anlass)
○	○	Wann? (Datum und Uhrzeit)
○	○	Wo? (Ort)
○	○	Wie? (Ablauf)
○	○	Was muss der Gast wissen? (z. B. Kleiderordnung)
○	○	Bis wann soll der Gast zusagen oder absagen?
○	○	Ist eine Adresse oder Telefonnummer angegeben?
○	○	Wie beende ich die Einladung? (Grußformel)

3. Welchen Tipp oder Verbesserungsvorschlag hast du für die Überarbeitung des Einladungstextes?

   ✎ _____

   _____

4. Welche Gestaltungselemente gefallen dir besonders gut? Notiere dein Eindrücke auf der Rückseite dieses Blattes.

5. Welchen Tipp oder Verbesserungsvorschlag hast du für die Überarbeitung der Gestaltung? Notiere deine Ideen auf der Rückseite dieses Blattes.

Wie gut kennst du dich mit dem Internet aus?

Aufgaben
- Jeder beantwortet für sich die sechs Fragen.
- Tragt eure Ergebnisse in der Tabelle zusammen und besprecht sie. Bei welchen Fragen sind die Antworten sehr unterschiedlich?
- Sammelt eure Ergebnisse zu Frage 6 und vergleicht sie mit den Anregungen auf dem Lösungsblatt.

1. *Was im Internet steht, hat vorher jemand auf die Richtigkeit überprüft.*
   ☐ stimme voll und ganz zu   ☐ stimme weitgehend zu   ☐ stimme überhaupt nicht zu

2. *Ich weiß genau, wie man im Internet möglichst effektiv an die richtigen Informationen kommt.*
   ☐ stimme voll und ganz zu   ☐ stimme weitgehend zu   ☐ stimme überhaupt nicht zu

3. *Was im Internet steht, ist für alle frei zugänglich. Deshalb dürfen Informationen aus dem Internet unverändert für eigene Texte (Referate, Hausarbeiten) verwendet werden, ohne dass man dies kennzeichnen müsste.*
   ☐ stimme voll und ganz zu   ☐ stimme weitgehend zu   ☐ stimme überhaupt nicht zu

4. *Wenn man aus dem Internet eine Textpassage in eine Hausarbeit oder ein Referat übernimmt, muss man diese immer als Zitat kennzeichnen und die entsprechende Quelle angeben.*
   ☐ stimme voll und ganz zu   ☐ stimme weitgehend zu   ☐ stimme überhaupt nicht zu

5. *Es ist wichtig, dass man die Inhalte von Internetseiten genau überprüft, bevor man sie für eigene Texte verwendet.*
   ☐ stimme voll und ganz zu   ☐ stimme weitgehend zu   ☐ stimme überhaupt nicht zu

6. *Nenne mindestens drei Möglichkeiten, wie man die Zuverlässigkeit einer Internetseite überprüfen kann.*

Auswertung: Die Ergebnisse deiner Klasse

	stimme voll und ganz zu	stimme weitgehend zu	stimme überhaupt nicht zu
Frage 1: Inhalte geprüft			
Frage 2: Sichere Recherche			
Frage 3: Texte frei verwendbar			
Frage 4: Immer Quelle angeben			
Frage 5: Internetinhalte immer prüfen			

Findet die gestohlenen Wörter!

Aufgaben
- Lest den Text und überlegt, wie er geschrieben ist: Stammt er eher von einem Schüler oder von einem Erwachsenen?
- Markiert die Textstellen, die euch merkwürdig vorkommen, wenn z. B. der Text plötzlich viel komplizierter klingt, Fremdwörter auftauchen oder der Zusammenhang zwischen den einzelnen Sätzen nicht logisch erscheint.
- Gebt Sätze oder Teilsätze mit Anführungszeichen bei „Google" ein und findet die Quellen heraus. Tipp: Insgesamt gibt es drei wörtlich übernommene Passagen. Notiert die Adressen und vergleicht eure Ergebnisse.

Eine Buchrezension zum Roman „Krabat"[1]

Der Roman Krabat wurde von Otfried Preußler geschrieben. Er handelt von einem Jungen, der in einer Mühle arbeitet und dort auch die Zauberei erlernt. Doch in der Mühle geschehen unheimliche Dinge: Jedes Jahr muss einer der Lehrlinge sterben. Nur die Liebe eines Mädchens kann Krabat helfen, dem bösen Zauberer zu entkommen. Das Buch ist sehr spannend geschrieben und man kann sich alles sehr gut vorstellen, weil die Personen und Orte ausführlich beschrieben werden. Die Freundschaft zu den anderen Lehrlingen ist sehr wichtig für Krabat, denn am Anfang ist alles sehr neu und beängstigend für ihn. Der Autor selbst bezeichnet Krabat als die „Geschichte meiner Generation". Insofern kann der Roman als Parabel über die Verführung der jungen Menschen durch einzelne Personen oder politische Systeme angesehen werden.

Krabat muss drei Jahre in der Mühle bleiben und in dieser Zeit verändert er sich sehr: Am Anfang ist er noch sehr unsicher und hat Angst. Später hilft er dem neuen Lehrling, sich zurecht zu finden und seine Angst zu bekämpfen.

Preußlers Geschichte ist nicht nur sehr unterhaltsam und spannend geschrieben, sie vermittelt auch einen lebendigen Eindruck von dem, was es im 17./18. Jahrhundert bedeutete, in einer Mühle zu arbeiten. Das Buch hat viele, auch internationale Preise erhalten und ist in viele Sprachen übersetzt.

Wer gerne Bücher liest, die mit Zauberei und Magie zu tun haben, der wird Krabat mögen! Für die in der Lausitz lebende Volksgemeinschaft der Sorben avancierte Krabat sogar zum Volkshelden.

---

[1] Texte entnommen aus: Ricarda Dreier, Auf der Suche nach dem gestohlenen Wort. In: Deutschunterricht, Heft 6, Braunschweig 2008.

Arbeitsblatt „Computer" 7: Orientierung im Netz I   Sek. I

Wie findest du dich auf einer Internetseite zurecht?

Aufgaben
- Betrachte die Internet-Seite. Finde heraus, worum es sich bei dieser Seite handelt und wo du dich innerhalb des gesamten Web-Angebotes gerade befindest.
- Vergleiche die Internetseite FAZ.NET (Startseite) mit der Printausgabe der F.A.Z. Welche Gemeinsamkeiten und Unterschiede fallen auf?

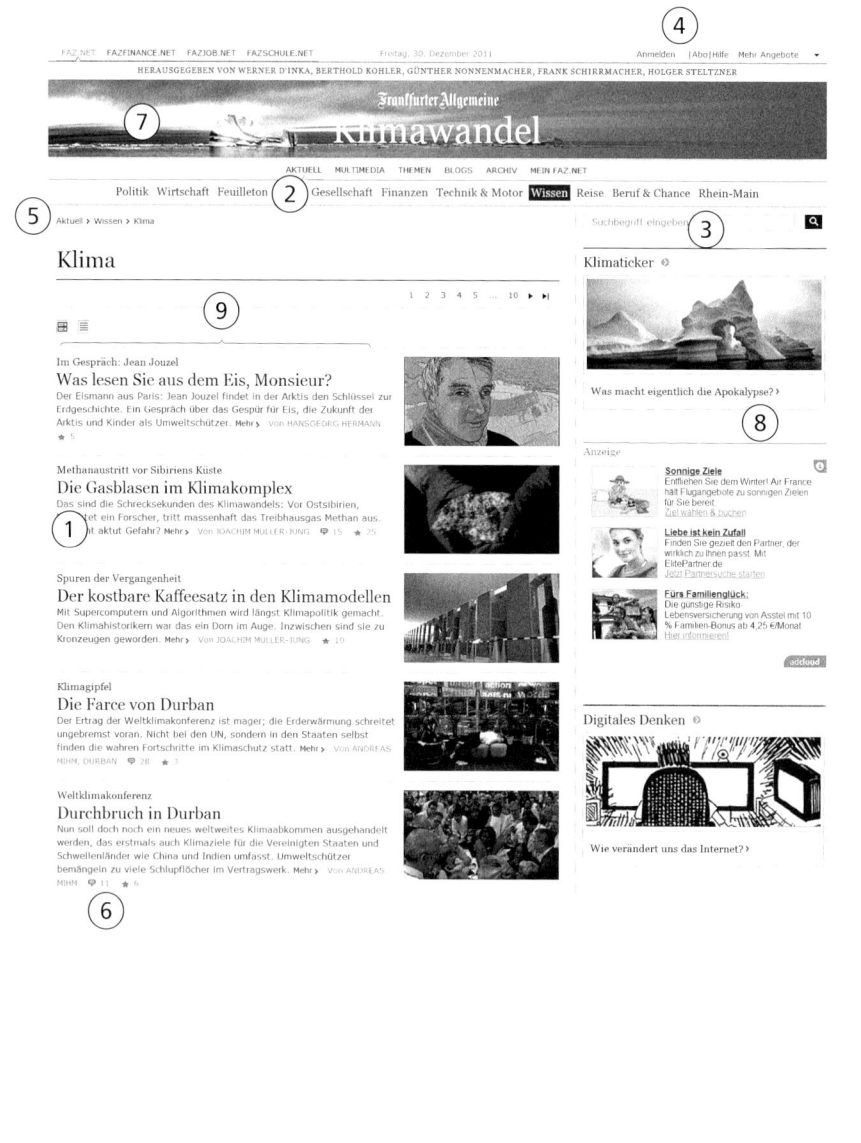

Arbeitsblatt „Computer" 8: Orientierung im Netz II Sek. I

Welche Elemente sind wo zu finden?

Aufgaben
- Ordne die Beschreibungen unten den Nummerierungen auf der Internet-Seite (Arbeitsblatt 7) zu.
- Bewerte die Gestaltung der Internetseite www.faz.net (Startseite). Vergleiche deine Einschätzung mit derjenigen deiner Mitschüler. Notiere dir, nach welchen Kriterien ihr die Seite bewertet habt.
- Stell deinen Mitschülern eine Internet-Seite vor, deren Gestaltung du besonders gelungen findest.

Schnellzugriffe
Schnellzugriffe sind Links auf wichtige Teile der Website. Sie erscheinen auf jeder Seite des Internetauftritts. ☐

Breadcrumb
Die Navigationshilfe („Sie sind hier") zeigt den Besuchern hierarchisch, auf welcher Seite sie sich befinden. ☐

Logo/Kopfbild
Gestalterisches Element, das auf das Thema der Seite verweist ☐

Teaser
Ein kurzer Text, der auf einen Zeitungsartikel verweist und die Leser neugierig machen soll ☐

Suche
Besonders bei umfangreichen Websites ist ein Suchformular sehr hilfreich. Wenn man hier ein Wort eingibt, werden alle Seiten aufgelistet, die diesen Begriff enthalten. ☐

Navigation (Menü)
Die Navigation ermöglicht den Zugriff auf die wichtigsten Themenseiten des Webangebotes (entspricht hier den Zeitungsressorts). In diesem Fall wird das gerade ausgewählte Ressort schwarz unterlegt. ☐

Hauptinhalt
Im Zentrum einer Seite steht der Hauptinhalt mit den dazugehörigen Texten und Bildern. ☐

Nebenspalte
Bei der F.A.Z. befinden sich in der rechten Spalte Nebentexte, Anzeigen und Sonderfunktionen wie Spiele oder Shop-Angebote. ☐

Social Media-Funktionen
Hier kann man erkennen, dass und wie oft einzelne Zeitungsartikel von Lesern kommentiert und bewertet wurden. ☐

Internetquellen im Vergleich

Aufgabe
- Für eine Recherche zum Thema Drogen benötigt ihr Informationen über die Auswirkungen des Cannabis-Konsums auf den Körper. Seht euch die Auszüge aus drei Internetseiten an und überlegt, welche Seite für den Zweck brauchbar sein könnte und welche nicht. Füllt den Web-Check auf Arbeitsblatt 11 aus.

Internet-Angebot A)
Informationen über Drogen – hier: Cannabis
Inhalt:
Gewinnung von Cannabisprodukten
Erscheinungsbild
Konsummuster, Dosierung
Wirkungen bei akutem und chronischem Konsum
Wirkungseintritt, -dauer
Entzugssyndrom
Verkehrsrelevante Wirkungen
Toxikologischer Nachweis

Quelle: www.fahrerlaubnisrecht.de/Kommentare%20Aufsatze/Info%20Cannabis.htm (aufgerufen am 11.5.2012)

Internet-Angebot B)
Lobby für Hanf
Der Deutsche Hanf Verband (DHV) ist die professionelle Interessenvertretung der deutschen Hanfbranche und privater Legalisierungsbefürworter. Zu seinen wichtigsten Aufgaben gehört die direkte Lobbyarbeit in Berlin, wo der DHV zu diesem Zweck ein Büro unterhält. Spezialisten aus dem Presse- & Lobbybereich leisten hier die Kernarbeit, um das Blickfeld von Politik und Gesellschaft auf das Geschehen im Hanfmarkt zu lenken. So entsteht in langfristiger Kleinarbeit ein positives Image, das darauf abzielt, die Diskriminierungen des Produktes Hanf aufzuheben.

Quelle: http://hanfverband.de/index.php/dhv/lobby-fuer-hanf (aufgerufen am 11.5.2012)

Arbeitsblatt „Computer" 10: Internetseiten bewerten II   Sek. I

Internet-Angebot C)
Auswahlmenü: Start // Willkommen // Inhalte // Persönliches // Club // Suchen // Email

Drogen als Mittel zur Bewusstseins-Erweiterung – ein Bericht von Psychonaut

Wer sich nicht näher mit dem Thema „Drogen" beschäftigt hat, dem erscheint die Aussage „Drogen sind ein Mittel zur Bewusstseinserweiterung" als ein Hohn auf die vielen tragischen Drogentote in aller Welt. Und dennoch muss diese Frage einmal gestellt werden! Somit ist der folgende Bericht eine echte Herausforderung an unsere Vorurteile und führt uns in eine völlig neue Gedankenwelt.

Zum Inhalt:
1. Darf man überhaupt etwas Positives über Drogen berichten?
2. Was ist Bewusstseins-Erweiterung?
3. Kann man die Bewusstseins-Erweiterung steuern?
4. Helfen Drogen bei einer Bewusstseins-Erweiterung?
5. Welche Drogen könnten bei einer Bewusstseins-Erweiterung helfen?
6. Konkret: Wie kann man eine Bewusstseins-Erweiterung ‚planen'?
7. Drogen als Mittel zur Bewusstseins-Erweiterung?!

Quelle: http://neoschamanismus.net/texte/sachtext/bewusst01.htm (aufgerufen am 11.5.2012)

Tipp: Recherche-Ergebnisse festhalten
Wenn du im Internet nach Informationen suchst, kannst du leicht die Übersicht verlieren, wenn du ohne Pause von einer Seite zur nächsten klickst. Deshalb ist es sinnvoll, von Anfang an zu notieren, welche Seiten für welche Fragestellung hilfreich sind. Dazu kannst du eine Tabelle wie die folgende verwenden:

Fragestellung	Welche Information wird geboten?	Internet-Adresse (oder Domain mit Suchweg)

Web-Check

	Angebot A)	Angebot B)	Angebot C)
Wer ist verantwortlich für das Angebot?			
Art des Angebotes: a) eher privat b) institutionell *Begründung*			
Ziele: a) Werbung / wirtschaftliche Ziele b) politische Ziele c) wissenschaftliche Aufklärung d) private Meinung d) sonstiges *Begründung*			
Ist das Angebot brauchbar für die Recherche?			

Checkliste zur Bewertung von Internetseiten

1. Wer steckt dahinter?
- Verfügt die Internetseite über ein Impressum (gesetzlich vorgeschrieben)?
- Ist das Impressum leicht auffindbar?
- Gibt es die Möglichkeit, mit dem Verfasser oder den Verfassern in Kontakt zu treten?
- Werden Verfasser mit ihrem richtigen Namen genannt oder nur mit einem Nickname?
- Lässt der Domain-Name Rückschlüsse auf den Anbieter zu (z. B. eine Behörde oder ein Unternehmen)?

Foto: photo-dave/Fotolia.com

2. Was will die Seite erreichen?
- Wird deutlich, welche Absichten hinter dem Angebot stecken (kommerziell, privat, wissenschaftlich usw.)?
- An wen richtet sich die Internetseite?
- Gibt es Hinweise auf Werbebotschaften oder auf politische Interessen?
- Bei privaten Seiten: Gibt es Hinweise auf die Qualifikation des Verfassers?

3) Qualität der Inhalte
- Sind die Angaben auf der Internet-Seite glaubwürdig und plausibel?
- Stimmen sie mit anderen Quellen überein (z. B. Lehrbücher, Lexika)?
- Gibt es Hinweise auf Literatur oder andere Quellen?
- Funktionieren die Links?
- Sind die Angaben auf der Seite aktuell bzw. wird gekennzeichnet, von wann sie stammen?

4) Gestaltung, äußeres Erscheinungsbild
- Ist die Seite professionell gestaltet oder stammt sie eher aus einem Homepage-Baukasten?
- Ist der Schreibstil sachlich? Oder wird versucht, mit sprachlichen Mitteln die Leser zu beeinflussen?
- Sind die Texte fehler- und widerspruchsfrei?

2.3 Film, Fernsehen und Video

Welchen Stellenwert der Film hatte und hat, spiegelt sich auch in den Aufführungsorten: Diesem Kinosaal, aufgenommen in den 1920er Jahren, verleiht die mächtige Wurlitzer-Orgel das Ambiente eines Kirchenschiffs.

Das Kino und der Film, seit den 50er Jahren des 20. Jahrhunderts auch das Fernsehen, haben Lebensgefühl, Träume und Alltag von Generationen geprägt. Filme malen wirkungsmächtige Gesellschaftsbilder der Gegenwart und projizieren sie in Vergangenheit und Zukunft. Sie verbinden bewegte Bilder, Sprache und Klänge zu Gesamtkunstwerken, deren Suggestionskraft faszinieren, aber auch dazu dienen kann, Zusammenhänge neu zu interpretieren oder bewusst zu fälschen. Wer mit Medien wach und kritisch umgehen will, muss Filme und ihre Sprache verstehen können. Und wer diese Sprache verstehen will, braucht dazu ein geeignetes Handwerkszeug.

War der Film zunächst an den Ort Kino gebunden, so ist er heute, nach der weltweiten Verbreitung von Fernsehen, Video und digitalen Medien, immer und überall verfügbar. Audiovisuelle Medien dominieren die Umwelt der Kinder und Jugendlichen. Gerade das Fernsehen spiegelt in seinem vielfältigen Programm die Kultur eines Landes und einer Region wider, ist kultureller Träger der Gattung des Dokumentarfilms und schafft eine eigene kulturelle Öffentlichkeit durch Sportübertragungen, Theater- und Literatursendungen ebenso wie durch Nachrichten und Informationssendungen.

Der Film hat sich im Laufe seiner über 100-jährigen Geschichte neben Literatur und Bildender Kunst als eigenständige künstlerische Gattung etabliert. Er ist Teil einer Entwicklung von der Schriftkultur hin zu einer visuellen Kultur, in der Bilder und Texte, Musik und Sprache immer wieder neu und individuell kombiniert werden.

> **Die wichtigsten Spielfilme für die Schule – ein Versuch**
> Die Bundeszentrale für politische Bildung hat in Zusammenarbeit mit Filmwissenschaftlern und Filmschaffenden einen Filmkanon herausgegeben, der 35 wichtige Filmwerke von NOSFERATU bis zu Pedro Almodóvars ALLES ÜBER MEINE MUTTER in Texten und Bildern vorstellt („Der Filmkanon", Schriftenreihe der bpb, Band 448). Die Liste der Filme ist auch unter www.bpb.de einsehbar.
>
> Dieser und andere Versuche, die unübersehbare Vielfalt an Filmen auf vermeintlich Unverzichtbares einzugrenzen, sind umstritten. Letztendlich hängt es von den Kriterien ab, welche Filme als wichtig eingestuft werden: Sind mutige politische Bekenntnisse mehr wert als ästhetisch ausgereifte Erzählungen? Und wie lässt sich die Aufarbeitung einer historischen Biografie vergleichen mit einem hochkarätig besetzten Thriller? Unterrichtsmaterialien gibt es zu vielen Filmen – auch zu aktuellen Kinofilmen erscheinen oft zeitgleich Unterrichtsmaterialien (siehe Adressen im Anhang).

Die pädagogische Auseinandersetzung mit dem Medium Film ist fast so alt wie der Film selbst, allerdings war sie bis weit in die 1970er Jahre geprägt von dem Bemühen, nur das Kino der positiven Vorbilder in den Fokus zu rücken, die Auswahl zu bestimmen und damit auch die außerschulische Filmrezeption zu dirigieren. Erst mit den gesellschaftlichen Veränderungen seit den 70er Jahren entwickelte sich eine Filmerziehung, die eine aktive und kritische Medienkompetenz in den Vordergrund stellte.

Der französische Filmpädagoge Alain Bergala, der in Frankreich die filmpädagogische Arbeit in der Schule maßgeblich beeinflusst hat, formuliert die Aufgabe der Filmerziehung so:

„Doch heute sollte die Schule Filme vor allen Dingen als Kunstwerke und Kulturleistungen betrachten. Die richtige Antwort auf schlechte Filme ist es, den Schülern andere Orientierungspunkte zu geben und mit ihnen Filme vertrauensvoll statt misstrauisch zu betrachten. Wenn es gelingt, mit künstlerisch unstreitig wertvollen Filmen wieder etwas zu schaffen, das einem Geschmack ähnlich sieht, hat man mehr für den Widerstand gegen schlechte und gefährliche Filme getan, als wenn man hastig ein paar Instrumente defensiver Kritik zusammensucht. Mehr denn je ist es eine pädagogische Illusion zu glauben, ein paar kurze Analysen, unabhängig von jeder hinreichend gefestigten Bildung, würden genügen, um sich klarzumachen, ob ein Film schlecht oder schädlich ist. Ganz abgesehen davon, dass es immer schon naiv war anzunehmen, dass ein Kind, dem ein schlechter Film gefallen hat, diesem persönlichen Vergnügen wirklich entsagt, sobald man ihm durch Analyse, und sei sie noch so scharfsinnig und richtig, bewiesen hat, dass dieser Film schlecht und gefährlich ist."[34]

Im Zentrum der Filmbildung stehen Einblicke in die spezifische Bildsprache und Dramaturgie filmischer Produktionen, nicht nur durch theoretische Aneignung, sondern auch durch praktische Übungen. Die Fähigkeit, die filmspezifischen Konventionen und Codes zu entschlüsseln, hilft Schülern nicht nur im Umgang mit Film und Fernsehen, sondern ist auch relevant für den Umgang mit anderen medialen Texten.

2.3.1 Kurze Geschichte des Films

Das Geburtsdatum des Films wird mit den ersten öffentlich vorgeführten Filmstreifen 1895 angegeben. Aber bereits zu Beginn des 19. Jahrhunderts hatte es Bestrebungen gegeben, bewegte Bilder zu zeigen. So wurde der stroboskopische Effekt mit der Wundertrommel bereits in der ersten Hälfte des 19. Jahrhunderts auf Jahrmärkten vorgeführt. Hierbei handelt es sich um eine Scheibe, die mit einer Reihe von Bildern bemalt ist und immer schneller gedreht wird, so dass die Illusion von Bewegung entsteht – eine Technik wie wir heute noch vom „Daumenkino" kennen. In der Folgezeit entwickelte sich die Fotografie als Methode, die Wirklichkeit direkt abzubilden, zunächst auf Platten, nach der Erfindung des Zelluloids auch auf Rollen, die dann direkt zum eigentlichen Film führten.

Zudem fiel die Entstehung des Films in eine Zeit, die gekennzeichnet war von grundlegenden gesellschaftlichen Veränderungen, hervorgerufen durch Industrialisierung und Urbanisierung. Resultierend aus annähernd gleichen Lebens- und Arbeitsbedingungen entwickelte die in den Industriezentren lebende Bevölkerung ähnliche Bedürfnisse, die durch zunehmende Massenproduktion, auch im kulturellen Bereich, befriedigt wurden. Die Technik der Kinematografie nahm in einer Zeit ihren Anfang, als auch die bisher beherrschenden Printmedien wie Bücher und Zeitungen in den industriellen Herstellungsprozess übergingen.

Mit der Entwicklung des Films entsteht zum ersten Mal einen Medium, das seine Basis in der ständigen Reproduktion und in der Massenverbreitung findet. Begriff und Funktion von Kunst, bisher gebunden an den originalen und echten Wert eines Kunstwerkes, erfahren so eine tiefgreifende Wandlung. Der Film wird zu einem Produkt, dessen Entstehung bereits abhängig ist von seiner Reproduzierbarkeit und der massenweisen Verbreitung, die allein die Herstellung ermöglichen.

Von den Anfängen bis zur Weimarer Republik

Die ersten Filme, die um 1900 herum vorgeführt wurden, waren Dokumentationen, kurze Streifen über alltägliche Szenen. Das Kino, Attraktion von Jahrmärkten und Volksfesten, war in dieser Zeit eine Stätte der Volksunterhaltung. Das Publikum bestand überwiegend aus einfachen Leuten, denen der Zugang zu Theatern und Konzertsälen verwehrt blieb. Mit der Gewinnung größerer Publikumsschichten und der zunehmenden Nachfrage nach Unterhaltung wurden längere Filmstreifen notwendig – die ersten Spielfilme entstanden.

Die dadurch ansteigenden Produktionskosten konnten von den kleinen Produzenten, die meist Autoren und Regisseure waren, nur unter Zuhilfenahme fremden Kapitals aufgebracht werden. Daraus entwickelten sich rasch größere Filmunternehmen, wie z. B. die französische Firma Pathé, die bereits 1909 über das Verleih- und Produktionsmonopol in allen europäischen Ländern und den USA verfügte. Das blieb nicht ohne Auswirkung auf den Film selbst. Er wurde vom Abbild der Realität zur „Traumwelt", in die die Menschen entfliehen konnten. Die ersten Spielfilme lehnten sich vom Aufbau stark an das Theater an und verarbeiteten zunehmend historische Stoffe, die dem Zuschauer die Möglichkeit gaben, der Realität für einige Zeit zu entfliehen.

Gerade in der Zeit des Kaiserreichs, des ersten Weltkrieges und der Weimarer Republik erlebte der Film international seinen Durchbruch als Massenkommunikationsmittel. Mit dem Ersten Weltkrieg entdeckte die Politik den Film als Propagandainstrument und bestimmte den Marktzugang. Der Film war von Beginn an international: Zwar entwickelten sich länderspezifische Genres wie in Deutschland das Melodram und der expressionistische Film, in Frankreich die Komödie oder in den USA der Western, aber die Rezeption dieser Filme fand grenzüberschreitend statt. Als Folge des Ersten Weltkriegs entwickelte sich international auch ein neues Genre, der Kriegsfilm.

Eine Sonderrolle spielte die Sowjetunion, die nach 1917 unter staatlicher Förderung ein eigenständiges Genre entwickelte, den „Revolutionsfilm", der den Prozess der gesellschaftlichen Umwälzung begleiten sollte durch Filme, die die Realität abbildeten und begreifbar machten und zugleich die Möglichkeit zur Veränderung aufzeigten.

Parallel zur Ausbildung verschiedener Genres verfeinerte sich die Filmsprache: Die Regisseure entdeckten die Möglichkeiten, über Bildausschnitte, Kameraperspektiven, Verwendung von Licht, Schnitt und Montage, eine erzählte Geschichte zu gestalten. Gerade die Montage eröffnete dem Medium Film Möglichkeiten, die weder Bücher noch Theater bieten konnten. Hier waren sowjetische Filmemacher wie Sergej Eisenstein federführend. Mit seiner Form der Montagetechnik entstand „… eine neue, von der Filmkunst gefundene und entwickelte Methode der Manifestation aller – von oberflächlichen bis zu den tiefsten – Zusammenhängen, die in der Wirklichkeit existieren."[35] Allgemeiner gesprochen bedeutet Montage im Film nicht die einfache Aneinanderreihung von Bildern, sondern die Etablierung und Gegenüberstellung verschiedener Handlungsstränge, die erst vom Rezipienten in einen inhaltlichen Zusammenhang gebracht werden. Dabei kann die Montage es dem Zuschauer mehr oder weniger leicht machen. Wird durch die Montage die Konsistenz der Erzählung aufgelöst, kann sie dazu dienen, den Traumcharakter des Films zu durchbrechen.

Nicht nur viele der heute bekannten Genres wie Komödien, Abenteuerfilme, Gangsterfilme, Western, expressionistische Dramen und Literaturverfilmungen entstanden bereits in der Frühzeit des Films, auch die Vorläufer heutiger Fernsehserien, die Serienfilme von Fritz Lang oder Joe May, lockten bereits zur Zeit der Weimarer Republik Millionen von Menschen ins Kino. Die Zeit des Zweiten Weltkriegs ist insbesondere in Deutschland geprägt vom Kino der Unterhaltung und Ablenkung sowie von massenhaft produzierten Propagandafilmen. Die Weiterentwicklung der Filmkultur- und Sprache wurde durch die nationalsozialistische Instrumentalisierung des Films verhindert.

Neue Formen der Filmsprache nach 1945

Ab 1945 bis in die 60er Jahre konnte auch in Deutschland an die internationalen Entwicklungen in der Filmsprache angeknüpft werden, zunächst durch die Übernahme internationaler Produktionen in die deutschen Kinos. In der Filmsprache wurden neue Erzählformen gefunden wie die Abkehr von linearen hin zu multiperspektivischen Erzählstrukturen mit Rückblenden oder die Nutzung der Tiefenschärfe. Sie meint die Unterscheidung von Hintergrund, Mitte und Vordergrund, die nunmehr gleich scharf zu sehen sind und so eine innere Montage ermöglichen, die Gleichzeitigkeit von Erzählzeit und Erzählraum beschreiben.

Der weltweite Siegeszug des Fernsehens ab Mitte der 50er Jahre veränderte die Filmlandschaft nachhaltig. Zum einen gingen den Kinos viele Besucher verloren, was man zum Teil durch publikumswirksame Programme aufzufangen versuchte. Im Gegenzug entstanden in den 60er Jahren zunächst in Frankreich, später auch in anderen Ländern Bewegungen zur Erneuerung des Films und zur ästhetischen Weiterentwicklung der Filmsprache. Die Regisseure der „Nouvelle Vague" entwickelten einen Stil, der geprägt war von authentisch-dokumentarischem Stil. Sie drehten mit der Handkamera an Originalschauplätzen und experimentierten mit der Erzählweise: Es entstanden Filme, die symbolträchtig auf andere verweisen, in denen die Grenzen zwischen den Zeitebenen verschwinden oder Szenenbruchstücke aneinandergereiht werden. Die Regisseure handelten wie Romanautoren und entwickelten einen persönlichen, subjektiven Stil, den sie auch bei der Aneignung literarischer Vorlagen kultivierten.

Die Videotechnik verändert die Filmsprache

Seit den 80er Jahren, mit Aufkommen der Videotechnik, die die ständige Verfügbarkeit von Filmen und Filmausschnitten ermöglicht, sowie der Erweiterung des Fernsehens auf eine nahezu unüberschaubare Anzahl privater und öffentlicher Fernsehsender, verändert sich auch die Ästhetik des Films. Der Kinofilm wird zunehmend beeinflusst durch die Ästhetik des Fernsehens, hier insbesondere durch Videoclips zu Werbung und Musik. Die klassischen Genres des Films differenzieren sich weiter aus, ebenso die gestalterischen Mittel. Die Filmsprache greift auf die Videoästhetik zurück, nimmt Anleihe bei anderen Künsten, wie beispielsweise der Malerei und der Musik.

Hinzu kommt, dass seit Mitte der 70er Jahre die Zusammenarbeit zwischen Film und Fernsehen intensiviert wird, viele Kinoproduktionen werden bis heute mit finanzieller Unterstützung durch TV-Sender hergestellt und später auch im Fernsehen gezeigt; oftmals werden sie dafür neu geschnitten. Der Einfluss des Fernsehens wird besonders in der Entwicklung der filmsprachlichen Mittel deutlich: Der Film im Fernsehen ist gekennzeichnet durch eine Tendenz zu Groß- und Nahaufnahmen, schnellen Schnittfolgen und häufig wechselnde Kameraperspektiven, wobei die Bildquantität über die Bildqualität dominiert. Visuelle Symbolik und narrative Strukturen, die den Kinospielfilm kennzeichneten, werden aufgegeben zugunsten einer vermeintlichen Unmittelbarkeit der Bilder, die den Live-Charakter des Fernsehens hervorheben und auf die ständige Präsenz des bewegten Bildes abzielen. Während im Kinofilm eher das Gesamtkunstwerk im Mittelpunkt steht, will das Fernsehen auch eine partielle und fragmentarische Rezeption ermöglichen.

Der Einfluss der Digitaltechnik

Eine weitere Veränderung erfuhr die Filmsprache seit den 90er Jahren durch die Digitalisierung. Nunmehr war es möglich, nicht nur gefilmte Bilder als Abbild der Realität zu verändern, sondern direkt mit Hilfe der Computertechnik neue Bilder zu schaffen und damit eine virtuelle Filmrealität, in der sich Gegenstände und Personen auflösen und räumliche Beziehungen außer Kraft setzen lassen. Dadurch entstanden neue Formen der inneren Montage und spezielle Arten der Spannungssteigerung. Diese neuen Techniken ermöglichten es dem Kinofilm, sich wieder weiter von den Fernsehproduktionen abzusetzen. Nicht nur die großen Blockbuster-Produktionen arbeiten heute mit virtuellen Szenenbildern, auch mittelgroße Filmbudgets reichen dafür aus. So wurden in dem Shakespeare-Film „Anonymus" (2011) von Roland Emmerich die Stadtansichten von London um 1600 nahezu komplett im Computer erzeugt und überzeugten trotzdem (oder gerade deswegen) viele Kritiker.

Auch die Möglichkeiten der 3-D-Technik führen im Kino des beginnenden 21. Jahrhunderts zu einer Steigerung in der Intensität der Wahrnehmung: Die Illusion des Filmgeschehens ist noch perfekter, der Zuschauer fühlt sich förmlich in die Fantasiewelt des Films hineingezogen. Diese zunehmende Technisierung der Filmsprache und die Perfektionierung der Illusionsmaschine Film provoziert aber auch Widerspruch: 1995 formierte sich eine Gegenbewegung als ästhetische Alternative, die dänische Gruppe „Dogma95", die so etwas wie ein „Zurück zur Natur" propagiert. Unter der Federführung von Lars von Trier sprechen die Mitglieder dieser Gruppe in ihrem Manifest von „einer Demokratisierung des Filmemachens, da es in unserer heutigen Zeit aufgrund der fortschreitenden Technik jedem ermöglicht ist, Filme zu machen. Gerade jetzt ist eine filmische Avantgarde immer wichtiger. Im heutigen Kino siegt die Technik über die Story, Stars über ausgefeilte Charaktere, es ist reine Illusion."[36]

In ihren Regeln legten die „Dogma"-Anhänger fest, dass nur an Originalschauplätzen, ohne Requisiten und nur mit der Handkamera gedreht wird. Es gibt kein künstliches Licht oder künstlichen Ton, keine Actionfilme mit Waffen, keine zeitlichen und örtlichen Verfremdungen und auch keine optische Bearbeitung. Film sollte wieder in Anknüpfung an klassische Filmsprache authentisch werden, der künstlichen Realität der Computer sollte eine Filmwirklichkeit entgegengesetzt werden. Das Dogma-Manifest hat die Diskussion über die Ästhetik des Films in vielen Ländern beeinflusst und gerade in der Filmkunst wesentlichen Einfluss gehabt.[37]

2.3.2 Filmgenres

Im Laufe der Filmgeschichte haben sich unterschiedliche Gattungen herausgebildet. Konventionalisierte Muster und Formen werden immer wieder neu kombiniert und lassen trotzdem Traditionslinien erkennen. Unter einem Genre versteht man eine Gruppe von Filmen, die unter diesem Aspekt Gemeinsamkeiten in der Filmsprache und im Inhalt aufweisen, sowie in ähnlichen historischen oder räumlichen Bezügen stehen.

Die frühen Genres entstanden nicht zuletzt aus der ökonomischen Notwendigkeit, die wachsende Nachfrage nach bestimmten Themen und Geschichten möglichst effizient zu befriedigen. Die Filme wurden mit den immer gleichen Darstellern an den gleichen Drehorten in immer wieder neuen Varianten produziert, was die Kosten erheblich senkte. Die Einordnung eines Films in ein Genre bedeutet aber keinesfalls, dass damit schon eine verbindliche Aussage über Form und Inhalt getroffen werden kann. Viele Filme lassen sich nicht eindeutig einem bestimmten Genre zuordnen, sondern sie enthalten Elemente aus verschiedenen Genres. Gerade künstlerisch ambitionierte und wegweisende Produktionen zeichnen sich oft dadurch aus, dass sie die Grenzen eines Genres gezielt überschreiten. Dennoch handelt sich bei einem Genre um ein Muster, das einen bestimmten Rahmen an dramaturgischen Mitteln vorgibt.

Die folgende Übersicht über Genreprototypen erhebt keinen Anspruch auf Vollständigkeit, sie gibt nur einen Überblick über die wichtigsten klassischen Formen.

Überblick: Die wichtigsten Filmgenres

Genre	Dramaturgisches Grundmuster	Ergänzende Informationen
Western	Begrenzt auf den Westen Amerikas und die Zeit von 1860–1900. Die klassische Konstellation sind Heldengeschichten von Siedlern und Revolverhelden in kleinen Orten, wobei der Show-Down oft als Duell zwischen Protagonist und Gegenspieler inszeniert wird.	Filmstruktur stellt meist formal und inhaltlich Gut und Böse gegenüber – das Gute siegt. Erst in der Endphase (Italo-Western der 70er Jahre) lösen sich diese Strukturen auf; gebrochene, ambivalente Heldenfiguren.
Melodrama	In drei bis fünf Akten wird ein Liebesdrama erzählt; Geschichte spielt meist im kleinbürgerlichen Milieu, das Schicksal einer Frau in der Gesellschaft steht oft im Mittelpunkt.	Emotionalisierende Musik; Beispiel „Love Story" von Arthur Hiller (1970); die Musik wurde zum Hit.
Kriminalfilm	Erzählt eine Geschichte von Recht und Unrecht; meist aus der Sicht von Polizisten, Detektiven oder Agenten, die versuchen, ein Verbrechen aufzuklären; zeichnet ein Bild der jeweiligen gesellschaftlichen Zustände, thematisiert die Wiederherstellung einer gesellschaftlichen Ordnung.	Spannungsdramaturgie oft durch Hell-Dunkelkontraste und Untersicht-Perspektiven. Hat zahlreiche Subgenres entwickelt, vom Film noir bis zu Krimiserien im Fernsehen.
Abenteuerfilm	Spektakuläre Heldengeschichte, oft angelehnt an klassische „Heldenreise": Start zuhause – Abenteuer bestehen – glückliche Rückkehr; oft historische oder mythische Helden.	Arbeitet oft mit Klischees, Farbkontrasten, die das Verhältnis zwischen Held und Fremde beschreiben. Dramatische Musik. Er entsteht bereits in der Frühzeit des Films und entwickelt bis heute immer neue Subgenres.
Sciencefiction	Schildert eine fiktive Welt, in der eine fremde Technik die Gegenwart beherrscht und gesellschaftliche Konsequenzen hat. Im Zentrum stehen der Mensch und seine Beziehung zur Technik, oft aber auch eine Idee gesellschaftlicher Ordnung.	Meist klassische Abenteuerdramaturgie, futuristische Ausstattung, spielt mit Raum- und Zeitstrukturen. Berühmtes Beispiel: „Metropolis" von Fritz Lang.
Komödie	Bereits in die Stummfilmzeit etabliertes Genre; schildert Groteskes, Lustiges, das aus Alltagssituationen entsteht, animiert zum Lachen.	Komödien beziehen sich oft auf andere Genres, die parodiert werden. Enthalten auch Kritik an politischen und gesellschaftlichen Verhältnissen (z. B. Billy Wilder, „Eins zwei drei")

Genre	Dramaturgisches Grundmuster	Ergänzende Informationen
Musikfilm	Verfilmungen von Opern, Operetten oder Musicals, ebenso wie Filme über Konzerte oder Konzertreisen. Im Mittelpunkt stehen die Künstler und die Theatervorlagen. Auch Filme über fiktive Musikstars.	Die Musik spielt eine herausragende Rolle, sie kommt nicht nur aus dem Off, sondern ist im Bild präsent. Der Ton dominiert das Bild.
Kriegsfilm	Thematisiert seit Ende des Ersten Weltkriegs Kriegshandlungen, unter der Verwendung moderner Kriegstechnik. Im Zentrum stehen Helden, die in schwierigen Situationen bestehen müssen. Einige propagieren den Krieg, andere kritisieren ihn.	Oft werden Kriegsfilme für bestimmte politische Interessen instrumentalisiert. Filmische Mittel: visuelle Effekte, Pyrotechnik; Musik und Farbgestaltung spielen oft zentrale Rolle.
Literaturverfilmungen	Verfilmung eines Theaterstücks oder Romans, bereits in der Stummfilmära etabliert.	Hier steht die filmische Interpretation im Vordergrund. Es gibt keine genrespezifische Filmsprache, sondern die Vorlage und ihre Umsetzung bestimmen die Mittel.

2.3.3 Elemente der Filmsprache

Prägend für den Film ist das Zusammenspiel verschiedener Elemente: Wie Literatur und Theater erzählen Filme Geschichten, die sich in Raum und Zeit ereignen; zudem spielen aber auch Dinge wie Szenenbild, Licht, Bildkomposition und Kameraperspektive, Musik und Geräusch eine Rolle. Dieses komplexe Zusammenspiel lässt sich als Sprache mit eigenen Regeln begreifen. Sie bilden die Grundlage einer formalen Filmanalyse.

Zunächst wird das mise en scène bestimmt, das räumliche Ordnungsprinzip des Films, die Bauten, die Deko, Kostüme, Requisiten, Orte und Licht- und Farbgebung, aber auch der Aufbau einzelner Szenen. Das mise en scène steht für die filmische Realität, die die Filmemacher geschaffen haben und wird begrenzt durch den Bildausschnitt und die Entfernung zwischen zwei Schnitten. Es umfasst auch die Analyse der Kameraführung: Welche Perspektiven werden eingesetzt? Welche Einstellungsgrößen werden benutzt und wie wird die Kamera geführt? Durch die Kamera wird das Bild konstruiert, das der Zuschauer vom Geschehen bekommt. Die Montage schließlich bestimmt, wie die Bilder zusammengesetzt werden.

Hinzu kommen Ton, Farben, Musik und Geräusche, die wichtige Akzente setzen können und die Wirkung der Bilder und der erzählten Geschichte unterstützen. Die grundlegende Funktion des Tons ist die Verbindung einzelner Einstellungen und Szenen. Zusammen mit den agierenden Schauspielern entsteht so ein Gesamtwerk.

Das räumliche Element

Ort und Zeit der Inszenierung zeigen, ob es sich um eine historische, eine imaginäre oder eine gegenwartsbezogene Verfilmung handelt. Dem Zuschauer wird hier eine Orientierung gegeben, aber auch die Wahrnehmung der erzählten Geschichte wird davon berührt. Oft ist das räumliche Element inhaltlich relevant für die erzählte Geschichte, wie z. B. in historischen Filmen oder auch Gegenwartsfilmen, in denen die Geschichte an einen bestimmten geografischen Ort gebunden ist. Ist das nicht der Fall, so kann die Auswahl des Ortes oder der Zeit auch atmosphärisch begründet oder auf den Charakter der Protagonisten bezogen sein.[38]

Heute entstehen vermehrt Filme, die die Zusammenhänge zwischen Raum und Zeit in Frage stellen, indem sie Trennung zwischen Traum und Realität verwischen und so einen Hinweis auf den mentalen Zustand des Protagonisten geben. Erst durch die Interpretation des gesamten Filmes werden die unterschiedlichen Ebenen der Realität wieder hergestellt. Als Beispiel seien hier die Filme des Künstlers und Filmemachers David Lynch genannt, der in „Lost Highway" oder „Mulholland Drive" der amerikanischen Mittelstandsidylle deren dunkle Kehrseiten, die Gewalt, das Irrationale und das Unbewusste gegenüberstellt. In der Inszenierung vermischen sich beide Seiten, sie lassen sich vom Zuschauer nicht mehr unterscheiden.

Ausstattung und handelnde Personen

Als Zuschauer begegnen wir im Film Figuren in bestimmten Situationen: Es sind nicht natürliche, komplette Menschen, sondern sie werden nur in Ausschnitten ihrer Gesamtpersönlichkeit dargestellt – abhängig von ihrer dramaturgischen Funktion. Bei den Figuren kann es sich je nach Filmgenre um Menschen handeln, aber auch Tiere, künstliche Wesen oder Fantasyfiguren können die handelnden Personen sein. Allen gemeinsam ist, dass ihre Charakterisierung an die erzählte Geschichte gebunden ist. Kleidung, Sprache, Mimik und Gestik, aber auch soziale Interaktion, sind von den Filmemachern bewusst angelegt. Wer die Figuren also verstehen und beschreiben will, muss diese Elemente genau unter die Lupe nehmen. Sie dienen der individuellen Charakterisierung, geben Hinweise auf eine bestimmte soziale Herkunft, eine historische Einordnung oder geben auch Klischees wieder.

Kamera

Die Gestaltung des Filmbildes durch die Kamera spielt bei der Schaffung der filmischen Realität eine entscheidende Rolle, denn sie bestimmt, welchen Bildausschnitt der Zuschauer vor Augen hat. Der Regisseur wählt bewusst die Kameraeinstellungen und Perspektiven aus, um eine bestimmte Wirkung zu erzeugen. Die Einstellungsgrößen definieren die Nähe oder Distanz des Zuschauers zum Geschehen; man unterscheidet im Wesentlichen acht Varianten:
- *Weit oder Panorama:* bezeichnet den größtmöglichen Bildausschnitt, der der Annäherung an einen geografischen Ort dient
- *Totale:* ein Überblick über den Handlungsort und die Personen
- *Halbtotale:* zeigt einen wichtigen Teil des Raumes und die Personen in voller Größe
- *Amerikanisch:* Der Mensch steht im Vordergrund und wird bis zu den Knien gezeigt. Die Einstellung hat ihren Ursprung im klassischen amerikanischen Western, wo der Colt zu sehen sein musste.
- *Halbnah:* Der Mensch wird bis zur Hüfte gezeigt, die Gestik ist klar erkennbar. Diese Einstellung ist typisch für Gesprächssituationen.
- *Porträt:* Porträtaufnahme von Personen, die Mimik ist klar erkennbar, der Raum tritt in den Hintergrund.
- *Großaufnahme:* Kopf und Gesicht einer Person sind formatfüllend, so dass schon geringe Veränderungen der Mimik erkennbar sind.
- *Detail:* Es wird ein Detail gezeigt, das normalerweise mit bloßem Auge nicht erkennbar ist.

Die Kameraperspektiven heben häufig charakterliche oder handlungsgebundene Veränderungen der Protagonisten hervor. Es werden im Wesentlichen drei Perspektiven unterschieden:
- *Normalsicht:* Die Kamera befindet sich auf Augenhöhe der Handlung.
- *Untersicht (Froschperspektive):* Die Kamera filmt das Objekt von unten, so dass es übermächtig oder bedrohlich erscheint.
- *Obersicht (Vogelperspektive):* Sie zeigt die Person von oben; der Betrachter steht über dem Geschehen.

Ergänzt werden diese Kameraeinstellungen durch die Kamerabewegungen. Hier unterscheidet man folgende Möglichkeiten:
- *Schwenk:* Drehung der Kamera auf dem Stativ
- *Fahrt:* Bewegung der Kamera auf einem Wagen
- *Zoom:* Veränderung der Brennweite bei feststehender Kamera, sie simuliert die Bewegung in die Tiefe oder in die Weite
- *Fokus:* Wechsel von unscharf zu scharf, mit dem z. B. die Aufmerksamkeit vom Vordergrund zum Hintergrund gelenkt werden kann.[39]

Licht und Farbe

Nicht nur die Kameraarbeit beeinflusst die filmische Realität, sondern auch das Gestaltungsmittel des Lichts und der Farbe. Bereits im Schwarz-Weiß-Film experimentierte man mit Licht und Schatten, um vertraute Gegenstände und Personen zu verfremden oder bedrohlich erscheinen zu lassen. Als Beispiel seien hier neben den Filmen der Stummfilmära die Werke des Film noir genannt, amerikanische Kriminalfilme der 40er und 50er Jahre, die mithilfe des Lichts desillusionierte Helden der amerikanischen Großstadt zeigen. Die Dunkelheit symbolisiert die Ausweglosigkeit des Lebens, den Werteverlust und die Bedrohung des Einzelnen, wie z. B. in „Frau ohne Gewissen" (Billy Wilder 1944).

Weiter werden die Farben als wichtiges Stilmittel eingesetzt. Sie dienen oft der atmosphärischen Gestaltung, der naturalistischen Beschreibung oder auch als symbolische Elemente für die Interpretation eines Films. Für die Bedeutung der Farbgebung bei der Analyse eines Films sollte zunächst der Frage nachgegangen werden, ob die Farben ein durchgängiges Muster für den Film zeigen. Ein Beispiel für ein klares Farbkonzept ist der Film „Lola rennt" (Tom Tykwer 1998)[40], in dem insbesondere die Farben rot und grün als dramatische Mittel eingesetzt werden. Rot symbolisiert im Film zum einen die Gefahr, aber auch die Liebe als existenzielle Frage, während Grün für Zuversicht und Hoffnung steht. Zum Teil werden die Farben im Film mit Farbfiltern erzeugt, um ganze Szenen in ein bestimmtes Licht zu tauchen oder aber mit Gegenständen, die Lola im Laufe der Handlung begegnen.

Ton

Eine weitere Ebene der formalen Analyse ist der Ton. Hier wird grob zwischen on und off entschieden, d.h. zwischen sichtbarem Ton im Bild und dem Hintergrundton. Beide umfassen Sprache, Geräusche und Musik. Während die Sprache im on die Funktion hat, über die Handlung oder die Personen zu informieren, dient sie im off der Kommentierung oder der Formulierung von Gedanken. Die Geräusche und die Musik sind funktional für die Handlung und unterstützen die bildhafte Realität, die im Kopf des Zuschauers entsteht.

Montage

Den Prozess, der alle bisher dargestellten Elemente verbindet, bezeichnet man als Montage. Sie ist die eigentliche Form der Gestaltung der filmischen Erzählung, die die Wahrnehmung der Zuschauer bestimmt. Hier sind nur die wichtigsten Formen benannt:

Epische oder erzählende Montage: Die Filmhandlungen werden kontinuierlich miteinander verknüpft, manchmal werden Vorgänge ausgelassen, um größere Zeiträume zu überbrücken. Der Film ist aufgebaut wie ein erzählender Text oder ein Theaterstück. Die epische Montage war bereits in den 20er Jahren eine Methode, um individuelle Handlungsvorgänge in einen gesellschaftlichen Zusammenhang zu stellen. Sie wirkt erklärend auf den Zuschauer, macht Realität begreifbar. Heute wird diese Form der linearen Erzählung oft unterbrochen von sog. Jump-cuts, bei denen aus einer durchgängigen Bewegung Teile herausgeschnitten werden, so dass ein Bildsprung entsteht. Das Gefühl von Zeit wird gestört, es gibt einen ruckartigen Effekt, heute oft verwendet in Filmen, die sich an der Ästhetik von Videoclips mit schnellen Schnitten orientieren.

Parallelmontage: Unterschiedliche Handlungsorte und -zeiten werden gegeneinander moniert, um die Simultanität verschiedener Ereignisse zu beschreiben. Sie wird häufig eingesetzt um Spannung zu erzeugen oder neue Bedeutungen zu schaffen. Der Zuschauer kann dabei mehrere Handlungsstränge gleichzeitig verfolgen, die im Laufe des Films zusammenfließen. Ein Beispiel für die Parallelmontage ist der Film „Die Ehe der Maria Braun" von Rainer Werner Fassbinder 1979, in dem die Geschichte der Maria Braun und die Zeitgeschichte der Bundesrepublik in den 50er Jahren dramaturgisch zusammengeführt werden.[41]

Eine besondere Form der Parallelmontage ist die Splitscreentechnik, d.h. der Bildschirm wird in mehrere Bereiche aufgeteilt, um mehrere Handlungen gleichzeitig zu zeigen. Ein Beispiel dafür ist der Film „Requiem for a dream" von Darren Aranofsky (USA 2000)[42], der die Geschichte vom sozialen Niedergang vierer Drogensüchtiger erzählt. Dialoge, Gesichtsausdrücke und Emotionen werden durch Splitscreens dargestellt. Sie zeigen, dass die Personen nicht zueinanderfinden und nicht mehr lange leben.

Kontrast- oder Assoziationsmontage: Hier werden bestimmte nicht zusammengehörende Sequenzen bewusst einander gegenüber gestellt, um so bestimmte Erkenntnisse beim Zuschauer auszulösen. Das führt zu einem gesteigerten Tempo und wird häufig in Musikclips angewandt, wobei oft im Tempo der Musik geschnitten wird. Diese Form der Montage gilt als besonders anspruchsvoll, da sie den Zuschauer zu eigenen Schlussfolgerungen anregt. Sie findet sich daher selten im kommerziellen Film, sondern eher im Autorenfilm oder auch im Dokumentarfilm.

Einstellung, Sequenz, Szene

Als kleinste filmische Einheit wird in der Regel nicht das fotografische Einzelbild gesehen, sondern die Einstellung (engl. shot), also der Filmabschnitt, der zwischen einem Ein- und Ausschalten der Kamera entsteht oder – anders gesagt – zwischen zwei Schnitten liegt.

Sequenz beschreibt eine Reihe von aufeinanderfolgenden Einstellungen, die räumlich, zeitlich, thematisch oder unter Aspekten der Personenkonstellation einander zugehörig sind. Sie bilden einen in sich abgeschlossenen filmischen Abschnitt. Übergänge zwischen Sequenzen werden üblicherweise durch Auf- und Abblenden, Establishing Shots oder musikalische Markierungen gekennzeichnet.

Der Begriff der Sequenz überschneidet sich mit dem der Szene, der aus der Theaterdramaturgie übernommen wurde. Während sich die Sequenz eher auf die filmische Realisierung bezieht (Blenden, Kamerahandhabung), ist die Szene eine dramaturgische Einheit, die sich aus der Entwicklung der Handlung ergibt.

2.3.4 Film im Unterricht

Kino, Fernsehen und Video spielen im Alltag eine bedeutsame Rolle. Vor diesem Hintergrund ist es erstaunlich, dass Pädagogen diesen Umstand nicht stärker nutzen. Meist beschränkt sich der Einsatz von Filmen auf bestimmte pädagogische Zusammenhänge:
- als zusätzliches Material im Geschichts-oder Deutschunterricht, das der Illustration eines Themas gilt;
- als Lehrfilm in naturwissenschaftlichen Fächern oder Erdkunde;
- als pädagogisch wertvolle Filme, die aber oft nicht das Lebensgefühl der Jugendlichen treffen, denn es sind selten populäre Filme oder Fernsehserien;
- als authentische Filme, d.h. von Jugendlichen aktiv hergestellte Filme, die aber meist nur im außerschulischen Kontext entstehen und oft klischeehaft und stereotyp wirken.

Film und Fernsehen sollten im Rahmen einer schulischen Medienkunde einen eigenständigen Platz erhalten. Das Medium Film ist mittlerweile in den Bildungsplänen aller Bundesländer verankert. Nicht nur die inhaltliche Auseinandersetzung ist dabei relevant, sondern auch das audio-visuelle Medium selbst mit seiner eigenen Sprache und Ausdruckskraft. Die Fähigkeit, Bilder zu entschlüsseln und Wirkungsweisen der Gestaltungsmittel zu erkennen, gehört zu den Fertigkeiten, die Schülerinnen und Schüler heute erlernen müssen. Dabei bleibt die Nutzung des Mediums Film nicht auf den Deutschunterricht beschränkt, sondern umfasst heute den gesamten Fächerkanon.

Filme im Fachunterricht

Schulfach	Film	Kompetenzen
Deutsch	Spielfilme, Literaturverfilmungen	Filmanalyse, erweiterte Literarität, filmische Erzählstrukturen, Gestaltungsformen
Geschichte	Spielfilme, Dokumentationen	Filmgeschichte als Teil der Kulturgeschichte, Film als historische Quelle, gesellschaftlicher Umgang mit Geschichte
Kunst	Spielfilme, Videoclips, Werbung, Musikclips, Fernsehsendungen	Film als Kunstgattung, visuelle Codes, filmische Experimente, ästhetische Komponente
Musik	Musikfilme, Videoclips	Rolle und Funktion der Filmmusik, Zusammenspiel von Bild und Ton
Fremdsprachen	Spielfilme, Dokumentationen, Fernsehsendungen, Musikclips	Filmanalyse, filmische Gestaltungsformen, Hörverständnis, sprachanalytische Aufgabestellungen
Politik/ Sozialkunde	Spielfilme, Dokumentationen, Fernsehmagazine, Nachrichten	Film als Ideologieträger, Film als Teil der Mediendemokratie
Religion	Spielfilme, Dokumentationen, Fernsehfilme	Film als vielschichtige Erzählung, Darstellungsweisen und Aussagen
Erdkunde	Dokumentationen, Fernsehsendungen, Nachrichten Spielfilme	Reflektierter Umgang mit Medien als Informationsquelle
Naturwissenschaften	Dokumentationen, Nachrichtensendungen, Spielfilme	Nutzung von Medien als Informationsquelle, Auseinandersetzung mit medialer Darstellung naturwissenschaftlicher Phänomene, Film als Technologie

2.3.5 Filmpädagogische Methoden

Im Mittelpunkt des medienpädagogischen Interesses am Film stehen Filmkompetenz und Filmverständnis der Schüler. Film ist durch seine Popularität, Zeitbezogenheit und seinen unterhaltenden Charakter anderen Unterrichtsmedien oft weit voraus. Er erreicht oft breitere Zielgruppen als Literatur und hat eine formale Sprache entwickelt, die eine eigenständige Sicht der Wirklichkeit wiedergibt. Filme ermöglichen eine unmittelbare und unverstellte Wahrnehmung einer Geschichte, einer fremden Welt. Für Lehrkräfte bietet sich hier die Möglichkeit, das emotionale Erleben, das unmittelbare Zusammentreffen mit Lebenswirklichkeiten in die Schule hineinzutragen.

Die Verwendung von Filmen im Unterricht kann nicht nur dazu dienen, Lernprozesse akustisch-visuell zu optimieren, sondern das Filmmaterial sollte als eigenständiges Werk verstanden werden. Die Analyse der Entstehungssituation und des Vermittlungsinteresses bietet auch die Chance, die ideologiekritische Methode einzuüben. Damit wird ein Beitrag zur reflektierten Bildung von Werthaltungen geleistet.

Der Spielfilm als Medium im Unterricht scheint auf den ersten Blick ungeeignet, schon wegen seiner Länge von hundert oder mehr Minuten. Aber es gibt verschiedene Modelle, wie man den Film gewinnbringend im schulischen Alltag einsetzen und organisieren kann:

- *Der gemeinsame Kinobesuch:* Auch im Zeitalter von Multimedia ist ein Film im Kino ein besonderes Erlebnis. Ein gemeinsamer, vorbereiteter Kinobesuch ermöglicht es, aktiv in die Filmbildung einzusteigen und den Kindern zu vermitteln, wie Filme gestaltet werden und wie ihre Wirkung ist.
- Aber auch die *Sichtung des Films in der Schule* mithilfe von Notebook + Beamer oder DVD-Player + Fernseher im Klassenverband oder klassen- und fächerübergreifend an Projekttagen ermöglicht die Arbeit mit Spielfilmen.
- Für einige Themenbereiche eignet sich auch die *Arbeit mit Ausschnitten*, wenn nur eine Unterrichtsstunde zur Verfügung steht; technische Möglichkeiten der DVD können hier genutzt werden. Die ausgewählten Filmsequenzen können Schüler dazu anregen, sich den kompletten Film privat anzuschauen. Außerdem lässt sich mit einzelnen Sequenzen gut eine Feinanalyse erarbeiten.
- Für bereits bekannte Filme eignet sich auch das *Arbeiten mit Screenshots*, d. h. anhand von Einzelbildern wird der Film wieder ins Gedächtnis gerufen.

Kino auf Bestellung – filmpädagogische Veranstaltungen

Die großen Kinoketten und viele kleinere Kinos bieten *Schulfilmveranstaltungen* an. Meist beschaffen die Filmtheater nach vorheriger Anmeldung jeden Film (auch ältere) und zeigen ihn in einer Sonderveranstaltung. Die Kosten pro Schüler belaufen sich je nach Teilnehmerzahl meist auf 3 bis 4 €, während Begleitpersonen kostenlos teilnehmen können. Viele Kinos richten derartige Veranstaltungen auch für kleine Gruppen aus, beispielsweise eine Schulklasse.

In allen Bundesländern werden in regelmäßigen Abständen *Schulkinowochen* veranstaltet. Dort können Klassen aller Schulformen und Altersstufen ein auf lehrplanrelevante Themen abgestimmtes Filmprogramm besuchen in Kinos vor Ort besuchen. Um die Filme vor- und nachzubereiten, werden den Schulen kostenlose Unterrichtsmaterialien zur Verfügung gestellt und Fortbildungen für Lehrkräfte durchgeführt. Weitere Informationen: www.visionkino.de

Für den Einstieg in die konkrete Arbeit mit einem ganzen Film bieten sich zunächst kommunikationsorientierte Methoden wie das *Brainstorming* an. Alle Schüler reagieren spontan auf den Film, wobei jegliche Kritik oder Kommentierung unterbleibt. Die Reaktionen werden in Stichworten an der Tafel festgehalten und im Nachhinein sortiert, z. B. nach Filminhalt, Filmtechnik, stilistischen Mitteln und Ausstattung, positiv und negativ. Die Schüler lernen so, frei und spontan zu sprechen und zu argumentieren. Die Notizen sollten während der gesamten Unterrichtseinheit zur Verfügung stehen, damit die Schüler auch bei der formalen Analyse darauf zurückgreifen können.

Weitere Methoden sind das *Clustering*, bei dem ein bestimmter, auf den Film bezogener Begriff vorgegeben und in die Mitte der Tafel geschrieben wird. Hierbei kann es sich um eine Filmfigur handeln, um einen Handlungshöhepunkt oder ein Motiv, zum dem weitere Begriffe gesucht werden.

Bei der *Arbeit mit einzelnen Sequenzen* können durch gezielte Arbeitsaufträge bestimmte Aspekte erarbeitet werden:
- Die Schüler stellen Hypothesen zu den Handlungssträngen des Films auf und beschreiben den Fortgang der Handlung im Gespräch. Hierfür eignen sich besonders Anfangssequenzen von Filmen.
- Bevor die Schüler eine Sequenz sehen, lesen sie die entsprechende Stelle einer literarischen Vorlage. Sie entwickeln Vorschläge für die filmische Umsetzung der Textpassage und vergleichen sie mit dem Filmausschnitt.
- Wenn eine Figur im Filmdialog schon erwähnt wurde, jedoch noch nicht aufgetreten ist, äußern die Lernenden Vermutungen darüber, wie diese Person aussehen könnte und welche Funktion sie in der Handlung haben könnte.
- Die Schüler sehen mehrere Sequenzen, die nicht direkt am Anfang oder Ende der Handlung stehen und entwickeln daraus eine vermutete Gesamthandlung des Films.

2.3.6 Filmanalyse konkret

Soll ein Film oder ein Filmausschnitt genauer untersucht werden, sind Fakten zum Film hilfreich: nicht nur Titel und Regisseur, sondern auch Entstehungszeit, Genre und Herkunft können wichtige Hinweise geben. Sinnvoll ist es auch, den Handlungsverlauf eines Films oder des zu untersuchenden Ausschnitts in einem Sequenzenprotokoll festzuhalten, wobei nicht nur die Reihenfolge der Ereignisse aufgenommen wird, sondern auch die Bildinhalte sowie die Dauer der Sequenz (vgl. **Arbeitsblatt „Film" 1**).

Inhaltliche Analyse

Die inhaltliche Auseinandersetzung mit fiktionalen Filmen beginnt mit der Analyse der Hauptfiguren. Sie sind entscheidend für die narrative Struktur des Films und geben zugleich auch Auskunft über bestimmte Rollen- und Gesellschaftskonzepte, die der Film transportiert Es ist dabei wichtig, nicht nur die Rolle der Hauptfiguren zu beschreiben, sondern auch ihre Handlungsmotive zu erarbeiten sowie die Raum- und Zeitbezüge.

Eine bedeutende Rolle innerhalb der Filmgeschichte kommt der Verfilmung von Literatur zu. Beim Vergleich zwischen Literatur und Film ist zu berücksichtigen, dass das Weglassen von Handlungssträngen oder Figuren oftmals dramaturgische Gründe hat und nicht von vornherein als Defizit verstanden werden muss. Filme leben davon, wichtige Figuren und elementare Spannungsmomente herauszuarbeiten – täten sie das nicht, würden Literaturverfilmungen oft überfrachtet und oberflächlich wirken. Ein inhaltlicher Vergleich wird sicher oft sinnvoll sein. Die Frage, was Drehbuchautor und Regisseur weggelassen haben, kann man auch anders stellen: Worauf haben sie sich konzentriert? Was ist ihr künstlerischer Ansatz bei der Adaption einer literarischen Vorlage? (vgl. **Arbeitsblatt „Film" 2,** ggf. können einzelne Fragen weggelassen werden)

Formale Analyse

Die formale Analyse beschäftigt sich mit den schon beschriebenen Elementen der Dramaturgie. Im Zentrum steht dabei die Mikrostruktur filmischer Gestaltung, um die semantische Mehrdeutigkeit des Films zu erklären, das Wechselspiel zwischen Inhalt und Form. Hier ist es nicht zwingend notwendig, den gesamten Film zu untersuchen, es kann auch auf einzelne Sequenzen zurückgegriffen werden. Einen Einstieg kann hier ein Szenenfoto bilden, eine Auswahl zu unterschiedlichen Filmen findet sich auf der Internetseite: www.filmportal.de. Anhand eines Standbildes werden hier Bildaufbau und Kameraeinstellungen erarbeitet sowie grundlegende dramaturgische Mittel.

Bei der Analyse einzelner Sequenzen wird zunächst die Form der Inszenierung bestimmt, die räumliche Ordnung des Films, die Bauten, die Deko, Kostüme, Requisiten, Orte und Licht- und Farbgebung, aber auch der Aufbau einzelner Szenen. Das mise en scène steht für die filmische Realität, die die Filmemacher geschaffen haben. Dem folgt die Analyse der speziellen Kameraführung: Welche Perspektiven werden eingesetzt, welche Einstellungsgrößen werden benutzt und wie wird die Kamera bewegt?

Ein weiteres wichtiges Element der Filmanalyse ist die Montage, das Zusammenmenfügen einzelner Sequenzen, um sie miteinander in Beziehung zu setzen und damit beim Zuschauer eine bestimmte Lesart des Gezeigten zu erzeugen. Erst hier wird aus dem Film eine „filmische Erzählung". Anhand der unterschiedlichen Arten der Montage sollen die Schüler die jeweilige Filmsequenz analysieren und die Wirkung der Technik beschreiben.

Zur formalen Analyse gehören auch Ton, Musik und Geräusche. Sie setzen im Film wichtige Akzente. Musik kann bestimmte Stimmungen verstärken, aber auch konterkarieren. Gerade in vielen Filmen, in denen Jugendliche eine Rolle spielen, steht die Musik für das jeweilige Lebensgefühl (vgl. **Arbeitsblatt „Film" 3**).

Der gesellschaftlich-politische Kontext

Gerade bei älteren Filmen ist entscheidend, wann und wo sie gedreht und aufgeführt wurden. Bei heutigen Aufführungen wirken sie vielleicht befremdlich, weil sie in veränderten kulturellen Zusammenhängen ganz anders wahrgenommen werden. Deshalb ist es wichtig, die erste Irritation zu nutzen, um in eine vertiefte Analyse einzusteigen: In welchem Kontext ist der Film entstanden? Welche ideologischen Annahmen werden transportiert? Zeitgebundene Momente lassen sich oft über Szenenbild und Kostüme erschließen, aber auch über das Verhalten der Figuren (vgl. **Arbeitsblatt „Film" 4**).

Der Soziologe Siegfried Kracauer bezeichnete bereits in den 1940er Jahren das Medium Film als am besten geeignete Quelle zur Aufdeckung psychologischer Dispositionen einer Nation: „Die Filme einer Nation reflektieren ihre Mentalität unvermittelter als andere künstlerische Medien und das aus zwei Gründen: Erstens sind Filme niemals das Produkt eines Individuums ... Zweitens richten sich Filme an die anonyme Menge und sprechen sie an. Von populären Filmen ist daher anzunehmen, dass sie herrschende Massenbedürfnisse befriedigen."[43]

Ausgehend davon, dass in historischen Umbruchsituationen wie beispielsweise in Deutschland nach 1933, nach 1945 oder auch nach 1989 bisherige Wertvorstellungen grundlegend revidiert wurden, spiegeln die Spielfilme und deren Rezeption die Neubestimmung gesellschaftlicher Werte wider und ermöglichen einen anderen Blick auf die Vergangenheit, als das Textquellen leisten können.

2.3.7 Kurzfilm – ein unterschätztes Format

Dass ein abendfüllender Spielfilm als Standardmaß für Filme insgesamt gelten soll und Kurzfilme als Besonderheit angesehen werden, ist im Grunde nicht einzusehen. In der Frühzeit des Kinos war es genau umgekehrt: Was damals lief, würde heute als Kurzfilm bezeichnet. Üblicherweise werden Kurzfilme über ihre Länge definiert, die von 50 Sekunden bis zu 30 Minuten reicht. Der Kurzfilm ist kein Genre, sondern er umfasst ebenso wie der Langfilm die gesamte Bandbreite der Gattungen.

Dennoch führt die geringere Länge naturgemäß auch zu einer veränderten Dramaturgie: Kurzfilme konzentrieren sich zumeist auf ein klar umrissenes

Thema, mit dem sie sich intensiv auseinandersetzen. Das kann inhaltlich, aber auch formal bestimmt sein. So fanden viele technische Neuerungen ihren Ursprung im Kurzfilm, denn viele Filmemacher nutzen den Kurzfilm für experimentelles Arbeiten mit neuen Formen. Sie wählen diese Form, weil die Produktionskosten wesentlich geringer sind und somit Unabhängigkeit von der Filmindustrie ermöglichen.

Es gibt heute eine Vielfalt unterschiedlichster Kurzfilmformate. Sie entstehen als Übungsfilme junger Filmemacher an den Filmhochschulen oder in Künstlerateliers, aber auch in Schulklassen oder anderen Bildungseinrichtungen und im privaten Bereich. Es sind professionelle Filme dabei, aber auch Handyfilme, Videoclips und Home-Videos. Präsentiert werden sie auf Filmfestivals, aber auch auf Schüler-Workshops, im Kino und im Fernsehen oder in Internetforen wie *YouTube* oder *myvideo*.

Für die schulische Filmarbeit erscheinen Kurzfilme besonders geeignet, da sie zum einen ein breites Spektrum an Themen abdecken, zum anderen aufgrund ihrer Länge problemlos in Unterrichtsstunden eingesetzt werden können. Hinzu kommt, dass bei der Auswahl von Filmen auch von Schülern selbst produzierte Videos berücksichtigt werden können, denn Schülerfilmfestivals wie beispielsweise das Festival „up and coming" in Hannover, produzieren inzwischen eigene DVDs ihrer Beiträge oder stellen die Videos bei YouTube ein. Diese Filme knüpfen an die Lebenswirklichkeit der Schüler an und können so die Motivation zur Beschäftigung mit dem Medium Film erhöhen.

„Panic Apple" – ein Schülerfilm im Unterricht

Der Kurzfilm „Panic Apple"[44] (enthalten auf der **CD-Beilage** zu diesem Buch) ist im Ambiente des Barockgartens Hannover-Herrenhausen angesiedelt und erzählt die Geschichte eines Jugendlichen, der bei einem Spaziergang einen I-Pod findet. Als er versucht ihn zu benutzen, löst der I-Pod einen Prozess von panischen Bildern und Reaktionen aus. Es wirkt, als handle er selbstständig und bestimme das Leben seines Nutzers. Erst als der junge Mann zusammenbricht, löst sich die Geschichte auf.

Der Film hat zwei Darsteller und die Geschichte wird chronologisch erzählt. Durch die Musik und die ungewöhnlichen Bilder eignet sich der Film gut, um im Unterricht bestimmte Mittel der Filmgestaltung zu erarbeiten. Geeignet ist der Film für die Schulfächer wie Deutsch, Musik oder Kunst, die sich explizit mit der Filmanalyse beschäftigen.

Hervorzuheben ist die besondere Rolle der Musik, die von den Schülern, die den Film produziert haben, selbst entwickelt und eingespielt wurde. Sie ist ein tragendes Element der Geschichte und ersetzt die Sprache. Zugleich unterstützt sie die verwirrenden Bilder der Sequenz, die die Panik zeigen. In der Bildgestaltung beginnt der Film in konventioneller Weise; durch Totale und Halbtotale werden Handlungsort und Hauptperson vorgestellt. Einen kleinen Bruch gibt es durch die Detailaufnahme eines angebissenen Apfels, ein Hinweis auf die Rolle des I-Pods der Firma Apple.

Als der I-Pod beginnt, ein Eigenleben zu entwickeln, ändert sich die Kameraführung: Auch sie beginnt sich zu bewegen; durch weißes Licht verschwimmen die Bilder. Sie verschwinden mit dem jungen Mann im Labyrinth, eine Szene, die an amerikanische Horrorfilme erinnert, z. B. Stanley Kubricks „Shining" von 1980. Der Verfolger wird als bedrohlich dargestellt (schwarze Kleidung, Handschuhe, Blick auf die Schuhe der sich nähernden Person); die Sequenz endet mit dem Zusammenbruch des jungen Mannes. Jetzt folgt ein schwarzes Bild, eine Zäsur vor der Schlusssequenz. Hier endlich kommen Kamera und Person wieder zur Ruhe.

Begleitet wird die Handlung von intensiver, den Bildern angepasster Musik. Die Anfangssequenz wird begleitet von Klavier und Cello, die die Atmosphäre im menschenleeren Barockgarten unterstreichen. Als jedoch der I-Pod ins Spiel kommt, setzt laute Rockmusik ein, die sich im Laufe der Sequenz immer mehr steigert. Sie macht die Angst begreifbar und bricht dann mit dem Hauptdarsteller in sich zusammen. In der Schlusssequenz kommen Bilder, Musik und Hauptperson wieder in der Realität an.

Für die schulische Arbeit eignet sich dieser Film besonders, da er zum einen von Jugendlichen gedreht und entwickelt wurde und zum anderen deren Alltagswelt anknüpft, um sie dann zu verfremden. Bei der Analyse sollte ein besonderer Fokus auf die Rolle der Musik gelegt werden. Mithilfe des Beobachtungsbogens erfassen die Schüler wesentliche Gestaltungsmittel. In Gruppen können dann die einzelnen Elemente des Films erarbeitet und im Plenum diskutiert werden. Da es sich um einen Kurzfilm handelt, kann der Film problemlos in einer Doppelstunde eingesetzt werden (vgl. **Arbeitsblatt „Film" 5**).

2.3.8 Fernsehen – noch immer ein Leitmedium

Fernsehen ist trotz des Internet-Booms nach wie vor das populärste Medium. Es spielt – wenn auch mit abnehmender Tendenz – im Leben der Schüler eine große Rolle. Es spiegelt die Kultur eines Landes wider und wirkt selbst durch seine Eigenproduktionen kulturbildend.

Fernsehen ist aber nicht nur Unterhaltungsmedium für Jugendliche, sondern neben dem Internet und dem Handy auch die wichtigste Informationsquelle und eine bedeutende Orientierungshilfe. Wie das „richtige Leben" ist, erfahren Jugendliche heute oft nicht mehr in der Familie, sondern aus dem Fernsehen, wo sie sich ihre Vorbilder in Spielfilmen und Vorabendserien suchen. Das Thema Fernsehen bestimmt oft auch die Kommunikation unter Gleichaltrigen.

Da das Fernsehen ständig verfügbar ist, wird es oft und nicht nur von Jugendlichen wahllos konsumiert. Eine Aufgabe der Medienbildung kann darin bestehen, einen kompetenten Umgang mit dem Medium zu vermitteln. Hier eignen sich besonders Lieblingsformate von Schülern wie unterschiedliche Informationssendungen, aber auch Soaps, weil die Schüler dann ihre außerschulische Erfahrungswelt konstruktiv in den Unterricht einbringen können. Es ist sinnvoll, dass Lehrkräfte sich auf die Erlebniswelt der Schüler einlassen und sich nicht diffamierend äußern oder das Fernsehen pauschal verurteilen.

Fernsehformate und Sehgewohnheiten

Fernsehen als Thema im Unterricht ist zunächst an den allgemeinen curricularen Vorgaben orientiert, mediale Texte zu entschlüsseln, um die vielfältigen Effekte durch Bild, Sprache und Ton zu erkennen. Als Einstieg in eine Unterrichtseinheit zum Thema Fernsehen eignet sich eine Programmanalyse, die Beschäftigung mit den unterschiedlichen Formaten und ihren Merkmalen. Die Schüler werden so für ihre eigenen Fernsehgewohnheiten sensibilisiert und zugleich können sie ihr Vorwissen einbringen. Die Programme der Fernsehsender lassen sich grob in drei Bereiche aufteilen:

1. *Unterhaltungssendungen:* Die Unterhaltungsformate sind sehr vielfältig und bei den Jugendlichen sehr beliebt. Sie umfassen Quizsendungen und Gameshows, Talkshows ebenso wie Castingshows, ein Format, das sich gerade bei Jugendlichen einer großen Beliebtheit erfreut. In allen Formaten spielen die Moderatoren als Fernsehstars eine herausragende Rolle. Nicht zu vergessen im Bereich der Unterhaltung sind auch die vielfältigen Sportsendungen, die auch unter Jugendlichen sehr erfolgreich sind.
2. *Informationssendungen:* Hierzu gehören Nachrichtensendungen aller Art, ebenso Magazine, Reportagen oder Wissenschaftssendungen, Dokumentationen sowie Sendungen, die eine Mischung von Unterhaltung und Information sind. Die klassische Nachrichtensendung informiert die Zuschauer neutral über aktuelle Geschehnisse. Die Themen werden ergänzt um kürzere Filmberichte, Live-Interviews oder Liveschaltungen sowie Kommentare. Eine neuere Form ist das so genannte Infotainment. Darunter versteht man Sendungen, in denen das Publikum unterhalten und informiert werden soll. Diese Nachrichtenshows reduzieren den Anteil von politischen Nachrichten zugunsten einer Zunahme von Boulevardberichten und spektakulären Ereignissen, teilweise von Werbung unterbrochen.
3. *Fiktionale Sendungen:* Sie setzen sich zusammen aus Spielfilmen, Serien unterschiedlichster Art, aber auch Fernsehfilmen, die eigens für die Sender produziert werden. Bei Spielfilmen handelt es sich oft um Filme, die ursprünglich für das Kino produziert wurden, darunter viele Klassiker der Filmgeschichte. Die Serien hingegen sind episodische und regelmäßige Sendungen, die immer einen festen Kern von Hauptpersonen haben. Unterscheiden kann man hier zwischen Episodenserien, die in jeder Folge in sich abgeschlossene

Geschichten erzählen, und Endlosserien, die einen unendlichen Handlungsfaden immer weiter spinnen, oft in der Form einer „Daily Soap".

Ausgehend von ihren eigenen Fernsehgewohnheiten können Schüler sich die unterschiedlichen Typen von Fernsehsendungen vergegenwärtigen (vgl. **Arbeitsblatt „Film" 6/7**). Umfang und Inhalt des eigenen Fernsehkonsums abzufragen, ist schon deshalb sinnvoll, weil viele Jugendliche ihr Programm sehr zufällig auswählen. Als Material können Programmzeitschriften hilfreich sein, die das Fernsehprogramm strukturieren. Haben die Schüler Empfehlungen für andere gegeben, können diese gesammelt und nach Genres geordnet werden.

In einem zweiten Schritt können die Schüler ihre Lieblingssendung analysieren. Bei der Präsentation sollte man darauf achten, dass Sendungen aus verschiedenen Genres vorgestellt werden. Sicher wird sich ein Trend zu bestimmten Formaten abzeichnen, der dann zu der Frage nach Gründen führt. Indem Schüler ein eigenes Programmschema entwickeln, beschäftigen sie sich zugleich mit der Frage, worin eigentlich die Aufgabe von Fernsehen liegt: Sollte nur das gesendet werden, was eine Mehrheit gut findet, oder gibt es einen übergeordneten Auftrag zur Information und zur kulturellen Bildung?

Nachrichtensendungen unter der Lupe

Nachrichtensendungen bilden auch heute noch einen Kernbereich des Fernsehprogramms und sind auch für Jugendliche eine wichtige mediale Informationsquelle, ebenso wie die Internetseiten, die zu den Nachrichtensendungen gehören. Das Fernsehen informiert aber nicht nur über politische Ereignisse, sondern ist auch Medium der Selbstdarstellung von Politikern und anderen gesellschaftlich relevanten Personen. Neben den Nachrichten-Klassikern wie der „Tagesschau" gibt es auch Sendungen, die speziell zugeschnitten sind auf bestimmte Themen oder Zuschauergruppen wie z. B. Sport- oder Wirtschaftsnachrichten oder Kindernachrichten.

Zu verstehen, dass Nachrichten nicht einfach da sind, sondern ausgewählt und aufbereitet werden, ist eine grundlegende Einsicht und die erste Voraussetzung, um das Informationsangebot des Fernsehens bewusst und kritisch zu nutzen. Dies kann beispielsweise durch einen Vergleich von Nachrichtensendungen erreicht werden (vgl. dazu auch die **Arbeitsblätter „Audio" 1/2**). Zusätzliche Gesichtspunkte bei Fernsehnachrichten sind das Verhältnis zwischen Bild und Text, Reihenfolge und Ausführlichkeit der gezeigten Beiträge, die Rolle des Moderators und die grafische Gestaltung. Verglichen werden sinnvollerweise ein klassisches und ein mehr unterhaltendes Format. Der Zugang zu Nachrichtensendungen ist heute ohne großen Aufwand möglich, da viele Sender ihre Nachrichten in Mediatheken im Internet speichern, wo sie bis zu einer Woche abrufbar sind. Bei der Auswahl der Nachrichtensendungen sollte man sich aber durchaus vom Interesse der Schüler leiten lassen.

Nachrichtensendungen im Fachunterricht

Fach	Mögliche Zielsetzung
Deutsch	Umgang mit medialen Texten, Wirklichkeitskonstruktion durch Nachrichten. Mediennutzung
Geschichte	Medialisierung von Geschichte, Manipulation von Geschichtsbildern
Politik	Mediale Präsentation von Politik, Medienmacht
Fremdsprachen	Hör- und Sehverstehen, Landeskunde, Sprechanreize, nationale Besonderheiten, öffentliche Meinung
Naturwissenschaftlicher Unterricht	Mediale Quellen zu naturwissenschaftlichen Phänomenen, Wahrnehmung, Informationsverarbeitung

Für die detaillierte Analyse einer Nachrichtensendung sollten sachliche Hintergründe zu den jeweilgen Themen vorhanden sein. Es bietet sich an, die Schüler in verschiedene Gruppen aufzuteilen und mehrere konkrete Beobachtungaufgaben zu erteilen. In einem weiteren Schritt können sie einzelne Nachrichten analysieren, d.h. ihre Inhalte mit anderen Informationsquellen vergleichen und sie auf Richtigkeit, Vollständigkeit und Neutralität hin überprüfen.

Fernsehserien im Unterricht

In der Erfahrungswelt der Schüler spielen „Daily Soaps" eine entscheidende Rolle. Sie haben ihren Ursprung in den USA, wo bereits in den 30er Jahren im Radio kurze Geschichten gesendet wurden. Große Seifenkonzerne platzierten diese Geschichten rund um ihre Produktwerbung, daher auch der Name „Soap". Sie richteten sich zunächst an Frauen und kreisten um die Themen Haushalt, Familie und Arbeit. Mit der Durchsetzung des Fernsehens wurde diese Form der Serie auch dort übernommen.

In Deutschland gab es bis in die 90er Jahre zwar Familienserien und amerikanische Wochenserien, aber das Zeitalter der Daily Soap begann erst Anfang der 90er Jahre mit der Sendung „Gute Zeiten schlechte Zeiten" (GZSZ). Grundlegendes Prinzip einer Soap ist, dass sie keinen Anfang und kein Ende hat. Die Erzählstränge beginnen in einer Folge und werden zum Teil mehrere Folgen später aufgelöst. In jeder Folge werden zwischen drei und fünf Stränge (Storylines) erzählt, wobei sie abwechselnd im Abstand von zwei bis drei Minuten auftreten. Jeweils ein Handlungsstrang wird pro Folge zu Ende erzählt, während weitere erst Folgen später beendet werden, um so den Zuschauer an die Serie zu binden.

Typisches Erzählmittel am Ende einzelner Episoden und am Ende einer Folge ist der „Cliffhanger", eine zugespitzte und ungelöste Problemsituation, die Neugier auf die Fortsetzung befeuert. Hauptthemen sind der Alltag von Jugendlichen, die Familie, Liebe sowie Beruf und Freizeit.

Die Hauptfiguren gehören immer zu einer Gemeinschaft (z. B. Hausgemeinschaft, Schule oder Arbeitsplatz, manifestiert durch einen bestimmten Ort). Die Charaktere sind kontrastierend, aber klischeehaft angelegt und transportieren die Alltagsprobleme, die auch in der Lebenswelt der jeweiligen Zielgruppe verbreitet sind. Im Laufe der Serie können sich die Figuren weiterentwickeln, was die Illusion verstärkt, dass sie Vertraute der Zuschauer sind.

Da die Serien überwiegend aus Dialogen bestehen, finden sich bei den Kameraeinstellungen überwiegend Halbtotale und Nahaufnahme, die die Mimik der Personen zeigen. Sie werden im Schuss-Gegenschuss-Verfahren gefilmt, dem typischen Verfahren für Dialoge. Die Totale gibt es meist nur am Anfang, an dem der Ort der Serie vorgestellt wird. Meistens handelt es sich um die gleiche Aufnahme, um den Wiedererkennungswert zu erhöhen. Die Soaps beschränken sich auf wenige Schauplätze, die meist innerhalb von Gebäuden liegen, d.h. die Studioräume werden immer wieder verwendet, was für den Zuschauer Vertrautheit schafft. Die filmische Umsetzung der Serien ist den heutigen Produktionsbedingungen für das Fernsehen angepasst, da die Folgen fließbandartig entstehen müssen, um so jeden Tag eine neue Folge zeigen zu können. Die Herstellung ist in ein enges Schema eingebunden und standardisiert. Auf bildnerisches Erzählen von Handlungen muss so verzichtet werden.

Eine Schüleräußerung über die Motive für die Rezeption von Soaps ist bezeichnend: „Ich würde sagen, wenn Eltern sich nicht genug um ihre Kinder kümmern, dann bilden Soaps eine Art Ersatzfamilie für die Kinder."[45] Es geht um Lebenshilfe, Suche nach Orientierung und das Gefühl der Verbundenheit mit den Serienstars. Jugendliche finden hier Vorbilder, die in ihrem eigenen Umfeld fehlen.

Da Soaps bei Schülern eine hohe Akzeptanz haben, sollte man nicht zögern, sie in den Unterricht einzubeziehen. Sie sind ebenso geeignet für den Deutsch- wie für den Fremdsprachenunterricht, da auch im Ausland analoge Serien produziert und gesendet werden. Die Analyseschritte können analog zur Filmanalyse unternommen werden: Es geht um Themen und Konflikte, eine Charakterisierung der Figuren und die Analyse der Erzählstruktur (vgl. **Arbeitsblatt „Film" 8**).

Die Chance bei der Thematisierung von Soaps im Unterricht besteht darin, dass Schüler auf ein von ihnen geschätztes Medienprodukt einen neuen Blick gewinnen, die „Gemachtheit" der Serienfolgen besser verstehen. Voraussetzung ist allerdings, dass die Schüler zu diesen Schritten auch bereit sind und der Unterricht in einer vertrauensvollen Atmosphäre stattfindet – andernfalls besteht die Gefahr, dass sie das Gefühl haben, etwas aus ihrer eigenen Lebenswelt werde im Unterricht diskreditiert oder „kaputtgeredet".

2.3.9 Der Dokumentarfilm

Der Dokumentarfilm beschreibt im Gegensatz zum Spielfilm nichtfiktionale Situationen. Man könnte aus dieser Beschreibung die Vermutung ableiten, dass Dokumentarfilme „die Realität wiedergeben" – ein großer Irrtum. Auch authentische Bild- und Tonaufnahmen zeigen nur einen bestimmten Ausschnitt der Wirklichkeit; zudem lässt sich deren Aussagekraft durch die Verbindung mit gesprochenen Texten und durch die dramaturgische Anlage in ganz unterschiedliche Richtungen steuern. Dokumentarfilme stellen auf vielfältige und anschauliche Weise Zusammenhänge und Phänomene aus allen Bereichen des Lebens dar, aber auch sie müssen – wie jedes andere mediale Erzeugnis – hinterfragt und auf ihren jeweiligen Blickwinkel untersucht werden.

Die Entwicklung des Dokumentarfilms

Bereits die ersten Filme, die 1895 auf Jahrmärkten gezeigt wurden, waren Dokumentarfilme. Sie zeigten alltägliche Szenen, aufgezeichnet von einer unbeweglichen Kamera. Schon hier wurde Wirklichkeit inszeniert: Die gefilmten Personen wussten, dass sie gefilmt wurden, und verhielten sich entsprechend. Zu Beginn des 20. Jahrhunderts erschienen zahllose beim Publikum sehr beliebte ethnografische Filme, die exotische Völker aus der Perspektive der Kolonialherren und „überlegenen Zivilisation" darstellten. Im Ersten Weltkrieg wurde die Kamera dann zum Propagandainstrument: Dokumentarische Aufnahmen wurden so montiert, dass sie den jeweiligen Kriegszielen entsprachen.

Ein anderes Beispiel für Dokumentarfilme im Dienste politischer Interessen ist der sowjetische Film der 20er und 30er Jahre: Nachrichtenbilder, Interviews und Alltagsszenen wurden so montiert, dass sie die Ideen der russischen Revolution transportierten und sie insbesondere der Landbevölkerung nahebrachten. In Deutschland erreichte die Tendenz zum Propagandafilm einen Höhepunkt in den Werken Leni Riefenstahls, die unter anderem die Olympischen Spiele von 1936 im Sinne der nationalsozialistischen Politik filmisch inszenierte.

In den 20er Jahren begann auch die Zeit der so genannten Unterrichtsfilme, die speziell für den Gebrauch in der Schule hergestellt wurden. Sie orientierten sich an den Lehrplänen und wurden über Bildstellen vertrieben, die auch Unterrichtsmaterialien dazu erstellten. Nach 1933 wurden die Filme in den Dienst der nationalsozialistischen Kriegspropaganda gestellt und das Unterrichtsfilmprogramm erheblich erweitert.

Nach 1945 trugen die Lehrfilme durch ihre sehr konventionelle Machart dazu bei, das Genre des Dokumentarfilms in der Schule als langweilig zu diskreditieren. Allerdings war die Dokumentarfilmproduktion bis zum Ende der 50er Jahre auch nicht dazu angetan, diesen Ruf nachhaltig zu korrigieren. Die Mehrheit der Filme blieb dem konventionellen Format der so genannten Kulturfilme verhaftet, zu denen beispielsweise Reisefilme und Tierdokumentationen zählten. Nur wenige Produktionen hoben sich von diesen Formaten ab – als Beispiel sei hier „Nacht und Nebel" von Alain Resnais[46] genannt, ein Film, der sich in beeindruckender Weise mit dem nationalsozialistischen Völkermord auseinandersetzt.

Für den Dokumentarfilm brachte der Medienwechsel vom Kino zum Fernsehen ab den 60er Jahren weitreichende Veränderungen. Die Filme wurden journalistischer, neben den Bildern bekamen Kommentierungen aus dem Off ebenso wie Interviews eine größere Bedeutung. Auch ihr Beitrag zur politischen Meinungsbildung fiel nun stärker ins Gewicht. Politische Dokumentarfilme begleiteten die in den 70er Jahren entstehenden gesellschaftlichen Bewegungen wie Frauen- oder Umweltbewegung in Europa, ebenso die Unabhängigkeitsbewegungen in Afrika und Südamerika. Sie knüpften zunächst an die politischen Filme der 20er und 30er Jahre und entwickelten dann eigenständige Formen.

Im Fernsehen entstand bereits in den 80er Jahren eine Mischform aus Spielfilm und Dokumentarfilm, das Doku-Drama. Hier werden Spielszenen mit dokumentarischen Aufnahmen verknüpft, um ein authentisches Ereignis zu erzählen. Der klassische Dokumentarfilm, der für das Kino produziert wird, erlebt seit den 90er Jahren einen neuen Aufschwung. Treibende Kraft hinter dieser Entwicklung ist die Erkenntnis, dass Politik nicht nur auf der politischen Bühne, sondern im Leben jedes einzelnen Menschen stattfindet. Viele der neuen Dokumentarfilme veranschaulichen das, was unter dem Schlagwort Globalisierung zusammengefasst wird, anhand konkreter Lebenswirklichkeit. Eine wichtige Figur in diesem Kontext ist Michael Moore, der in Filmen wie „Roger and me" (1989) oder „Bowling for Columbine" (2002) den Dokumentarfilm erfolgreich ins Kino zurückbrachte.

In der Folgezeit waren Filme erfolgreich, die sich mit den Folgen der Globalisierung für die internationale Arbeitswelt beschäftigen, der Zerstörung der Umwelt und der Klimakatastrophe. Hierzu gehören Filme wie „Workingman's Death" (Michael Glawogger 2005) oder „We feed the World" (Erwin Wagenhofer 2005) ebenso wie „Eine unbequeme Wahrheit" (Davis Guggenheim 2006).

Der Dokumentarfilm im Unterricht

Das Angebot an interessanten und für den Unterricht geeigneten Filmen ist ausgesprochen groß. Politische, historische oder naturwissenschaftliche Themen werden besonders häufig aufgegriffen. Formal reicht das Spektrum von kurzen Lehrfilmen klassischer Machart über Dokumentarfilme, die mit historischem Bildmaterial arbeiten, bis hin zu Fernsehdokumentation und den bereits erwähnten neueren Filmen, die beispielsweise Fragen der Globalisierung aufgreifen.

Es gibt verschiedene Möglichkeiten, Dokumentarfilme auszuwerten. Um sich bewusst zu machen, dass hinter jedem Dokumentarfilm Entscheidungen über die Auswahl von Bildern und die Art der Inszenierung stehen, also um den spezifischen Blick des Filmemachers auf die Welt nachvollziehen zu können, ist es ratsam, nicht nur auf der inhaltlichen Ebene zu argumentieren, sondern auch eine formale Analyse durchzuführen und gezielt nach der Intention zu fragen, die einem Film zugrunde liegt. Das geht am besten, wenn die Schüler über ein gewisses Basiswissen zum Thema des Films verfügen.

Inhaltliche Analyse

Für das Verständnis eines Dokumentarfilms ist es wichtig, einige Angaben zum Film zu recherchieren (vgl. **Arbeitsblatt „Film" 1** aus der Spielfilmanalyse). Dazu gehören zum Beispiel die Person des Filmemachers und der Entstehungszeitpunkt.

Zur inhaltlichen Analyse gehört dann die Erfassung des Hauptthemas und der Schwerpunkte. Bereits hier kann sich ein bestimmtes Darstellungsinteresse zeigen, denn kein Film kann ein Thema erschöpfend behandeln. Wenn den Schülern eine andere Darstellung der Ereignisse oder des Themas zur Verfügung steht (z. B. aus einem Lehrbuch oder einer Zeitschrift/Zeitung) können sie Unterschiede oder Übereinstimmungen erarbeiten.

Zudem stellt sich die Frage nach den Quellen der Bilder. Viele gerade historische oder politische Dokumentationen verwenden historisches Bildmaterial, wobei zu berücksichtigen ist, dass diese Bilder auch immer eine bestimmte Sicht aus ihrer Entstehungszeit transportieren. Hier knüpfen sich viele Fragen an: Wo kommt das verwendete Material her? Wird es im Film eingeordnet und kritisch reflektiert oder nur unkommentiert wiedergegeben? Welche Funktion hat es im Hinblick auf die Intention des Films?

Formale Analyse

Gerade für die Wirkung eines Dokumentarfilms ist das Ton-Bild-Verhältnis von entscheidender Bedeutung: Sprechen Bilder für sich oder sind sie nur durch Erklärungen verständlich? Lässt der Film der Bildwirkung Raum oder dominieren die kommentierenden Texte? Welchen Anteil haben Interviews und O-Töne und wie aussagekräftig sind sie? Haben die Texte eine erläuternde, klärende Funktion oder etablieren sie eine eigenständige, kontrastierende Informationsebene? Um das Verhältnis von Bild und Ton zu verdeutlichen, kann man in näher zu untersuchenden Sequenzen jeweils eines von beiden ausschalten, gegebenenfalls in Verbindung mit dem Arbeitsauftrag, das Fehlende selbst zu gestalten.

Auch die Art der Kameraführung beeinflusst die Aussagekraft der Bilder: Eine unruhige Handkamera kann Spannung erzeugen oder die Authentizität einer Situation unterstrichen. Eine ruhige Kamera hingegen suggeriert einen abgeklärten, genauen Beobachter. Die Frage nach der Musik ist auch im Dokumentarfilm von entscheidender Bedeutung, denn sie kann der dramaturgischen Steigerung dienen und bestimmte Emotionen beim Zuschauer auslösen und so der Darstellung eine bestimmte Richtung geben. Untersucht werden kann hier auch, ob die Musik eher illustrierend, spannungserzeugend oder auf Personen bezogen positiv oder negativ wirkt. Ziel ist es dabei, nicht eine vorgegebene Deutung zu erreichen, sondern den Schülern Raum zu lassen, die Methoden der Filmsprache selbst zu entschlüsseln und zu interpretieren.

Die Intention des Films

Inhaltliche und formale Analyse führen zur Frage nach der Intention eines Dokumentarfilms. Erarbeitet wird das Verhältnis von Sachinformation und Wertung durch die Autoren, ebenso wie die Position, die der Film wiedergibt – entweder durch explizite Textaussagen oder durch die Aussagekraft der Bilder. Eine starke Hervorhebung einzelner Personen oder Ereignisse kann die Intention des Films beeinflussen. Auch die Abfolge von Bildern und Interviewpartnern gibt Hinweise auf das Ziel des Films, auf ideologische, religiöse oder politische Motive.

Ein fundiertes Vorwissen ist hilfreich, um die subjektive Komponente im Film zu erschließen und eine möglicherweise begrenzte Perspektive zu erkennen. Gerade in historischen oder politischen Dokumentationen, in denen es um Vergangenes geht, muss man berücksichtigen, dass Zeitzeugen bereits einen Verarbeitungsprozess hinter sich haben und so auch aus einer gewissen Distanz berichten. Die Untersuchung der inhaltlichen und formalen Darstellungsformen kann helfen, den ersten Eindruck zu überprüfen und zu einer reflektierten Einschätzung zu kommen (vgl. **Arbeitsblatt „Film" 9**).

2.3.10 Musikclips

Die heutigen Musikclips haben ihre Vorläufer bereits in den 50er Jahren, als man in der Musik- und Schallplattenindustrie erkannte, dass sich durch die Präsentation von Musik in Musikfilmen Tonträger besser verkaufen lassen. In den 60er Jahren gab es bereits die ersten Musiksendungen in Fernsehen, die die aktuelle Rockmusik vorstellten, so z. B. die Reihe „Beatclub". Zudem wurden Konzerte aufgezeichnet und dann als Film ausgestrahlt. Die „Beatles" waren dann die erste Band, die ihre Songs durch kurze, auf den Text bezogene Filme unterstützten.

In den 70er Jahren gingen immer mehr Bands dazu über, solche Filme zu drehen, die künstlerisch immer anspruchsvoller wurden. Sie dienten meist dazu, die Musik zu verkaufen. In den 80er Jahren begann die Musikindustrie dann, Musiksender wie MTV oder VIVA zu nutzen. Es entstanden zunehmend auch Videos von bekannten Regisseuren, die eigene Geschichten erzählten.

Seit der Jahrtausendwende wurde die Verbindung von Werbung und Musikclips immer enger. Waren die Clips bis dahin Werbung für die Musik und die Musiker selbst, so wurden sie jetzt zunehmend auch als Werbeträger für andere Produkte entdeckt. Die Musik unterlegt beispielsweise Werbung für Getränke Kleidung oder Autos. Umgekehrt wurden Autos oder andere Produkte mit einem Label versehen, etwa dem Namen einer bekannten Band wie den „Rolling Stones". Das Ziel dabei ist leicht nachvollziehbar: Es geht darum, auf das zunächst einmal nutzwertorientierte Produkt etwas von dem Lebensgefühl zu übertragen, das mit der jeweiligen Band in Verbindung gebracht wird.

Die zunehmende Digitalisierung veränderte auch das Rezeptionsverhalten. Musik-TV-Sender verloren an Bedeutung und wurden zum Teil eingestellt. Das Internet und Videoportale ermöglichen heute einen leichten Zugriff auf Musikvideos. Musik, auch visualisiert durch IPods und internetfähige Handys bzw. Smartphones, ist zum ständigen Begleiter der Jugendlichen geworden. Sie wirkt stimulierend und drückt das eigene Lebensgefühl aus.

Musikclips im Unterricht

Die Auseinandersetzung mit der Gestaltung und Wirkung von Musikvideos setzt voraus, dass Lehrkräfte die Faszination ihrer Schüler für dieses Format ernst nehmen. Sie sollten anerkennen, dass es sich um eine neue Kunstform handelt, mit besonderen filmsprachlichen Mitteln.

Grundsätzlich unterscheidet man zwischen zwei Typen von Clips: Bei *Performance-Clips* steht die musikalische Aufführung im Vordergrund – es sind im Prinzip visuell aufgeladene Musikdarbietungen, die auch auf Konzertmitschnitten beruhen können. *Concept-Clips* erzählen oft eine fortlaufende Geschichte, die im engen Zusammenhang mit dem Songtext steht. Hier verwandeln sich die Musiker in Schauspieler. Andere Concept-Clips lassen keine narrative Struktur erkennen, sondern setzen sich aus assoziativ aneinander gefügten Bildern zusammen, die mit dem Text oder dem Image der Gruppe in mehr oder weniger enger Beziehung stehen.

Typische Gestaltungsmittel sind schnelle Schnitte und Farbwechsel, oft am Tempo der Musik orientiert, sowie wechselnde Kameraeinstellungen. Meist werden in den Clips Themen, Stimmungen und Gefühle inszeniert, indem wiederkehrende, oft symbolische Bildmotive gezeigt werden. Schnelle Wechsel der Perspektive können zu einer hohen, letztendlich aber oberflächlichen Informationsdichte führen. Die Schüler sollten erkennen, dass die symbolhaften Bilder beim Zuschauer beispielsweise Idealvorstellungen von Freiheit, Glück oder sexueller Attraktivität auslösen sollen, ohne dass diese einen Bezug zu einer konkreten Person oder einem Ereignis haben. Auch Videos, die mit negativen Stereotypen wie Gewalt oder Krieg arbeiten, geben oft nur stereotype Schlüsselbilder wieder.[47]

Einsatzmöglichkeiten von Musikclips im Fachunterricht

Deutsch	Filmsprache, Medientexte, poetry clips
Politik/Ethik	Mediale Darstellungsformen, Jugendkultur, Gewaltdarstellungen in Musikclips
Geschichte	Mediale Darstellungsformen, Instrumentalisierung von Geschichtsbildern, Krieg und Gewalt
Fremdsprachen	Alltagskultur, Musik, Songtexte, Filmsprache
Musik/Kunst	Filmsprache, Performance und Concept Clips, Bildsprache

Für die Auswahl von Musikclips sind Videoportale wie YouTube hilfreich. Sie sind für viele Jugendliche zum festen Bestandteil ihres Medienalltags geworden und bieten die Möglichkeit, an Alltagserfahrungen der Schüler anzuknüpfen. Ein weiterer medienpädagogischer Effekt der betreuten Nutzung von YouTube im Unterricht ist die Sensibilisierung der Jugendlichen für den Umgang mit dem Internet und seinen Gefahren. Es ist hilfreich, wenn die Schüler bereits Erfahrungen im Umgang mit Filmen haben. Bei der Analyse von Musikclips wird es zumeist um folgende Themen gehen:
- die Beziehung zwischen Bild-und Musikebene,
- die filmsprachlichen Mittel und ihre Wirkung,
- thematische Anspielungen, atmosphärische Gestaltung,
- das Verhältnis von Songtext zur Bildsprache des Musikclips,
- Filmgenres und Filmzitate, die im Clip vorkommen könnten,
- Hintergrundwissen zu den Musikern und ihrem Musikstil,
- die Reflektion des eigenen Umgangs mit Videos als Element der Alltagskultur.

Das große Schaufenster: YouTube und Schule

YouTube hat mit „YouTube for Schools" ein spezielles Angebot für Bildungseinrichtungen entwickelt (www.youtube.com/schools), das bisher allerdings nur in englischer Sprache existiert. Wenn ein Account für die Schule eingerichtet wurde, stehen den Lehrkräften vorbereitete Listen, sortiert nach Themen und Altersstufen, zur Verfügung. Über den Schul-Account können auch Videos aus dem öffentlichen Portal hinzugefügt werden. Ebenso kann voreingestellt werden, auf welche Videos die Schüler Zugriff haben. Ein weiterer Service ist die Seite TeacherTube (www.teachertube.com), die nicht nur Videos enthält, sondern auch Audiodateien sowie verschiedene weitere Unterrichtsmaterialien.

2.3.11 Aktive Videoarbeit

Um das komplexe Zusammenspiel von bewegten Bildern, Sprache und sonstigen Tönen besser zu verstehen, bilden eigene Gestaltungsversuche und deren Reflexion didaktisch sinnvolle Unterrichtsbausteine im Sinne eines handlungsorientierten Unterrichts. Hierbei können Schulen auf vielerlei Unterstützungsangebote zurückgreifen: Die Medienzentren der Bundesländer, die Landesmedienanstalten, aber auch Kirchen und kommunale Einrichtungen bieten Materialien, Knowhow und Gastdozenten, oft auch in Verbindung mit Veranstaltungsreihen oder Wettbewerben. Letztere motivieren Schüler mitunter zu besonderen Leistungen und regen sie oft auch zur außerschulischen Weiterarbeit an.

Die Produktion von Filmen ist vergleichsweise aufwändig und erfordert Zeit – auf der anderen Seite sprechen viele, auch pädagogische Gründe dafür, aktive Film- und Videoarbeit im schulischen Mediencurriculum zu verankern:
- Die Schüler lernen ganz praktisch die Arbeitsschritte und die unterschiedlichen Beteiligten einer Filmproduktion kennen und erfahren, wie aufwändig die Herstellung eines Films ist.
- Sie können bereits erlerntes Filmwissen anwenden und vertiefen.
- Film ist immer Teamarbeit und stärkt die Fähigkeit der Schüler, sich im Team zu organisieren und arbeitsteilig vorzugehen.
- Kein Film entsteht ohne Konzept: Wer den Weg von der Idee über ein Storyboard zur Arbeit mit der Kamera und bis in die Postproduktion geht, lernt strukturiertes Arbeiten.
- Der ästhetische Wert, der im Zusammenspiel vieler verschiedener Elemente entsteht, wird letztendlich am intensivsten durch eigenes Tun vermittelt.
- Die Produktion eines Films verändert bei vielen Schülern die Haltung als Konsument, da sie Produktionsprozesse besser verstehen und kritisch reflektieren können.

Filmproduktion im Unterricht

Umfassende Kenntnisse der Lehrkraft sind nicht erforderlich, jedoch sind einige Regeln zu beachten:
- Videoprojekte sollten thematisch an den Lehrplan anknüpfen.
- Nicht zu hohe Ziele stecken: Die Ergebnisse müssen nicht perfekt sein; die Projekte sollten in einem überschaubaren Rahmen realisiert werden können.
- Videoprojekte sollten nicht nur in Projektwochen stattfinden, sondern in den normalen Unterricht integriert werden.
- Besonders gut eigenen sich Videoprojekte für den fächerübergreifenden Unterricht.
- Technisches Material muss verfügbar sein und sollte vor Beginn der Arbeit überprüft werden.

Für die Herstellung eines einfachen Videos ist keine umfangreiche technische Ausstattung nötig, sondern es werden die folgenden technischen Geräte benötigt, die aber meist an jeder Schule vorhanden sind:
- mindestens ein Camcorder, wenn die Lerngruppe größer ist, auch zwei, damit verschiedene Szenen gleichzeitig gedreht werden können;
- ein Stativ für ruhige Aufnahmen, Zooms und Schwenks; gerade bei jüngeren Schülern ist das Stativ unabdingbar, da sie oft noch nicht in der Lage sind, die Kamera in der Hand ruhig zu halten;
- ein externes Mikrofon, das unbedingt erforderlich ist, wenn der Ton eine entscheidende Rolle spielt;
- ein Fernseher, an den der Camcorder direkt angeschlossen werden kann, um die gefilmten Sequenzen gleich zu überprüfen;
- zwei Notebooks mit ausreichender Speicherkapazität und einem Schnittprogramm wie „Windows Movie Maker" oder „Pinnacle".

Die Filmproduktion im Unterricht umfasst drei Phasen: die Vorbereitung, die Produktion sowie die Postproduktion (vgl. **Arbeitsblätter „Film" 10/11**).

Vorbereitung

In der Einführungsphase werden die Schüler an die Videotechnik und die Bildsprache herangeführt. Zunächst werden die wesentlichen Elemente der Kamera erklärt (Ein-Aus-Schalter, Aufnahme/Abspielen, Zoom, Belichtung und Befestigung am Stativ). Dann werden die unterschiedlichen Kameraeinstellungen und Perspektiven erarbeitet, wobei sich die Bausteine zu Kameraeinstellungen aus dem Kapitel Filmanalyse verwenden lassen.

Anschließend filmen die Schüler in Gruppen bestimmte Gegenstände oder Personen und setzen dabei die unterschiedlichen Einstellungen und Perspektiven ein. Diese können im Anschluss gleich analysiert werden, damit die Schüler mögliche Fehler sofort erkennen.

Die Themenfindung ist ein wichtiger Prozess – zum einen für die Identifikation der Schüler mit ihrem Video, zum anderen im Hinblick auf die Umsetzbarkeit. Das Thema sollte dem Kenntnisstand und der Interessenslage der Schüler entsprechen und keine aufwändigen Recherchen erfordern. Es muss einfach und eng umgrenzt sein, so dass eine Umsetzung mit einer Filmlänge von drei Minuten möglich ist.

Die Produktion

Die Produktion beginnt mit einen Exposé, in dem die Filmidee in wenigen Sätzen skizziert wird. Daraus wird zunächst ein Drehbuch entwickelt, das bei literarischen Vorlagen und selbst erdachten Geschichten die Szenenbeschreibungen und die Dialoge enthält. Bei der Umsetzung literarischer Vorlagen ist zu beachten, dass es unter Umständen notwendig ist, die Geschichte in eine andere szenische Reihenfolge zu bringen, beispielsweise bei parallel laufenden Handlungen. Für die Auswahl der Requisiten gilt, dass bei Filmproduktionen in der Unterrichtszeit möglichst in der Schule vorhandenes Material verwendet wird oder solches aus dem Besitz der Schüler.

Die Planung für einen Dokumentarfilm besteht darin, dass zunächst aus den vorbereitenden Recherchen das Thema und die Aussage des Films möglichst präzise herausgearbeitet werden. Natürlich kann hier nicht jedes Wort vorab festgelegt werden, dennoch ist eine gute Vorplanung unerlässlich: Welche Bildmotive solle der Film enthalten, welche Gesprächspartner sollen in welcher Funktion auftreten? Ist der Einsatz von Landkarten, Grafiken oder Tabellen sinnvoll? Interviews müssen organisiert und inhaltlich vorbereitet werden. Bei Filmaufnahmen an außerschulischen Orten ist zu berücksichtigen, dass unter Umständen Drehgenehmigungen eingeholt werden müssen.

Ein weiterer Schritt in der filmischen Umsetzung ist das Storyboard, in dem die Bedingungen der Filmproduktion und der Ablauf des Drehens festgelegt werden. Zugleich dient es auch als Drehplan, an den sich alle bei der tatsächlichen Aufnahme halten müssen. Nach Abschluss der Vorarbeiten beginnt nun der eigentliche Dreh. Einige Regeln helfen, die gröbsten Fehler zu vermeiden:
• nach Möglichkeit immer Stativ einsetzen
• wenig schwenken und zoomen
• richtiger Bildausschnitt: Was ist für mein Bild wichtig?
• verschiedene Einstellungen von einer Person wählen, auch Detailaufnahmen
• die Aufnahme immer etwas länger laufen lassen als nötig

Auch die Requisiten sollten bereit liegen und aufgebaut sein, die Lichtverhältnisse müssen stimmen. Gegenlicht muss ausgeschlossen sein ebenso wie störende Geräusche. Die Schüler lernen hier, dass ein Film nur mit Teamarbeit zu verwirklichen ist; eine wichtige Erfahrung ist auch die, dass für wenige Sekunden Film oft sehr aufwändige Dreharbeiten erforderlich sind. Die Lehrkraft sollte eine beobachtende Position einnehmen und falls nötig Hilfestellung leisten. Die Arbeit mit der Kamera fördert die Kreativität und gibt schwächeren Schülern die Chance, Fähigkeiten einzubringen, die im „normalen" Unterricht weniger gefragt sind.

Die Postproduktion

In der dritten Phase, der Postproduktion, wird der Film im Klassenverband gesichtet. Ein Schnittprotokoll hilft den Schülern beim Zusammenstellen der Sequenzen, die für die Endfassung des Films benötigt werden. Der Film wird von der Kamera auf den Schnittcomputer überspielt und dort bearbeitet und gegebenenfalls nachvertont. Die gängigen Schnittprogramme bieten eine Vielzahl von unterschiedlichen Geräuschen, aber auch Musik, die kostenfrei benutzt werden kann. Die Erstellung des Vor- und Nachspanns kann am Computer erfolgen. Zum Schluss wird der Film aus dem Programm exportiert und auf einer DVD gespeichert.[48]

Nach Fertigstellung des Projektes können die Filme in der Schule oder auch im Rahmen einer Schulveranstaltung präsentiert werden. Eine weitere Möglichkeit besteht darin, die Filme bei YouTube einzustellen und so einer breiteren Öffentlichkeit zugänglich zu machen. Hierbei ist aber sorgfältig darauf zu achten, dass ein Einverständnis der beteiligten Schüler (ggf. der Eltern) und anderer bildlich dargestellter Personen vorliegt und dass kein Bild- und Tonmaterial verwendet wird, an dem die Filmemacher keine Rechte haben.

2.3.12 Fächerspezifische Ideen für die aktive Filmarbeit

Medienbildung ist in den Lehrplänen der meisten Bundesländer als fächerübergreifende Aufgabe definiert, die in allen Unterrichtsfächern verwirklicht werden kann. Gerade die aktive Medienarbeit, bei der die Schüler vom Konsumenten zum Produzenten werden, kann mit unterschiedlichen Unterrichtsthemen verknüpft werden. Sie fördert eine kreative, selbstständige und nachhaltige Erarbeitung von Lehrplaninhalten: Wer zu einem Thema einen Film gedreht hat, wird die dort visualisierten Zusammenhänge nicht nach zwei Wochen wieder vergessen haben. Die folgenden Abschnitte geben Anregungen zur Arbeit mit der Kamera, bezogen auf einzelne Unterrichtsfächer.

Fremdsprachen

Moderner Fremdsprachenunterricht sollte handlungsorientiert sein und die Fähigkeit des Sprechens fördern. Daher eignet sich die Kamera besonders für kommunikative Übungen. Nach Jahrgängen abgestuft, lassen sich folgende Übungsformen umsetzen:
- Rollenspiele: Kleine Alltagssituation wie beispielsweise der Einkauf, der Besuch im Restaurant oder für ältere Schüler auch Diskussionen über ein bestimmtes Sachthema
- Präsentationen: Kurzreferate zu einem Thema aus dem Lehrbuch
- Kurzfilme zur Landeskunde: Porträt einer Stadt, einer Region oder einer prominenten Persönlichkeit; Fächerübergriff zu Erdkunde oder Politik
- Erstellung eines Werbespots
- Theater spielen: Verfilmung eines Gedichtes, einer Kurzgeschichte, eines Ausschnitts aus einem literarischen Werk

Naturwissenschaftliche Fächer

Da naturwissenschaftliche Fächer viele Alltagsphänomene behandeln, lassen diese sich auch mit der Kamera erkunden. Die Schüler erfahren so, wie Naturfilme oder auch Berichte über die Klimaveränderung zustande kommen, und lernen, diese zu bewerten.
- Kurze Lehrfilme zu Tieren oder Pflanzen
- Lehrfilme zu Experimenten, die von den Schülern selbst durchgeführt werden; dazu die entsprechenden Erklärungen und Hintergründe
- Mathematik im Alltag: Filme über geometrische Körper auf dem Schulgelände (ergänzt durch Zeichnungen), Methoden der Vermessung von Außenflächen oder Dokumentation über Preis- und Mengenangaben an Ladenregalen und auf Produkten
- Vorstellung eines berühmten Naturwissenschaftlers
- Journalistischer Beitrag zu einem Thema aus dem Themenkomplex Umweltverschmutzung oder Gentechnologie (Fächerübergriff zu Politik)

Erdkunde

Geografische Phänomene oder Orte werden erkundet und in Video-Dokumentationen dargestellt. So können etwa Fragen der Stadtplanung in Zusammenarbeit mit den Fächern Politik oder Geschichte thematisiert werden.
- Dokumentation von Ausflügen oder Klassenfahrten; filmpraktische Aufgaben steigern die umweltbezogene Wahrnehmungsfähigkeit der Schüler
- Herstellung eines Reisevideos, beispielsweise über die Heimatstadt oder das Ziel einer Klassenfahrt
- Lehrfilme zu bestimmten Themen wie Wasser oder Landwirtschaft (Erkundung eines globalen Themas auf lokaler Ebene); Ausgestaltung des Films mit Grafiken, Karten oder Interviews

Geschichte

Das Fach Geschichte bietet viele Möglichkeiten der aktiven Videoarbeit. Zum einen können mit der Kamera historische Spuren vor Ort gesucht werden, aber auch die Befragung von Zeitzeugen ist ein spannendes und anspruchsvolles Thema. Die Arbeit mit der Kamera kann als Vehikel dienen, um Interesse an bestimmten historischen Themen zu wecken. Die Schüler erfahren so die Notwendigkeit, zeithistorische Darstellungen auch in Film und Fernsehen zu hinterfragen.
- Bestimmte historische Begebenheiten im Heimatort oder am Ort einer Klassenfahrt erforschen (Einbeziehung von Dokumenten, Zeitungen, Fotos oder Archivmaterial)

- Zeitgeschichtliche Themen mit Hilfe von Zeitzeugeninterviews und filmischen Bildern erarbeiten
- Dokumentation von Veranstaltungen zu einem bestimmten Jahrestag (z. B. 3. Oktober 1990)

Politik

Politikunterricht eignet sich für die aktive Videoarbeit, weil Schüler hier sehr konkret nachvollziehen können, wie die Auswahl und Vertextung von Bildmaterial für die Darstellung politischer Botschaften genutzt werden kann.
- Eine Nachrichtensendung gestalten; die Schüler übernehmen dabei die Rolle des Redakteurs und stellen die Nachrichten zusammen. Sie lernen so, dass auch die Auswahl und Zusammenstellung der Nachrichten nicht objektiv ist, sondern einer bestimmten Dramaturgie unterliegt.
- Ein kommunalpolitisches Thema medial aufbereiten (eine umstrittene Mülldeponie, Schließung eines Schwimmbads, wichtige Stadtratssitzung usw.). Hier kann es um Fragen der Ausgewogenheit gehen und das Herausarbeiten bestimmter Aspekte. Möglich ist auch, dieselbe Filmsequenz mit zwei verschiedenen Kommentaren zu unterlegen, um so die manipulative Verwendung von Bildmaterial zu erkennen.

Religion

Die Bedeutung von Religionen, religiösen Bräuchen und Symbolen, aber auch Religionsgeschichte können hier Thema sein. Zum einen geht es dabei um Darstellung von sachlichen Themen, aber auch um die Bedeutung von Religion im heutigen Leben, womit man auch die emotionale Ebene der Schüler erreicht. Religiöse Themen erfordern eine besondere Sensibilität beim Einsatz der Kamera.
- Religiöse Orte mit der Kamera erkunden: Kirchen, Synagogen, Moscheen oder Klöster
- Thematische Filme zu Abschnitten der Bibel, beispielsweise den zehn Geboten und ihrer Bedeutung in der heutigen Zeit
- Filmbeiträge zu aktuellen Debatten, etwa um Vorbehalte gegenüber dem Islam

Musik und Kunst

Im Vordergrund steht die ästhetische Bildung, die Auseinandersetzung mit der Welt der Zeichen und Symbole. Insbesondere die Verknüpfung von Bildern und Musik fasziniert Jugendliche; in den Medienprodukten finden sich Codes und Symbole, die die Schüler zum Kommunizieren benutzen. Mit eigenen Videopro-

duktionen können die Schüler erlernen, künstlerische Ausdrucksmöglichkeiten zu entwickeln und zu realisieren.
- Kurze Spielszenen nachvertonen und das Zusammenspiel von Musik und Bild untersuchen
- Ein ausgewähltes Musikstück filmisch umsetzen
- Herstellung eines Werbespots
- Kurzfilm zu einem Künstler oder einer Kunstrichtung

Deutsch

Film ist Lerngegenstand in fast allen Lehrplänen der Bundesländer. Dabei geht es hier das Medium als Textform, etwa im Vergleich mit literarischen Texten oder aber um Film als Form dramatischer Kunst.
- Prosatexte verfilmen: Szenen aus Ganzschriften oder Kurzgeschichten, bei jüngeren Schülern auch Märchen oder Fabeln. Der Film erweitert die Vorstellungskraft und bietet neue Interpretationsmöglichkeiten.
- Poetry Clips zu Gedichten erstellen; die Visualisierung poetischer Texte hilft Schülern, die Ausdrucksnuancen lyrischer Sprache zu verstehen.
- Gestaltung von Szenen aus Theaterstücken
- Journalistische Beiträge erstellen
- Auf den Spuren von Schriftstellern – Porträts lokaler Literaten oder literarischer Orte (etwa bei Exkursionen oder Klassenfahrten)

2.3.13 Kurz erklärt: Glossar zum Thema Film

Abblende
Ausblendung eines Filmbildes zum schwarzen Bild.

Adaption
Umarbeiten einer literarischen Vorlage in ein audiovisuelles Medium

Akustische Klammer
Innerhalb einer Montagesequenz werden Bilder mit durchgängigem Ton unterlegt, dadurch erscheinen sie zusammengehörig

Assoziationsmontage
Aufeinanderfolgende Bilder unterschiedlichen Inhalts werden gegenübergestellt und der Zuschauer wird zu einer bestimmten Aussage geleitet

Blue screen/green screen
Mischverfahren, bei dem die Darsteller zunächst vor einer blauen oder grünen Wand agieren. Sie dient als Platzhalter für einen anderen Hintergrund, der mittels Computertechnik später eingefügt wird.

Cinéma vérité
Konzept des Dokumentarfilms, das die Wirklichkeit wiedergeben soll, ohne bewusst getroffene Aussage

Cliffhanger
Dramaturgisches Prinzip in Fernsehserien. Jede Episode endet mit einer spannenden Szene mit offenem Ende, damit der Zuschauer wieder einschaltet.

Dramaturgie
Aufbau und Gliederung einer Handlung

Einstellung (engl. shot)
Ein kontinuierlich aufgenommenes Stück Film, das durch einen Schnitt oder eine Blende begrenzt wird

Epische Montage
Die Bilder werden kontinuierlich verbunden, der Film ist aufgebaut wie ein Theaterstück.

Erzählte Zeit
Die Zeitspanne, die die Filmhandlung umfasst

Mise en scène
Der Begriff stammt ursprünglich aus dem Theater und umfasst alle Rauminformationen, aus denen der Zuschauer die filmische Wirklichkeit konstruiert.

Parallelmontage
Darstellung mehrerer gleichzeitig ablaufender Handlungsstränge

Schuss/Gegenschuss
Bei Dialogen übliche Schnittfolge, bei der die Protagonisten abwechselnd gezeigt werden

Sequenz
Inhaltlich, zeitlich oder örtlich zusammenhängende Bildfolge

Splitscreen
Filmbild wird in zwei oder mehrere Bereiche aufgeteilt, um verschiedene Handlungen gleichzeitig zu zeigen.

Storyboard
Visualisierung des Drehbuchs; Bildausschnitte werden durch Skizzen dargestellt.

Subjektive Kamera
Die Kamera imitiert die Sichtweise einer Figur.

Arbeitsblatt „Film" 1: Basisauswertung Sek. I/II

Basisaufgaben zur Filmanalyse

Aufgaben
- Recherchiert wichtige Fakten zum Film: Handlung, Regisseur, Zeit der Entstehung, Geschichte des Films.
- Erstellt ein Sequenzenprotokoll unter der Fragestellung: Was geschieht in welcher Reihenfolge und wie ist die Geschichte aufgebaut?

Fakten zum Film: _____

Titel
Regisseur
Hauptdarsteller
Land
Jahr
Filmtechnik
Laufzeit
Datum der Uraufführung

Sequenzenprotokoll zum Film: _____

Sequenznummer	Handlung/ Bildinhalte	Zeit: von … bis (Std:Min:Sek.)	Dauer

Fragen zu Figuren und zum Raum-Zeitbezug

Aufgaben
- Handlung und Figuren sind in einem Film eng miteinander verbunden. Wichtig zum Verständnis eines Films sind auch Zeit- und Raumbezüge. Schließlich greifen viele Filme auf literarische Vorlagen zurück. Beantwortet die folgenden Fragen zu diesen drei Bereichen, um den Film zu verstehen.

Handlung, Konflikte, Figuren
1. Wie könnte man die Handlung in einem Satz zusammenfassen?
2. Wie lässt sich der zentrale Konflikt des Films beschreiben?
3. Welche Mentalität, welche soziale und politische Einstellung kennzeichnet die Hauptfiguren des Films?
4. Welche Figurenhandlungen sind besonders wichtig für den Film?
5. Welche Handlung, körperliche Eigenschaft, Kleidung oder Sprechweise prägt die Figuren in besonderer Weise?
6. Erfährt man etwas über das Innenleben der Figuren oder bleibt ihre Darstellung oberflächlich? Sind die Figuren realistisch?
7. Wie werden die Beziehungen untereinander dargestellt?

Zeit und Raum
1. Auf welche Zeit bezieht sich der Film?
2. Welchen Handlungszeitraum umfasst der Film?
3. Wo spielt die Handlung?
4. Wie thematisiert der Film Vergangenheit, Gegenwart oder Zukunft?

Bei Literaturverfilmungen: Vergleich zwischen Textvorlage und Film
1. Inwiefern wurde der Handlungsablauf der Geschichte oder der Spannungsbogen verändert?
2. Welche Passagen sind umgestellt und/oder erhalten ein besonderes Gewicht?
3. Welche Figuren sind im Film hinzugekommen oder weggelassen worden?
4. Vergleicht Anfang und Ende des Buches mit dem Film. Blieb der zeitliche oder historische Bezugsrahmen erhalten?
5. Ist die Erzählperspektive verändert worden?

Arbeitsblatt „Film" 3: Formale Analyse

Fragen zu filmsprachlichen Techniken

Inszenierung/Mise en scène
1. Wie lässt sich die räumliche Umgebung beschreiben, in der der Film spielt (alltägliche, historische, exotische oder imaginäre Umgebung)?
2. Welche Räume und Handlungsorte haben eine besondere Bedeutung?
3. Welche Ausstattungsdetails sind für die Figuren besonders wichtig?

Kamera
1. Gibt es Einstellungsgrößen, die auffällig häufig vorkommen?
2. An welcher Stelle des Films werden durch die Einstellungsgrößen Personen, ihre Gefühle und Beziehungen zueinander inszeniert?
3. Gibt es an einzelnen Stellen auffällige Kameraperspektiven (extreme Auf- oder Untersicht, verkantete ‚schräge' Perspektiven etc.)?
4. Ist die Kamera eher statisch oder eher bewegt? Welchen Effekt hat das auf die Atmosphäre des Films?
5. Erzeugt die Kamera durch Nah- oder Halbnaheinstellungen Nähe zu einer oder mehreren Figuren oder zeigt sie das Geschehen aus objektiv wirkender Distanz? Zeigt die Kamera das Geschehen aus der Perspektive einzelner Figuren?

Farben und Licht
1. Welche Farben dominieren im Film oder in bestimmten Sequenzen?
2. Werden Farben/Farbkombinationen zur Charakterisierung von Personen, Orten, Passagen der Handlung verwendet?
3. Wie werden Licht und Schatten eingesetzt? Dominieren dunkle oder helle Flächen? Welche Stimmung wird so erzeugt?

Montage
1. Welche Montageverfahren werden verwendet? Wie verbinden sie Personen, Handlungsstränge und Zeitebenen miteinander?
2. Entstehen durch die Montage bestimmte Effekte?

Ton und Musik
1. An welchen Stellen tritt die Filmmusik hervor und wie wirkt sie?
2. In welchem Verhältnis steht die Musik zu den jeweiligen Filmbildern? Gibt es Musik, die ein Teil der Handlung ist?
3. Gibt es Stellen, an denen Geräusche eine besondere Wirkung entfalten? Fällt eine bestimmte Sprechweise eines Darstellers auf?

Der Film im gesellschaftlich-politischen Kontext

Aufgaben
- Beschreibt die in der Grafik dargestellten Zusammenhänge.
- Analysiert die politisch-sozialen Aussagen eines Films, indem ihr in drei Schritten Filmhandlung und gesellschaftliche Bezüge untersucht.

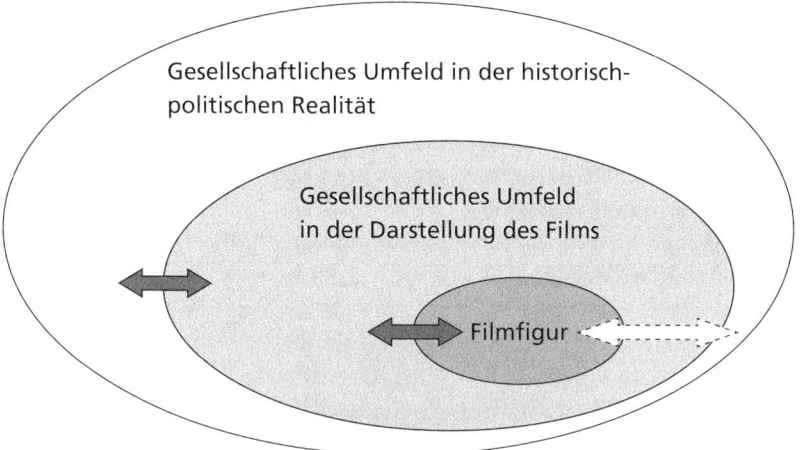

Analyse in drei Schritten: Film und gesellschaftliche Realität

1. Die Figur in ihrer Umwelt
Arbeitet anhand der Entwicklung einer Figur heraus, wie die Gesellschaft, die sie umgibt, auf sie einwirkt, ihre Handlungen bestimmt oder wie sie gegen diese rebelliert. Welche Wünsche hat die Figur und wie sind diese mit der filmischen Realität vereinbar?

2. Darstellung von gesellschaftlichem Umfeld
Analysiert, inwiefern der Film in seiner Darstellung von Orten und Personen auf eine außerfilmische Realität verweist. Welche filmischen Informationen über Geschichte, Kultur und Gesellschaft werden gegeben? Welche Bereiche werden weggelassen? An welchen Stellen weicht die filmische Welt von der historischen Realität möglicherweise ab?

3. Einordnung des Films
Recherchiert den historisch-politischen Kontext, vor dem der Film entstanden ist. In welchem Verhältnis standen Autor und/oder Regisseur zu diesem Kontext? Wie wurde der Film vom Publikum aufgenommen?

„Panic Apple" – ein Kurzfilm von Schülern

 Video-Material: „Panic Apple"

Aufgaben
- Seht euch den Film „Panic Apple" an und versucht in einem Satz darzustellen, worum es in dem Film geht. Wie lässt sich der Film in Abschnitte unterteilen?
- Erstellt mit Hilfe der Tabelle eine Übersicht über die Bildinhalte und die filmischen Gestaltungsmittel. Überprüft anschließend eure erste Aufteilung des Films in Abschnitte.
- Die Musik wurde von den Schülern selbst entwickelt und gespielt. An welchen Stellen des Filmes ist welche Art von Musik zu hören? Welche Wirkung erzielt sie?
- Überlegt, was einen Kurzfilm vom (Lang-)Spielfilm unterscheidet. Welche Kurzfilme kennt ihr? Wo begegnet man heute dem Format Kurzfilm?

Übersicht „Panic Apple"

Bildinhalt/Szene	Darsteller	Schnitt/Kamera	Sprache/Geräusche	Musik

Arbeitsblatt „Film" 6: Fernsehgewohnheiten I

Fernsehen – Spaß, Spannung oder Information?

Aufgabe
- Die meisten Menschen verbringen viel Zeit vor dem Fernsehbildschirm. Wie sieht dein persönliches Programm aus? Die folgenden Fragen sollen dir Anregungen geben, über deine Fernsehgewohnheiten nachzudenken und dich mit deinen Mitschülern auszutauschen.

Deine Fernsehgewohnheiten

Welche Sendungen schaust du dir an?

_____

Wie wählst du sie aus?

_____

Wie viele Stunden pro Woche siehst du Fernsehen?

_____

Welche Sendungen kannst du empfehlen?

_____

Deine Lieblingssendung

Wie heißt deine Lieblingssendung?

_____

Wann und wie oft in der Woche/im Monat wird sie gesendet?

_____

An wen richtet sich die Sendung?

_____

Arbeitsblatt „Film" 7: Fernsehgewohnheiten II   Sek. I

In welches Format gehört die Sendung?

_____

Wer spielt die Hauptrolle?

_____

Was ist das Thema der Sendung?

_____

Was ist das Besondere an der Sendung und warum gefällt sie dir?

_____

Lieblingssendungen vergleichen

Trage die Sendungen, die in deiner Klasse besonders beliebt sind, in eine Tabelle ein und ordne sie einem Format zu.

Titel	Serie	Nachrichten/Info	Show	Spielfilm

Arbeitsblatt „Film" 8: Soap-Opera   Sek. I

Die tägliche Dusche – „Daily Soaps" unter der Lupe

Aufgaben
- Daily Soaps sind Endlosserien, deren Folgen mehrmals wöchentlich gesendet werden. Überlegt gemeinsam, welche Daily Soaps ihr kennt. Wählt eine aus, um sie genauer zu untersuchen.
- Benennt die Themen und Probleme, um die es in der Daily Soap geht. Diskutiert, ob sie wirklichkeitsnah dargestellt werden.
- Seht euch eine Folge an und teilt euch so auf, dass jeder von euch eine Figur aus der Daily Soap beobachtet. Tragt die Ergebnisse in die Tabelle ein.
- Seht euch die Folge ein zweites Mal an und analysiert den Aufbau: Wie viele Handlungsstränge gibt es? Was passiert am Übergang von einem zum nächsten Handlungsstrang? Wie wird das Ende einer Folge gestaltet?
- Überlegt, ob ihr so leben wollt wie die Figuren in eurer Daily Soap.

Daily Soap: Analyse der Hauptfiguren

Name		
Alter/ Familienstand		
Lebensform		
Beruf		
Äußere Erscheinung		
Eigenschaften/ Position innerhalb des Figuren-Ensembles		
Rolle in der untersuchten Episode		

Analyse eines Dokumentarfilms

Aufgabe
- Dokumentarfilme stellen – anders als Spielfilme – ein reales Geschehen dar. Es wäre aber falsch zu glauben, dass Dokumentarfilme ausschließlich an der Vermittlung von Fakten interessiert sind. Viele dieser Filme folgen einer Frage oder bringen mit filmischen Mitteln Meinungen zum Ausdruck. Beantworte zunächst die Fragen zu 1. Für die formale Analyse kannst du auch eine Tabelle wie unten anlegen.

Struktur eines Dokumentarfilms

Schauplatz	Akteure	Wichtige Informationen/ Kernaussagen	Besonderheiten der Gestaltung

1. Fragen zum Inhalt
a) Welches Thema hat der Film? Wie lautet seine Kernaussage?
b) Wie könnte man den Standpunkt des Regisseurs/Autors formulieren?
c) Ist die Darstellung polarisierend oder ausgewogen?
d) Welche Bilder werden verwendet? Handelt es sich um historisches Material oder aktuelle Aufnahmen? Werden nur bewegte Bilder eingesetzt oder auch anderes Material (Fotos, Grafiken usw.)?

2. Fragen zur formalen Struktur
a) Welche Schauplätze und welche Akteure treten auf? Wie hängen die einzelnen Sequenzen zusammen (chronologisch, thematisch, Rückwärtsbewegung in die Vergangenheit usw.)?
b) Wie wird die Kamera eingesetzt? Ist sie beweglich oder statisch? Welche Auswirkungen hat das für die Atmosphäre des Films?
c) Welche Einstellungen werden am häufigsten verwendet?
d) Wie wird die Aufteilung zwischen Sprechertext und Originalton gestaltet? Welche Funktion hat/haben der/die Sprecher?
e) Welche Rolle spielt die Musik? Spricht sie Emotionen an?

3. Fragen zur Intention
a) Wie lässt sich das Ziel des Films in einem Satz formulieren?
b) Nach welchen Gesichtspunkten wurden die Bilder, die Interviewpersonen ausgewählt? Dienen sie vorrangig der Information oder der Vermittlung eines subjektiven Standpunktes?
c) Wurde die Komplexität des Themas reduziert? Wurden wichtige Argumente weggelassen?
d) Wie weckt der Film das Interesse des Zuschauers?

Einen kurzen Film planen und drehen

Aufgaben
- Vorübung: Erprobt mit der Kamera und einer Person die unten genannten Kameraeinstellungen. Überlegt, an welcher Stelle innerhalb einer Szene die Einstellungen vorkommen könnten.
- Entwickelt aus der folgenden Situation ein kurzes Drehbuch: *Ein neuer Schüler/eine neue Schülerin betritt das Schulgelände, verläuft sich und findet am Ende auf überraschende Weise zu einem Ziel.* Der Film soll am Ende maximal drei Minuten dauern. Es dürfen höchstens fünf Sätze gesprochen werden. Ihr müsst also vor allem mit den Bildern etwas erzählen. Hinweise zum Aufbau eines Drehbuchs findet ihr auf Arbeitsblatt 11.
- Schreibt zu eurem Drehbuch ein Storyboard (siehe Arbeitsblatt 11) und nehmt die Szenen auf.
- Übertragt das Filmmaterial auf einen Computer und setzt mit Hilfe des Schnittprotokolls (siehe Arbeitsblatt 11) aus den Aufnahmen euren Film zusammen.

1. Kameraeinstellungen
Weit oder Panorama: bezeichnet den größtmöglichen Bildausschnitt, der der Einführung an einen geografischen Ort dient
Totale: ein Überblick über den Handlungsort und die Personen
Halbtotale: zeigt einen wichtigen Teil des Raumes und die Personen in voller Größe
Amerikanisch: Der Mensch steht im Vordergrund und wird bis zu den Knien gezeigt. Die Einstellung hat ihren Ursprung im klassischen amerikanischen Western, wo der Colt zu sehen sein musste.
Halbnah: Der Mensch wird bis zur Hüfte gezeigt, die Gestik ist klar erkennbar. Diese Einstellung ist typisch für Gesprächssituationen.
Porträt: Die Person steht im Mittelpunkt, die Mimik ist klar erkennbar, der Raum tritt in den Hintergrund.
Großaufnahme: Kopf und Gesicht einer Person sind formatfüllend, so dass schon geringe Veränderungen der Mimik erkennbar sind.
Detail: Es wird ein Detail gezeigt, das in einer normalen Gesprächsdistanz nicht erkennbar ist.

Einen kurzen Film planen und drehen (Fortsetzung)

2. Drehbuch
Das Drehbuch enthält sämtliche Dialoge eines Films sowie die Szenenbeschreibungen: Wo und zu welcher Tageszeit ereignet sich die Szene, wer ist anwesend, wie ist die Ausgangssituation? Alles, was während der Szene geschieht, wird ebenfalls knapp und sachlich beschrieben. Um das Drehbuch übersichtlich zu gestalten, werden die Dialoge eingerückt. Jede Szene erhält eine Nummer

3. Storyboard
Das Storyboard ist gewissermaßen die illustrierte Anleitung zur Umsetzung eines Drehbuchs. Zu den Szenen werden Kameraeinstellungen, Regieanweisungen und Requisiten notiert, ergänzt um Skizzen, die darstellen, wie eine Szene räumlich aufgebaut werden soll.

Möglicher Aufbau eines Storyboards

Nr. der Einstellung	Inhalt	Drehort	Hinweise zur Kamera	Regiehinweise / Requisiten

4. Schnittprotokoll
Im Schnittprotokoll wird festgehalten, welche Aufnahmen letztendlich gemacht wurden und wie sie verwendet werden sollen. Bei sehr kurzen Filmen reichen ein paar Notizen, bei längeren Filmen ist das Schnittprotokoll eine wichtige Grundlage für die Fertigstellung des Films.

Schnittprotokoll

Zeit/ Timecode	Nr. der Einstellung	Inhalt	Schnitthinweis

2.4 Audiomedien – unsichtbare Schätze heben

Viel Technik für die perfekte Mischung – in diesem Studio werden bei Deutschlandradio Kultur Hörspiele produziert. In der Schule kann man schon mit wesentlich weniger Aufwand passable Ergebnisse erzielen.

Akustische Medien spielen traditionell vor allem im Deutsch- und Fremdsprachenunterricht eine Rolle. Beim Fremdsprachenlernen ist das Verstehen gesprochener Texte naturgemäß ein wichtiges Lernziel. Dabei werden auch Hörmedien eingesetzt, in denen Wörter, Sätze oder kleine Szenen gesprochen werden. Ziel ist zum einen die Schulung der Aussprache durch das akustische Vorbild, zum anderen geht es darum, Kommunikationssituationen nachzuvollziehen, um sie dann auch als aktiver Teilnehmer selbst mitgestalten zu können. Im Deutschunterricht lassen sich Hörbücher als Ergänzung zum Literaturunterricht sinnvoll verwenden; zudem ist in vielen Schulen als Einstieg in die Dramenlektüre die Auseinandersetzung mit einem Hörspiel üblich.

Dieser Ist-Zustand bedeutet nichts anderes, als dass die didaktischen Möglichkeiten von Hörmedien in der Schule nicht ausgeschöpft werden. Wer nach Impulsen in den curricularen Vorgaben sucht, findet nur wenige Verweise auf Hörmedien und die spezifischen Chancen und Anforderungen, die mit ihnen verknüpft sind. Die Fähigkeit des Zuhörens wird vorwiegend unter dem Aspekt der Kommunikationsfähigkeit betrachtet und – beispielsweise in den Bildungsstandards im Fach Deutsch – in den Kompetenzbereich „Sprechen und Zuhören" integriert.[49]

Es ist daher nicht verwunderlich, dass die ästhetische Qualität von Hörmedien und ihre didaktischen Potenziale im Unterrichtsalltag leicht übersehen werden – das gilt für alle Fächer. Bevor im Folgenden einzelne Medientypen und journalistische Formate im Kontext ihrer Einsatzmöglichkeiten vorgestellt werden, geht es in einem kleinen Exkurs um die Fähigkeit des Hörens und didaktische Überlegungen zur Hörerziehung in der Schule.

2.4.1 Methodische Grundlagen: Didaktik des Hörens

Auge und Ohr führen im täglichen Leben einen ungleichen Wettstreit. Sei es in der Schule, im Straßenverkehr oder bei den meisten Freizeitaktivitäten: Ohne den Gesichtssinn geht meistens gar nichts. Das Auge kontrolliert, es behält die „Übersicht", es ist das dominante Sinnesorgan. Demgegenüber kommen dem Ohr oft eher begleitende, untergeordnete Funktionen zu.

Darüber hinaus wird gelegentlich darauf hingewiesen, dass das Ohr ein eher sozial orientiertes Sinnesorgan ist (Stichwort „Zuhören"), während das Auge eine seiner Paraderollen beim einsamen Beobachter findet. Verstärkt wird die Bevorzugung des Auges durch die Entwicklung, die die Medienwelt in den letzten Jahren und Jahrzehnten genommen hat, z. B. mit der Verdrängung des Radios durch das Fernsehen und mit der Dominanz des Visuellen in den elektronischen Medien. Der Preisverfall für Speicherchips und die höheren Durchsatzraten bei Datenleitungen ermöglichen eine sprunghafte Zunahme an Bild- und Videomaterial im Internet. Obgleich auch Hörmedien in den letzten Jahren hohe Absatzzahlen erreicht haben, beschränkt sich die Nutzung dieser Medien für viele Menschen auf Situationen, in denen sie keine visuellen Medien nutzen können (Autofahren, Joggen).

Es kann also im Sinne eines kompensatorischen Ansatzes grundsätzlich sinnvoll sein, dem Hören mehr Aufmerksamkeit zu schenken, es zu stärken und zu fördern. Dies sollte natürlich nur dann passieren, wenn es auch dem Unterrichtsgegenstand dienlich ist.

Hören ist nicht das Gleiche wie Lesen – eine banale Erkenntnis, die sich aber jeder, der mit Hörmedien effizient arbeiten will, immer wieder bewusst machen sollte. Hören ist ein linearer und nicht umkehrbarer Prozess, d.h. der Schüler, der einem Hörstück lauscht, kann etwas, das er nicht verstanden hat, nicht unmittelbar nachlesen, so wie er das bei einem schriftlichen Text tun würde. Damit besteht dann auch die Gefahr, dass nachfolgende Informationen, die auf die vorausgehenden aufbauen, nicht verstanden werden.

Ein Hörer, der einigermaßen konzentriert bei der Sache ist, kann in der Regel mehrere Dinge gleichzeitig wahrnehmen: Informationen eines Sprechers, Begleitgeräusche, die Art der Stimmgebung, die Atmosphäre eines Raumklangs. Dies wiederum bedeutet: Ein akustisches Medium schöpft seine Möglichkeiten erst dann voll aus, wenn es mehr bietet als nur Sachinformationen, die von einem einzelnen Sprecher vorgetragen werden.

Diese Voraussetzungen, die sich ganz schlicht aus der Physiologie des Hörens ergeben, sollten bei der Auswahl und Darbietung von Hörmedien berücksichtigt werden: Es empfiehlt sich, bei Hörmedien auf gut verständliche Texte zu achten, die durchaus auch redundant sein dürfen. Komplexe Textstrukturen, lange Schachtelsätze, viele Fremdwörter – all das kann Zuhörer schnell überfordern. Gerade bei jüngeren Schülern und wenig homogenen Lerngruppen ist es sinnvoll, nicht zu lange Sequenzen am Stück zu präsentieren. Stattdessen sollte man die Präsentation immer wieder unterbrechen, um das Verständnis des bisher Gehörten abzusichern.

Überhaupt spielt die Wissenssicherung bei akustischen Medien eine große Rolle: Wer etwas Gehörtes verschriftlicht oder in einer Skizze wiedergibt, überführt es von der akustischen in eine visuelle Struktur – dies gilt als effektive Lernstrategie. Flüchtige Informationen werden so dauerhaft und auf einen Bick verfügbar.

Die Mehrdimensionalität des menschlichen Hörens kann man sich zunutze machen: Atmosphärisch interessante Hörmedien wie Reportagen mit O-Tönen oder gut inszenierte Hörspiele ermöglichen nicht nur kognitives, sondern auch affektives Lernen. Spannende Hörerlebnisse prägen sich ein und motivieren Schüler, sich mit einem Thema weiter zu beschäftigen.

Ideen für den Einsatz von Audiomedien

Fach/ Fächerkombination	Medium	Herkunft
Geschichte	Historische Reden im O-Ton, historische Rundfunksendungen und andere Tondokumente Debatten, Interviews zu historischen Themen Auszüge aus Hörbüchern (historische Romane, Biografien, Jugendsachbücher etc.)	Deutsches Rundfunkarchiv Rundfunkprogramme Lebendiges Museum online (siehe Web-Tipps) Hörbuchverlage
Politik/Sozial- und Gemeinschaftskunde /Erdkunde	Hörbücher (Sachbücher) Reportagen (z. B. aus außereuropäischen Ländern) Features zu sozialen Themen Ausschnitte aus politischen Debatten oder wichtigen Reden	Rundfunkprogramme Hörbuchverlage Mediathek der Bundesregierung Bundeszentrale für politische Bildung
Naturwissenschaften /Mathematik	Naturwissenschaftliche Reportagen und Berichte Hörbücher (z. B. Wissenschaftlerporträts, Jugendsachbücher)	Rundfunkprogramme Hörbuchverlage

Fach/ Fächerkombination	Medium	Herkunft
Religion/Ethik	Hörfunkbeiträge zu Religion, Ethik und sozialen Themen Jugendliteratur, Hörspiel	Rundfunkprogramme Hörbuchverlage
Kunst/Musik	Als Feature gestaltete Künstler- oder Komponistenporträts Musikalisch relevante Hörspiele Soundscapes/Klangbilder für fächerübergreifenden Unterricht	Rundfunkprogramme Tonträger

2.4.2 Journalistische Formate im Rundfunk

Kleine Rundfunkbeiträge zu gestalten, kann eine didaktisch sinnvolle und für Schüler motivierende Möglichkeit sein, Unterrichtsergebnisse zu festigen und zu vertiefen. Dabei ist der technische Aufwand, wenn man sich einmal in ein Verfahren eingearbeitet hat, überraschend gering (siehe Kap. 2.4.6). Nachricht, O-Ton-Bericht, Interview, Kommentar und Reportage können auch arbeitsteilig erstellt und zu einer ganzen Sendung zusammengesetzt werden. Dabei wird natürlich vorausgesetzt, dass die Schüler einen gewissen Einblick in die Besonderheiten journalistischer Formate haben.

Grundsätzlich werden diese Formate nach ähnlichen Prinzipien und Zielsetzungen realisiert wie im Print-Journalismus (vgl. Kap. 2.1.3); die folgende Darstellung konzentriert sich daher auf die Eigenheiten des Mediums Rundfunk.

Unverzichtbarer Baustein: der „O-Ton"

Originalaufnahmen von den Orten, über die berichtet wird, ergeben den eigentlichen Reiz vieler Rundfunksendungen und -beiträge. Die Stimmen von Politikern, Auszüge aus Bühnenveranstaltungen, Umfragen auf der Straße, die hallende Atmosphäre einer Kirche – viel unmittelbarer, als jeder beschreibende Text es könnte, rücken „O-Töne" ein Geschehen an den Hörer heran. Sie transportieren Emotionen, das Charisma einer Persönlichkeit oder die Aura eines Ortes. Sie lassen sich ohne großen technischen und personellen Aufwand erzeugen und leicht mit Texten verknüpfen, sodass diese beiden Elemente – O-Ton und im Studio gesprochener Text – die eigentliche Substanz des informierenden Radioprogramms bilden. Sofern es sich beim O-Ton nicht um Sprachaufnahmen handelt, sondern um Geräuschkulissen oder einzelne Geräusche, spricht man auch von „Atmo".

Nachricht

Nachrichtenredaktionen arbeiten im Rundfunk ähnlich wie bei anderen Medien: Sie beziehen ihre Informationen laufend von verschiedenen Nachrichtenagenturen und eigenen Korrespondenten, filtern das vermeintlich Wichtigste heraus und präsentieren es in Form von Nachrichtensendungen. Die Inhalte sollen dabei aktuell, wertungsfrei und gut verständlich vermittelt werden. Eine Nachricht orientiert sich an den sieben W-Fragen und wird nach den Kriterien Nähe, Nutzen und Neuigkeit ausgewählt.

Der klassische Aufbau einer Nachrichtensendung ist bei den meisten Sendern noch erkennbar. Es werden die Ressorts Politik, Wirtschaft, Kultur, Sport und Vermischtes abgedeckt, dazu kommen Wetterberichte und – als Besonderheit im Radio, das von vielen Zuhörern im Auto gehört wird – Hinweise zur Verkehrslage.

Ähnlich wie im Fernsehen haben sich die Inszenierungsformen allerdings auch im Radio erheblich verändert. Statt eines monologisierenden Nachrichtensprechers hört man heute oft Moderatoren, die im Plauderton und oft auch in Dialogform über Katastrophen, Unfälle und politische Krisen berichten. Jingles, Begleitmusik und Soundeffekte sind bei manchen Sendern unvermeidlich. Um die Nähe zum Geschehen zu dokumentieren, werden mitunter auch O-Töne oder Live-Berichte in die Nachrichtensendungen einbezogen – die Grenzen zu Journal- oder Magazinsendungen sind fließend geworden.

Auswahl, Gewichtung und Präsentation von Nachrichten beeinflussen ganz erheblich unsere Vorstellung davon, welche Teile des Weltgeschehens als wichtig wahrgenommen werden. Diese Unterschiede können Schüler am besten wahrnehmen, wenn sie von zwei Sendern, die sich hinsichtlich ihrer Hörerschaft deutlich unterscheiden, Nachrichtensendungen aufnehmen und dann detailliert vergleichen (vgl. **Arbeitsblätter „Audio" 1/2**). Wichtig dabei ist, dass die Sendungen zum gleichen Zeitpunkt ausgestrahlt werden, weil dann die Nachrichtenredaktionen auf dem gleichen Informationsstand sind und die Auswahl der für wichtig gehaltenen Inhalte unmittelbar verglichen werden kann.

Bericht – „gebauter Beitrag"

Ein großer Teil der Berichterstattung im Radio wird mit so genannten „gebauten" Beiträgen bestritten. Diese entsprechen im Wesentlichen dem, was in der Zeitung als Bericht erscheint. Gebaute Beiträge werden meist im Rahmen von Magazinsendungen, aber auch als Ergänzung zu Nachrichten und Musiksendungen abgespielt. Sie bestehen aus einem Wechsel zwischen Sprechertext (meist vom Journalisten selbst gesprochen) und O-Tönen. Oft liefert der Sprecher die grundlegenden Informationen, die dann durch Interview-Passagen vertieft und durch Atmo-Elemente bereichert werden. Gebaute Beiträge haben üblicherweise eine Länge zwischen zwei und fünf Minuten. Um sie im Rahmen von Unterrichtsprojekten zu produzieren, benötigt man etwas mehr Zeit als für Formate, die nur aus Sprechertext bestehen. Das „Einfangen" von O-Tönen und das Abmischen müssen hier planerisch berücksichtigt werden.

Interview

Interviews und Gespräche sind Formen, die ihrer Natur nach dem Radio noch eher entsprechen als dem Fernsehen, weil sich das Wesentliche auf der akustischen Ebene abspielt. Deshalb sind sie auch ein wesentlicher Bestandteil im Informationsprogramm des Rundfunks. Es gibt unterschiedliche Typen von Interviews: Oft geht es um die Darstellung und kritische Überprüfung politischer Positionen, nicht selten aber auch um die Aufklärung komplexer Fragestellungen durch Experten. Ein Interview kann zudem der Präsentation einer Person dienen, die z. B. ein neues Amt innehat oder einen besonderen Erfolg erzielt hat. Abgesehen vom Experten-Interview ist die Besonderheit dieses Formates darin zu sehen, dass neben Sachinformationen immer auch die spezifische Perspektive des Befragten (z. B. als Akteur in einem Streit, Betroffener oder Künstler) Teil des Interviews ist.

Im schulischen Kontext kann das Interview auf vielfältige Weise präsent sein: Als Mittel der Präsentation von Ergebnissen, als Methode, um erarbeitetes Wissen zu vertiefen, aber auch, um bestimmte Positionen und Einstellungen zu verdeutlichen oder – z. B. im Rahmen eines Unterrichtsprojektes – als „echtes" Interview mit einem Experten, der zu einem Gegenstand befragt wird.

Reportage

Auch die Reportage ist eine journalistische Form, die im Rundfunk ihren festen Platz hat und dort auch sehr wirkungsvoll inszeniert werden kann. Die Reportage lebt durch die Nähe des Reporters zum Geschehen – und dieses lässt sich mit Hilfe von ausdrucksstarken O-Tönen dem Zuhörer wunderbar vermitteln. Während beim Bericht oder gebauten Beitrag der Blick von außen auf einen Sachverhalt gerichtet wird, bindet die Reportage ein Thema an ein szenisches Geschehen, an handelnde Figuren und Vorgänge. Der Reporter ist dabei mitten im Geschehen und kann – anders als in den meisten anderen journalistischen Formaten – seine eigene Rolle in Ich-Form (beim Reporter-Team in Wir-Form) einbringen.

In guten Reportagen wählt der Autor oft nicht den geradesten Weg ins Geschehen, sondern er findet den Zugang gewissermaßen durch eine Seitentür: Das neue Hotel wird vorgestellt, indem man die Arbeit der Zimmermädchen begleitet und versucht, dabei die Besonderheiten ihres neuen Arbeitsplatzes einzufangen. Reportagen können verschiedenartig „komponiert" werden: Indem man konsequent aus dem Blickwinkel eines Protagonisten berichtet oder – etwa bei der Reportage über einen Gerichtsprozess – die Auftritte der verschiedenen Parteien in der Form eines Dramas miteinander kombiniert. Auch ein Ort oder ein festgelegter Zeitraum können als formale Anker dienen.

Reportagen vermitteln Details und Augenblicke: Sie richten den Blick wie mit einer Lupe auf einen Mikrokosmos, der im besten Fall repräsentativ ist für eine Fragestellung oder ein akutes Problem von allgemeiner Relevanz. Deshalb eignen sich Reportagen auch gut als Mittel der Vertiefung. Nachdem im Erdkundeunterricht der strukturelle Wandel in den Schwellenländern erarbeitet wurde, dient eine Hörfunkreportage aus einem Vorort von Rio de Janeiro dazu, die Arbeitsergebnisse zu festigen und zu verifizieren.

Feature

Das Hörfunk-Feature ist im Prinzip nichts anderes als ein gebauter Beitrag größeren Umfangs, der zudem oftmals mit aufwändigen akustischen Mitteln und einer ausgeklügelten Dramaturgie inszeniert wird. Geprägt wurde der Begriff (engl. *feature:* „Besonderheit, Charakterzug") durch die „featured programs", mit denen die BBC in den 1930er Jahren herausgehobene, außergewöhnlich gestaltete Sendungen bezeichnete.

Ein Hörfunk-Feature hat in der Regel eine Länge von 30 bis 60 Minuten. Es arbeitet mit allen Formen von O-Tönen, Musik- oder Klangakzenten und (meist) mit mehreren Sprechern, die bestimmte „Rollen" übernehmen. Tondokumente, Zitate, Monologe, aber auch nachgestellte Dialoge werden so miteinander verbunden, dass ein neuer, oft eigenwilliger Blick auf ein Thema ermöglicht wird. Nachgestellte Dialoge, etwa zwischen Forschern oder Künstlern eines früheren Jahrhunderts, rücken das Feature an die Grenze zum Hörspiel. Mitunter „verschwindet" die Stimme des kommentierenden Sprechers vollkommen hinter den montierten Elementen, die dann für sich sprechen und den Eindruck einer multiperspektivischen Erzählung erzeugen.

Das Hörfunk-Feature ist gewissermaßen die Königsdisziplin der Rundfunkanstalten. Nicht umsonst werden diese Produktionen oft auch von der Hörspielredaktion betreut: Im künstlerischen Anspruch und der Experimentierfreude sind beide Formate ebenbürtig. Trotz anspruchsvoller Ausgestaltung geht es im Feature aber um ein Sachthema – was diese Form auch für den Einsatz im Unterricht interessant macht, gerade auch in naturwissenschaftlichen Fächern, Geschichte oder Erdkunde. Allerdings sind viele interessante Feature-Produktionen nicht dauerhaft verfügbar: In den Mediatheken der Sender stehen sie nur für eine begrenzte Zeit zur Verfügung, und CD-Produktionen, die dann über Hörverlage angeboten werden, sind eher die Ausnahme.

Unterrichtsbaustein: Ein Feature über die letzten Schultage
Ein Feature über die letzten Tage an der Schule. Endzeit, Übergang, zwischen Hochspannung vor den letzten Prüfungen und Partystimmung, zwischen Aufbruch zu neuen Herausforderungen und Unsicherheit angesichts der Zukunft. Ein solches Feature ist ein komplexes Projekt, das eine gute Planung erfordert. Die folgende „road map" mag als Anregung dienen.

Schritt 1: Arbeitsweise festlegen
Es kann von allen ein einziges Feature produziert werden, oder mehrere Gruppen arbeiten parallel. Das hängt nicht zuletzt auch von der technischen Ausstattung ab. Auf jeden Fall sollte es jeweils eine Person geben, die als Regisseur fungiert und die Gesamtkoordination übernimmt.

Schritt 2: Stoffsammlung und dramaturgische Vorplanung
Es gibt viele mögliche Sichtweisen und Positionen auf das Thema. Wichtige Fragen wären: Sollen nur Schüler zu Wort kommen oder auch Lehrer, Eltern und andere Personen, die sich an ihre letzten Schultage erinnern? Welches dramaturgische Modell wird gewählt? Es böte sich z. B. an, tatsächlich die Geschichte des einen letzten Tages zu erzählen (den es in der Form vielleicht gar nicht gibt). Oder man folgt einigen wenigen Akteuren durch die letzte Phase der Prüfungen bis zu den ersten Schritten in den nächsten Lebensabschnitt. Oder es werden einzelne thematische Schwerpunkte abgearbeitet (Zwischen Stress und Feiern/Was bedeutet Abitur?/Schule als Teil der Biografie/Die ersten Schritte in die Zukunft).

Schritt 3: Verfeinerung der Dramaturgie, Planung der Interviews
Soll es ein reines O-Ton Feature werden, oder gibt es einen Erzähler? Werden nur Interviews geführt, oder soll es auch Spielszenen geben? Für letztere müssen Texte geschrieben werden. Gesprächspartner sollten so gewählt werden, dass sich Kontraste und klare „Rollen" ergeben, z. B. der Optimist, die Ängstliche und der Party-Freak. Die Struktur des Features kann durch wiederkehrende Musikakzente, Geräusche oder Zitate verdeutlicht werden. Den Ablauf in einem Skript zusammenfassen.

Schritt 4: Produktion
Bei Interviews sollte man sich viel Zeit nehmen und nicht mit der Tür ins Haus fallen. Alle aufgenommenen Dateien werden auf einen Computer übertragen und mit eindeutig erkennbaren Namen versehen. Dann werden die Bausteine ausgewertet, zusammengeschnitten und verblendet. Vor- und Abspann sollten zur Machart des Hörstücks passen. Das fertige Feature kann auf CD gebrannt werden.[50]

2.4.3 Hörspiel als Kunstform

Hörspiele sind dramatisierte und akustisch inszenierte Geschichten. Damit sind die Pole benannt, zwischen denen sich Hörspielproduktionen bewegen: Auf der einen Seite gibt es eine große Nähe zu Theater und Film, auf der anderen Seite eine Affinität zur Klangkunst bzw. zur musikalischen Avantgarde. Im Rahmen dieses Buches kann das Thema nur angerissen werden. Damit Schüler sich in sehr kompakter Form mit den darstellerischen Mitteln des Hörspiels beschäftigen können, ist auf der CD zu diesem Buch ein Kurzhörspiel aus der Serie „Gwendolin" enthalten, die 2011 im Südwestrundfunk ausgestrahlt wurde (vgl. **Arbeitsblätter „Audio" 3–6**).

Die ersten Hörspiele entstanden in den 1920er Jahren, als zunächst Theaterstücke für das noch junge Medium Radio aufbereitet wurden. Richard Hughes' „A Comedy of Danger", von der BBC im Januar 1924 ausgestrahlt, gilt als erstes Hörspiel überhaupt. Was der Autor damals zu seinem „listening play" sagte, charakterisiert bis heute das Wesen von Hörspielen: „Indem wir versucht haben, Gefühle anzusprechen und eine vollständige Geschichte über ein einzelnes Sinnesorgan, das Ohr, zu erzählen, haben wir offensichtlich nichts anderes versucht als das, was das Kino bereits durch die Augen getan hat."[51]

Schon bald verbreitete sich die Einsicht, dass das Hörspiel ganz eigenen Gesetzen folgen muss: Anders als im Theater oder im Tonfilm fehlt die visuelle Dimension. Daher kommt zum einen dem Text, vor allem aber der akustischen Realisierung eine stärkere Bedeutung zu: Stimmgebung, Raumklang, Geräusche und Musik wirken zusammen. Sie erzeugen Atmosphäre, transportieren Emotionen und verdeutlichen die Struktur einer Inszenierung. Dabei ist es wichtig, die akustische Ebene als eigenständige Dimension zu betrachten, die nicht nur Informationen verdoppelt, die die Dialoge ohnehin schon enthalten. Wer vorwiegend mit schriftlichen Texten arbeitet, unterschätzt auch leicht die Wirkung von Stimmen.

Ein Schlüsselereignis in der Geschichte des Hörspiels ist der 30. Oktober 1938. Die Ursendung des Hörspiels „Krieg der Welten" nach H. G. Wells führte zu großen Irritationen in der New Yorker Bevölkerung, weil viele Menschen das als fiktive Reportage inszenierte Hörspiel für real hielten und an einen Angriff Außerirdischer glaubten. Auch wenn man heute vermutet, dass die New Yorker Zeitungen bei der Berichterstattung über dieses Ereignis übertrieben haben, verdeutlicht das Vorkommnis doch, wie gut das Hörspiel geeignet ist, authentisch wirkende Ereignisse zu inszenieren. Eine ähnliche Wirkung hätte ein Film zu diesem Zeitpunkt allein wegen der technischen Begrenzungen in der Visualisierung nicht erzielen können.

In Deutschland begann in den beiden Jahrzehnten nach dem Zweiten Weltkrieg die große Zeit des Hörspiels: Viele Theater und Kinos waren noch zerstört, und ambitionierte Autoren fanden im Hörspiel eine Form, in der sie ein breites Publikum erreichen konnten. Die Produktionen dieser Zeit widmeten sich zu einem guten Teil der Vergangenheitsbewältigung und waren überwiegend sehr wortorientiert. Ein wichtiger Autor dieses so genannten Worthörspiels war der Dichter Günter Eich, der beispielsweise in seinem Hörspiel-Zyklus „Träume" auf suggestive Weise die Befindlichkeit des modernen Individuums darstellte. Die albtraumhaften Szenarien der fünf „Träume" riefen bei der Erstausstrahlung 1951 heftige Proteste hervor. Anschließend wurde das Hörspiel – obwohl prominent besetzt und professionell inszeniert – 15 Jahre lang nicht mehr gesendet.

Seit den 1960er Jahren öffneten sich die Hörspielredaktionen zunehmend für neuere, auch experimentelle Formen. Analog zur Literatur wurde das Wort nicht nur als Bedeutungsträger betrachtet, sondern auch als Klangmaterial. Auch die Musik gewann eine neue Autonomie. So existiert heute eine enorme Bandbreite an Spielarten und Genres: Vom Kriminalhörspiel über Adaptionen von Weltliteratur bis hin zum dokumentarischen Hörspiel und verschiedenen Spielarten der Klangcollage („Soundscape"), die versucht, allein aus der Anmutung von Klängen und Musikstücken, die bestimmte Assoziationen und Gefühle hervorrufen, eine dramaturgische Struktur zu erzeugen. Diese Formen können (wie Hörspiele insgesamt) einen wichtigen Beitrag leisten, um Wahrnehmungsfähigkeit und -sensibilität zu schulen. So hat es in verschiedenen Städten Deutschlands Projekte gegeben, bei denen Schüler versucht haben, typische Geräusche ihrer Stadt einzufangen und zu einem Klangbild zu verdichten (vgl. **Arbeitsblatt „Audio" 7/8**).

2.4.4 Tendenzen im Programm: Sendeflächen und Mischformen

Es gibt in den Hörfunkprogrammen der letzten Jahre zwei gegenläufige Tendenzen: Zum einen hat sich das Formatradio weitgehend durchgesetzt. Formatradio bedeutet, dass ein Programm mit einem einheitlichen, auf eine bestimmte Zielgruppe abgestimmten Moderationsstil, einer entsprechenden Musikfarbe und einem festen Sendeschema ausgestattet wird. Wichtig sind dabei auch akustische Markenzeichen geworden: Jingles, Erkennungsmelodien und Geräuschpointen.

Zum anderen gibt es die gegenläufige Tendenz, in sich abgeschlossene Sendungen mit festgefügten Formaten aufzulösen und zum Teil mehrstündige Sendeflächen einzuführen, in denen eine bunte Mischung aus Musik, Interviews, Reportagen und sonstigen Beiträgen die Hörer unterhalten soll.

Während im Großen unter Gesichtspunkten des Marketing also eine Vereinheitlichung zu beobachten ist, gibt es im Kleinen eine große Bandbreite an journalistischen Formaten und Mischformen. Mit dem bewussten Hören verschiedener Sender erhält man eine Vielzahl von Anregungen für Unterrichtsprojekte, in denen Hörmedien eingesetzt oder selbst gestaltet werden.

> **Unterrichtsbaustein: eine akustische Landpartie**
> 🔊 Hörbeispiel „Landpartie"
>
> „Landpartie" ist eine akustische Fantasiereise, ein ruhiges Hörstück, in dem Geräusche den Zuhörer anregen sollen, sich eine Szenerie vorzustellen. Zunächst nimmt ein Erzähler den Zuhörer, der im Klassenraum sitzt, an die Hand und geht mit ihm aus der Stadt in die Natur. Vogelgezwitscher und ein Traktor sind zu hören. Dann nähert sich ein Lastwagen, Stimmen rufen durcheinander. Man hört Musik, Geklapper von Geschirr. Ein plötzlich einbrechender Regen beendet den Ausflug – der Lastwagen fährt wieder ab. Am Ende begleitet der Erzähler den Zuhörer in ein Haus. Auf einem Stuhl sitzend erinnert sich der Zuhörer an das, was er gesehen hat, und kehrt zurück in seine eigene Wirklichkeit.
>
> Das Stück kann zum konzentrierten Hören und zum Verbalisieren innerer Bilder anregen. Mögliche Aufgabenstellungen (mit zunehmender Schwierigkeit):
> - Hör dir die Fantasiereise an. Notiere anschließend, was im Mittelteil des Stückes passiert. Wie stellst du dir die beteiligten Personen vor? Beschreib sie.
> - Wer ist Antonio? Schreib einen Text, in dem Antonio berichtet, was er an diesem Tag erlebt hat.
> - Stell dir vor, die Geschichte wäre anders ausgegangen: Der Zuhörer („Wanderer") steigt in das Fahrzeug der Ausflügler ein. Schreib auf, was er an diesem Tag noch erlebt.

2.4.5 Neue Formen: Soundfiles, Audioguides und Podcasting

Die technischen Entwicklungen der letzten Jahrzehnte haben – ähnlich wie im Bereich von Film und Video – auch die Gestaltungsmöglichkeiten im Hinblick auf Klang- und Sprachaufnahmen erweitert und vereinfacht. Brauchbare Audio-Aufnahmen sind mit vielen mp3-Playern und sogar Handys möglich.

Durch den Umstieg auf digitale Audiogeräte hat sich die Übertragung von Klangdateien aus dem Internet stark vereinfacht. Dementsprechend groß ist das Angebot: Öffentlich-rechtliche Rundfunkanstalten und kommerzielle Anbieter stellen eine Vielzahl an Dateien zum Download bereit, viele davon kostenlos oder zu günstigen Preisen.

Eine verbreitete Form des Datenaustauschs ist das Podcasting (das Wort ist zusammengesetzt aus der Gerätebezeichnung „ipod" und dem englischen Wort für Rundfunkübertragung, „broadcast"). Dabei abonniert man auf dem Weg eines RSS-Feeds Klang- oder Videodateien eines Anbieters und wird, sobald neue Daten zur Verfügung stehen, automatisch darüber informiert. Abgesehen davon wird der Begriff „Podcast" auch etwas allgemeiner verwendet für Dateien, die im Internet zum Herunterladen oder Abspielen zur Verfügung gestellt werden.

Diese Verfahren – ob mit der Abonnement-Möglichkeit oder nicht – eröffnen dem Unterricht viele Perspektiven: Soundfiles können als Unterrichtsmaterial auf der Schul-Website bereitgestellt und von Schülern auch zu Hause bearbeitet werden. Auf umgekehrtem Weg können auch mündliche Leistungen erbracht werden, wenn beispielsweise eine Arbeitsgruppe ihre Ergebnisse in Form eines aufgezeichneten Kurzvortrags den Mitschülern zur Verfügung stellt. Am besten funktioniert das, wenn die Schule mit einer Lernplattform wie moodle oder ISurf ausgestattet ist.

Die leichte Handhabung digitaler Dateien hat dazu geführt, dass z. B. in Museen oder für Sehenswürdigkeiten verstärkt Audioguides angeboten werden: Der Besucher bekommt ein Abspielgerät mit Kopfhörer und kann sich an Orten, die ihn interessieren, Erläuterungen anhören. Oder er lädt sich die Daten schon vorab auf sein Mobiltelefon oder einen mp3-Player.

Dieses Verfahren kann in der Schule auf viele Unterrichtsgegenstände angewandt werden. Zudem bieten sich Kooperationen mit Museen oder dem Stadtmarketing an. Hier einige Ideen:
- akustische Führung durch das Schulgebäude (etwa für Gastschüler oder neue Schüler),
- einen kontroversen Sachtext in ein Kurzhörspiel umgestalten,
- eine Schlüsselsituation der Geschichte oder eine wissenschaftliche Entdeckung in eine Hörspielszene umgestalten,
- eine Anleitung für ein naturwissenschaftliches Experiment akustisch gestalten und aufnehmen,
- einen Audioguide für ein Museum oder einen Tierpark in der Nähe der Schule erstellen,
- einen Audioguide für einen Rundgang durch die eigene Stadt entwickeln.

In einem umfangreichen Kooperationsprojekt zwischen Kasseler Schulen und Museen entstanden vor wenigen Jahren Audioguides zu Kunstsammlungen und zur Sammlung des astronomisch-physikalischen Kabinetts in der Orangerie Kassel.[52] Auf der CD-Beilage zu diesem Buch sind zwei Beispiele daraus enthalten, die im Unterricht eingesetzt werden können. Mit Hilfe von **Arbeitsblatt „Audio" 9** können Schüler das Hörstück zum Gemälde „Winterlandschaft" auswerten. **Arbeitsblatt „Audio" 10** regt dazu an, zum Computer „Zuse Z11" selbst ein solches Hörstück zu entwickeln.

2.4.6 Audiomedien am PC: Arbeiten mit „Audacity"

„Audacity" ist ein so genannter Audio-Editor. Das heißt, man kann mit diesem Programm Musik- und Sprachaufnahmen am Computer durchführen, die Dateien bearbeiten, mischen und auch ganze Hörspiele produzieren. Die kostenlose Software ist im nichtprofessionellen Bereich mittlerweile weit verbreitet. Es bietet alle für den schulischen Einsatz notwendigen und sinnvollen Funktionen (und noch einige mehr) und ist vergleichsweise einfach zu bedienen. Wer sich einmal eingearbeitet hat, wird Audacity gerne einsetzen. Die **Arbeitsblätter „Audio" 11/12** enthalten eine Kurzanleitung zum Umgang mit dem Programm.

Audacity ist ein Open-Source-Programm, das auf verschiedenen Betriebssystemen und unter allen heute gebräuchlichen Versionen des Betriebssystems Windows läuft. Es kann von der Audacity-Website kostenlos heruntergeladen werden (deutsche Website: www.audacity.de). Damit Dateien auch im Format mp3 abgespeichert werden können, wird aus lizenzrechtlichen Gründen eine zusätzliche Komponente benötigt, der „Lame mp3 Encoder" (Hinweise dazu finden sich auch auf der Internetseite www.audacity.de).

Es gibt kaum eine bessere Möglichkeit, über das Zusammenspiel von gesprochenen Texten, Geräuschen und Musik etwas zu lernen, als wenn man dieses Zusammenspiel selbst gestaltet. Die technischen Mittel, um solche Lernerfahrungen zu machen, können heute an jeder Schule mit überschaubarem Aufwand bereitgestellt werden. Die meisten Schüler werden nebenher auch viel Freude daran haben, ihre selbst gefundenen oder erzeugten Klangbausteine zu einem stimmigen Ganzen zusammenzufügen!

Solche und solche Nachrichten

Aufgaben
- Vereinbart einen Termin (z.B. Dienstag, 16 Uhr), an dem ihr die Rundfunknachrichten auswerten wollt. Nehmt zu diesem Zeitpunkt die Nachrichten zweier verschiedener Rundfunkprogramme auf (z. B. Deutschlandfunk und ein Privatsender eures Sendegebietes).
- Wertet die Aufnahmen mit Hilfe der Tabelle unten aus.
- Vergleicht die Eintragungen. Welche Themen sind für welchen Sender wichtig? Welche Gesichtspunkte sind den Sendern für die Präsentation der Nachrichten wichtig?
- Überlegt, bei welchem Sender ihr euch besser informiert fühlt. Begründet eure Einschätzung.

	Sender 1: _____	Sender 2: _____
Welche Meldungen werden in welcher Reihenfolge gebracht?	1. _____ 2. _____ 3. _____ 4. _____ 5. _____	1. _____ 2. _____ 3. _____ 4. _____ 5. _____
Wie viele Sprecher? Sprechweise / Stil		
Verständlichkeit, Ausführlichkeit		
Aufbau der Nachrichtensendung		
Gesamteindruck		

Arbeitsblatt „Audio" 2: Meldungen vergleichen — Sek. I

Wer meldet wie?

Aufgaben
- Vergleicht aus den aufgenommenen Nachrichtensendungen jeweils zwei Meldungen unterschiedlicher Sender, die sich aber auf dasselbe Thema beziehen. Verwendet dazu die Tabelle.
- Überlegt wieder, bei welchem Sender ihr euch besser informiert fühlt. Begründet eure Einschätzung.

	Sender 1: _____	Sender 2: _____
Ortsmarke		
Lead-Satz (W-Fragen)		
Stichworte zum Body (Nachrichtentext)		
Verständlichkeit, sprachliche Gestaltung (Fremdwörter, Satzbau)		
Umfang, Hintergrundinformationen		
Prägnanz – was bleibt hängen?		

Worterklärungen:
Ortsmarke: Viele Nachrichten beginnen mit der Nennung des Ortes, an dem sich ein Vorfall ereignet hat, bzw. an dem sie von den Journalisten aufgenommen wurde.
Lead-Satz: Der erste Satz einer Nachricht. Er enthält die wichtigsten bzw. aktuellsten Informationen zu dieser Nachricht.
Body: Der auf den Lead-Satz folgende Text

Arbeitsblatt „Audio" 3: Kurzhörspiel Sek. I

Das Kurzhörspiel „Gwendolin"

🔘 Audio-Material: „Gwendolin"

Aufgaben

- Hört euch das Hörspiel „Gwendolin – Formel 1" an. Schreibt in einem Satz auf, worum es geht.

  _____

  _____

- Notiert alles, was ihr über Gwendolin sagen könnt. Wenn ihr nicht sicher seid, dann hört euch das Stück noch einmal an.

  _____

  _____

- Wann erfährt der Hörer, was Gwendolin macht? Wo ist eigentlich der Schauplatz des Hörspiels?

  _____

  _____

- Der Autor des Hörspiels möchte die Zuhörer zum Lachen bringen. Notiert, wann und wie eine komische Wirkung erzielt wird.
  Wo ist eigentlich der Schauplatz des Hörspiels?

  _____

  _____

- Gwendolin tritt in einer kleinen Hörspiel-Serie des Südwestrundfunks auf. Auf der Internet-Seite wird die Serie kurz und knapp so beschrieben: „Das Grauen aus dem Kinderzimmer". Überlegt, was Gwendolin in weiteren Folgen der Hörspielreihe machen könnte.

  _____

  _____

„Gwendolin" – genau hingehört

Aufgaben

- Im Hörspiel passieren verschiedene Dinge gleichzeitig: Aus den Dialogen ergibt sich eine Geschichte, die Stimmen der beteiligten Personen verraten etwas über deren Rolle, Stimmungen und Einstellungen. Geräusche und Musik „kommentieren" das Geschehen. Untersucht alle Elemente, indem ihr das Kurzhörspiel mehrfach hört und euch jeweils auf eine Sache konzentriert. Notiert die Ergebnisse in der Tabelle.
- Unterteilt das Hörspiel in Abschnitte.

Text	Wie wird gesprochen?	Welche Geräusche, welche Musik ist zu hören?	Welche Wirkung wird durch Stimme und Geräusche/Musik erzielt?
ERZÄHLER Es war einmal eine nette Familie.			
Die wohnte in einem hübschen Häuschen am Rande einer Kleinstadt.			
Zu der Familie gehörte auch ein kleines Mädchen mit Sommersprossen auf der Stupsnase.			
Und dieser süße Spatz hörte auf den Namen …			

Arbeitsblatt „Audio" 5: Kurzhörspiel III

Text	Wie wird gesprochen?	Welche Geräusche, welche Musik ist zu hören?	Welche Wirkung wird durch Stimme und Geräusche/Musik erzielt?
GWENDOLIN ... Gwendolin!			
GWENDOLIN Das Formel-1-Wunder Gwendolin liegt beim Großen Preis von Monaco in Führung. Beim Austritt aus der Kurve legt die WM-Queen den Power-Boost ein.			
Doch was ist das?! Eine Ölspur, direkt vor ihr auf der Piste. Die Ausnahmepilotin reißt das Steuer herum, schrammt an der Boxenwand entlang. Flammen schlagen aus dem Heck. Die Lenkung blockiert. Der Bolide schießt quer über die Piste, rast auf die Tribüne zu. Ein Albtraum.			

Arbeitsblatt „Audio" 6: Kurzhörspiel IV

Text	Wie wird gesprochen?	Welche Geräusche, welche Musik ist zu hören?	Welche Wirkung wird durch Stimme und Geräusche/Musik erzielt?
MUTTER Gwendolin! Hör auf, mit dem Wagen zu spielen. Komm jetzt her!			
SCHWESTER Komm jetzt her, Wendolin!			
GWENDOLIN Die Favoritin kämpft um die Kontrolle. Doch der rasende Feuerball ist außer Rand und Band.			
SCHWESTER Mama, warum ist Wendolin in dem Wurstregal?			

Audio-Aufnahmen – so geht's

Tipps für Aufnahmen mit dem Mikrofon

1. Die Technik überprüfen
Bevor du das erste Interview führst, solltest du alles einmal ausprobiert haben: Wie wird das Mikrofon eingeschaltet? Stimmt die Lautstärke? Wie kann man die Lautstärke (Aussteuerung) verändern? Wie nahe muss man das Mikrofon an die Tonquelle halten?

2. Vor der Aufnahme
Such eine Stelle aus, an der es keine oder nur wenige Nebengeräusche gibt. Am besten immer eine Probeaufnahme machen. Nimm 20 Sekunden „Atmo" auf, also das jeweilige Hintergrundgeräusch. Das braucht man manchmal beim Mischen für Übergänge.

3. Beim Interview
Halt das Mikrofon immer im gleichen Abstand zum Mund des Gesprächspartners. Sprich nicht aus Gewohnheit dazwischen („Mmh, ja") – das könnte bei der Aufnahme stören. Bitte den Gesprächspartner im Zweifelsfall, eine Antwort zu wiederholen oder etwas kürzer zu antworten.

4. Außenaufnahmen:
Achte darauf, dass der Wind nicht direkt auf das Mikrofon trifft. Wiederhol die Aufnahme, wenn die Hintergrundgeräusche zu laut werden (am besten sofort überprüfen). Verwende Kopfhörer.

5. Kreativ sein!
Lass dich vom Ort, an dem du Aufnahmen machst inspirieren. Welche Geräusche passen zum Thema und könnten zur Untermalung verwendet werden (Wasser, Schritte, Glockengeläut, ein Türgeräusch, eine Lautsprecherdurchsage usw.)

6. Teste die Wirkung
Um die Wirkung von Geräuschen und Musik zu prüfen, kannst du zu Videos, die dir gefallen, eigene Audio-Aufnahmen abspielen. Probier auch widersprüchliche Kombinationen aus (z. B. ein Schneckenvideo mit Motorradgeräuschen).

Audio-Aufnahmen – so geht's (Fortsetzung)

Tipps für die Entwicklung von Reportagen, Audioguides und Hörspielen

1. *Planung ist alles*
   Welche O-Töne brauche ich für meinen Beitrag? Welche Musik ist geeignet, welche Atmo unverzichtbar? Bei einem Interview vorher überlegen, welche „Rolle" der Interviewpartner im gesamten Konzept übernehmen soll. Dann kann man gezielter fragen.

2. *Orientierung behalten*
   Je komplexer ein Hörfunkbeitrag wird, umso wichtiger ist ein Skript, in dem die einzelnen Bausteine und ihre Anordnung vorgeplant werden. Wenn alles anders kommt, kann man immer noch umplanen.

3. *Sprecher testen*
   Bei Hörspielen empfiehlt es sich, Probeaufnahmen zu machen – die aufgenommene Stimme klingt immer anders als die natürliche Stimme. Hörspieldialoge erst „trocken" üben, dann die Aufnahme laufen lassen. Sofort protokollieren, welche Aufnahme gut geworden ist und welche verworfen werden kann – dann muss man nicht jeden Take abhören.

4. *Getrennt aufnehmen, dann mischen*
   Musik und Geräusche am besten aufnehmen und erst im Programm alles abmischen. Wenn bei der Aufnahme die Balance zwischen Vorder- und Hintergrund nicht stimmt, lässt sich das kaum noch korrigieren.

5. *Rechte prüfen*
   Wenn der Audioguide, das Hörspiel o.ä. veröffentlicht werden soll, z.B. auf der Schulhomepage, dürfen nur rechtefreie Musikstücke und Geräusche verwendet werden. Einige Internetseiten wie z.B. www.jamendo.com bieten solche Musik an (überwiegend kostenpflichtig). Geräusche und Musikbausteine von www.auditorix.de kann man für Bildungszwecke kostenlos verwenden. Auf der sicheren Seite ist man, wenn man alles selbst macht ...

Arbeitsblatt „Audio" 9: Audioguides I   Sek. I/II

Audioguides – mit den Ohren verstehen

Audio-Material: „Winterlandschaft"

Ein Audioguide liefert Informationen aus dem Kopfhörer. Während die Besucher die Räume eines Museums durchschreiten oder sich in einer historischen Innenstadt bewegen, können sie per Knopfdruck zu den Dingen, die sie gerade vor Augen haben, einen kurzen Vortrag abrufen. Dazu können sie sich entweder kleine Abspielgeräte ausleihen oder aber Dateien auf ihren eigenen mp3-Player übertragen.

Aufgaben
- Stellt euch vor, ihr besucht ein Museum und seht dort das Bild „Winterlandschaft". Überlegt gemeinsam, was ihr über das Bild wissen wollt, und notiert eure Fragen in einer Tabelle, wie sie unten skizziert ist.
- Das Bild „Winterlandschaft" hängt in einem Museum in Kassel. Schüler aus einer nahe gelegenen Schule haben zu diesem und vielen anderen Bildern Audioguides angefertigt. Hört euch den Audioguide dazu an und wertet ihn mit Hilfe eurer Tabelle aus.
- Vergleicht eure Ergebnisse und diskutiert die Art und Weise, wie die Schüler die Informationen aufbereitet haben.

Das Bild „Winterlandschaft" steht in der Kasseler Gemäldegalerie Alte Meister.
Foto: Museumslandschaft Hessen Kassel

Unsere Fragen	Informationen des Audioguides

Arbeitsblatt „Audio" 10: Audioguides II Sek. I/II

Einen Hörbeitrag für einen Audioguide entwickeln

Audio-Material: „Zuse Z11"

Aufgaben
- Überlegt zunächst, was man in einem Hörbeitrag, der den Computer „Zuse Z11" vorstellt, erklären sollte. Schreibt eure Fragen auf und recherchiert die entsprechenden Fakten im Internet.
- Überlegt nun, wie ihr den Beitrag anlegen wollt: Als einfachen Kurzvortrag, als Dialog zwischen zwei Menschen (zum Beispiel dem Erbauer und einem Auftraggeber) oder ganz anders.
- Verfasst einen Text und lest ihn euch laut vor. Er sollte nicht länger als drei Minuten dauern. Nehmt den Text und – falls nötig – auch Geräusche oder Klänge auf. Mit dem Computerprogramm „Audacity" könnt ihr die Aufnahmen bearbeiten.
- Hört euch zum Vergleich das Hörstück auf der CD an.

Der Computer „Zuse Z11" steht im Physikalisch-Astronomischen Kabinett in der Orangerie Kassel.
Foto: Museumslandschaft Hessen Kassel

Einen kompletten Audioguide entwickeln

Ein Audioguide besteht aus mehreren Hörbeiträgen, die aneinander gereiht werden. Museums- oder Stadtbesucher benötigen zusätzlich einen Plan, in den ihre Route eingezeichnet ist. Alle Objekte/Sehenswürdigkeiten, zu denen es einen Hörbeitrag gibt, sollten darin markiert und mit einer Nummer versehen werden. Mit der gleichen Nummer werden dann auch die einzelnen Hörbeiträge benannt, etwa „1_Stadtkirche". Auf die Weise lassen sich die Beiträge leicht anordnen und schnell wiederfinden.
Ihr könnt Audioguides zu Museen, Tierparks, Kirchen oder einer ganzen Altstadt erstellen. Oder zu eurer Schule. Damit können sich dann neue Mitschüler oder Besucher einen akustischen Überblick verschaffen.

Arbeiten mit dem Programm „Audacity"

Vorbereitungen
Im Menü „Bearbeiten/Einstellungen" könnt ihr grundlegende Voreinstellungen vornehmen. Zu den wichtigsten gehört die Auswahl einer Tonquelle für die Aufnahme. Wenn ein externes Mikrofon verwendet werden soll, muss dieses vor dem Start des Programmes an den Computer angeschlossenen werden.

Die erste Aufnahme
Und dann kann es schon losgehen! Alle wichtigen Bedienelemente finden sich auf der Oberfläche des Programms (siehe Abbildung). Die Aufnahme funktioniert ähnlich wie bei einem Tonbandgerät: Zuerst drückt man im Programm die Aufnahmetaste, dann kann man das Interview beginnen oder ein mit dem Computer verbundenes Abspielgerät in Gang setzen. Je nachdem, ob als Aufnahmemodus Stereo oder Mono festgelegt wurde, erscheint eine doppelte oder einfache Tonspur.
Auch der Import von Dateien, die mit einem mp3-Player oder einem Diktiergerät aufgenommen wurden, ist einfach und erfolgt mit der Funktion „Datei/Importieren". Audacity unterstützt allerdings nicht das verbreitete Format WMA (Windows Media Audio). Solche Dateien müssen zunächst mit einem anderen Programm konvertiert werden, z. B. mit Itunes (www.apple.com/de/itunes/download).

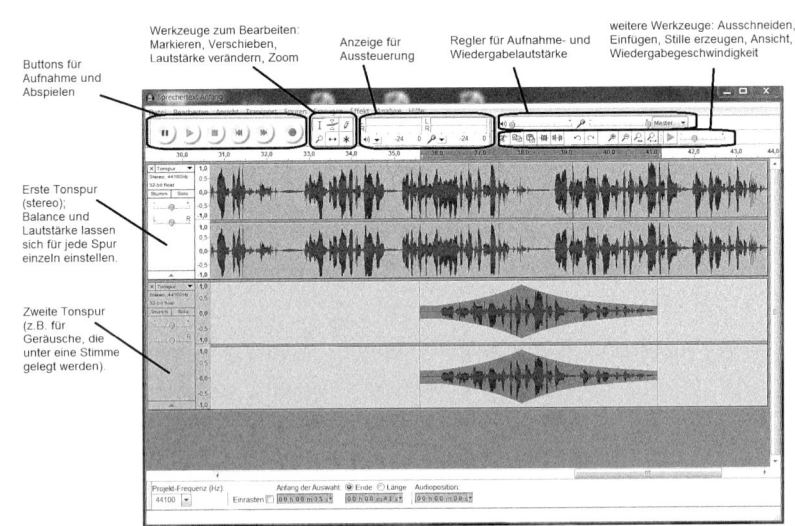

Die wichtigsten Funktionselemente des Programms Audacity
Grafik: Westermann

Arbeiten mit dem Programm „Audacity" (Fortsetzung)

Bearbeiten und Speichern
- Die Aufnahmen können auf vielfältige Weise bearbeitet werden: Für grundlegende Aktionen wie Schneiden, Kopieren, Löschen und Verändern der Lautstärke gibt es eigene Schaltflächen. Der Cursor kann zu effizienteren Arbeit mit verschiedenen Funktionen belegt werden.
- Um für ein Hörspiel oder eine Reportage Sprachaufnahmen und andere Sounds miteinander zu kombinieren, kann man eine oder mehrere zusätzliche Spuren anlegen und diese so verschieben und in der Lautstärke verändern, bis das gewünschte Ergebnis zustande kommt.
- Die Verwendung der Effekte zur Veränderung von Frequenz und Geschwindigkeit oder zur Unterdrückung von Nebengeräuschen erfordert eine intensivere Einarbeitung, allerdings sind diese für den Alltagsgebrauch nicht unbedingt erforderlich. Sinnvoll beim Abmischen von Stimmen sind die Funktionen „Einblenden" und „Ausblenden".
- Für das Abspeichern einer Aufnahme verwendet Audacity ein eigenes Format mit der Datei-Endung „aup". Projekte, die so abgespeichert wurden, können zu einem späteren Zeitpunkt weiter bearbeitet, aber nicht von anderen Anwendungen oder mit anderen Abspielgeräten genutzt werden. Wenn man eine Aufnahme auf einen mp3-Player übertragen oder für das Brennen auf einer CD abspeichern will, kann sie mit der Funktion „Datei/Exportieren" in ein gängiges Format verwandelt werden. Dabei werden die Tonspuren zusammengelegt und können anschließend nicht mehr einzeln bearbeitet werden.
- Die wichtigste Regel für gute Ergebnisse lautet: Kreativ sein und viel ausprobieren!

3 Medien und Gesellschaft

3.1 Das Mediensystem in Deutschland – Grundlagen

Vielfalt oder nur die Vervielfachung des immer Gleichen? Eine Tendenz zur Vereinheitlichung ist nur eines von vielen Risiken, denen eine Mediendemokratie ausgesetzt ist.

Nach der Erfahrung der nationalsozialistischen Diktatur, die die faktische Abschaffung jeder Presse- und Meinungsfreiheit bedeutete, wurde die Pressefreiheit in der Bundesrepublik in der Verfassung verankert. Rechtliche Grundlage der Informationsfreiheit sind die ersten beiden Absätze des Artikels 5 im Grundgesetz:

(1) Jeder hat das Recht, seine Meinung in Wort, Schrift und Bild frei zu äußern und zu verbreiten und sich aus allgemein zugänglichen Quellen ungehindert zu unterrichten. Die Pressefreiheit und die Freiheit der Berichterstattung durch Rundfunk und Film werden gewährleistet. Eine Zensur findet nicht statt.

(2) Diese Rechte finden ihre Schranken in den Vorschriften der allgemeinen Gesetze, den gesetzlichen Bestimmungen zum Schutze der Jugend und in dem Recht der persönlichen Ehre.

Dieser Artikel schützt nicht nur den Bürger gegenüber dem Staat, sondern auch die Medien insgesamt, als Sicherung einer pluralistischen Meinungsbildung. Zugleich werden hier die Grenzen aufgezeigt, die von den Medien eingehalten werden müssen, insbesondere der Schutz der Persönlichkeit, bei dem im Hinblick auf Kinder und Jugendliche besonders strenge Maßstäbe gelten.

Die Ausgestaltung des Presserechtes ist Aufgabe der Bundesländer. In den jeweiligen Landesmediengesetzen geht es zum einen um die Rechte der Medien wie den Anspruch auf Auskunft durch Behörden und den Informantenschutz, aber auch um publizistische Sorgfaltspflichten, die Impressumspflicht und Regelungen zur Gegendarstellung bei unzutreffenden Behauptungen.

Während im Bereich von Presse und Internet kaum gesetzliche Barrieren existieren, sind Rundfunk und Fernsehen stärker reguliert. Die Mediengesetze regeln die Vergabe von Frequenzen für private Rundfunkbetreiber. Die Ausgestaltung des öffentlich-rechtlichen Rundfunks wird in den Rundfunkstaatsverträgen geregelt – hier existiert ein Spannungsfeld zwischen der prinzipiellen Freiheit der jeweiligen Sender der Einflussnahme durch Rundfunk- und Aufsichtsräte, die in einem gewissen Maß von politischen Interessen dominiert werden.

Zwar sind die Grenzen der Pressefreiheit in den einschlägigen Gesetzen benannt, dennoch ist die Überschreitung dieser Grenzen in vielen Fällen Auslegungssache. Das führt zu unvermeidlichen Konflikten, zu deren Beilegung 1956 eine eigene Institution gebildet wurde, die die Einhaltung bestimmter journalistischer Regeln überwacht. Der Deutsche Presserat ist paritätisch mit Journalisten und Verlegern besetzt und hat die Aufgabe, Missstände in den Medien aufzudecken, aber auch die Informationsfreiheit der Bürger zu sichern. Für die Journalisten hat der Presserat publizistische Regeln entwickelt, den Pressekodex, der als Orientierungsrahmen für Journalisten aller Medien gilt. Er umfasst verschiedene Bereiche, in denen es um Menschenwürde, Persönlichkeitsrechte sowie die Glaubwürdigkeit der Medien geht.[53] Der Presserat gibt auch Hinweise zum journalistischen Handwerk und tritt bei Beschwerden als Schlichter auf.

3.2 Wirtschaftliche Strukturen des Medienbetriebs

Abgesehen vom öffentlich-rechtlichen Rundfunk sind die Medien in der Bundesrepublik überwiegend privatwirtschaftlich organisiert. Die von Kirchen und Interessensverbänden herausgegebenen Medien haben insgesamt in den letzten Jahren an Einfluss verloren. Da es nur wenige Beschränkungen gibt, die den Medienmarkt regulieren, ist die publizistische Vielfalt durch eine zu große wirtschaftliche Konzentration bedroht, insbesondere dann, wenn Medienunternehmen nicht nur mit einer Medienart am Markt aktiv sind, sondern Beteiligungen an Zeitungen, Zeitschriften, Rundfunksendern und Online-Portalen bündeln. Um diesen Prozess zu kontrollieren, existiert eine Pressefusionskontrolle durch das Bundeskartellamt sowie die Kommission zur Ermittlung der Konzentration im Medienbereich (KEK).

Die Möglichkeiten, den Prozess der Konzentration im Medienbereich aufzuhalten, sind allerdings begrenzt, zumal sich das Geschäft internationalisiert hat, vor allem im Bereich der elektronischen Medien. Aber auch auf dem lokalen

Zeitungsmarkt hat es im Laufe der Jahre eine spürbare Ausdünnung der Pressevielfalt gegeben, sodass in vielen Regionen und Städten beispielsweise nur noch ein einziger Tageszeitungsverlag aktiv ist.

Diesen Prozessen steht jedoch auch eine neue publizistische Vielfalt im Internet gegenüber. Zahllose kleine, oft auf bestimmte Interessen fokussierte Blogs und Webseiten bieten Informationen, die in den „etablierten" Medien nicht zu finden sind. Eine Initiative, die bundesweite Aufmerksamkeit erlangte, ist das Weblog „Wir in NRW", das kurz vor den Landtagswahlen 2010 mit Enthüllungen und kritischen Berichten die damalige Landesregierung in Verlegenheit brachte. Ein anderes Beispiel sind die von Wissenschaftlern betriebenen Wikis, in denen Politiker-Dissertationen analysiert wurden, nachdem sie unter Plagiatsverdacht geraten waren.

Der Medienbetrieb steht immer im Spannungsfeld zwischen wirtschaftlichen Interessen und der politischen Aufgabe, als „vierte Macht" in der Demokratie eine unabhängige Kontrolle politischer und wirtschaftlicher Prozesse auszuüben. Die unverzichtbare Wert dieser Kontrollinstanz, aber auch ihre potenzielle Gefährdung, sollte Schülern bewusst gemacht werden. Viele Jugendliche betrachten und nutzen die gegenwärtige Medienwelt als Selbstverständlichkeit – sie sollten dafür sensibilisiert werden, dass es auch aktiver Einmischung bedarf, um die Informationsfreiheit und Vielfalt zu erhalten.

3.2.1 Zeitungen und Zeitschriften

Die Struktur des Zeitungsmarktes in der Bundesrepublik ist geprägt von regionalen und lokalen Abonnementszeitungen, die einen Anteil von etwa 70 Prozent an der Tagespresse haben. Die Vielfalt hat ihren Ursprung in der Lizenzpolitik der Alliierten, die zwischen 1945 und 1949 das Pressewesen privatwirtschaftlich organisierten, indem sie viele Einzellizenzen an ausgewählte Personen vergaben. Ab 1949 drängten dann nach und nach die alten kapitalkräftigeren Zeitungsverlage wieder auf den Markt; es setzte ein Verdrängungs- und Konzentrationsprozess ein, der bis heute anhält. Inzwischen gibt es in den meisten Städten und Kreisen nur noch eine Tageszeitung. Gab es Mitte der 50er Jahre noch 600 Zeitungen mit insgesamt 1600 Ausgaben, so erschienen 2011 noch 347 Zeitungen mit 1509 Ausgaben.

Die Gründe für die Konzernbildung sind vielfältig. Zum einen sind Verlage Wirtschaftsunternehmen, die 70 Prozent ihrer Einnahmen aus Anzeigerlösen erzielen und 30 Prozent aus Abonnement- und Straßenverkauf. Die Anzeigenerlöse wiederum sind abhängig von der Auflagenstärke, denn je höher die Auflage, desto teurer lassen sich Anzeigen und Werbung verkaufen. Ein wichtiger Faktor bei der Wirtschaftlichkeit sind auch die Kosten der Herstellung; sie umfassen nicht nur die Druckkosten, sondern auch die Kosten für Redaktionen und für den Vertrieb. Um dem Kostendruck zu begegnen, entstanden seit den 60er

Jahren immer größere Pressekonzerne. Da die Auflagenzahlen einzelner Blätter nicht mehr gesteigert werden konnten, gingen große Zeitungen dazu über, kleinere regionale Konkurrenten zu übernehmen. Die Lokalzeitungen blieben zwar bestehen, aber ganze Regionen werden inzwischen von einzelnen Pressekonzernen beherrscht, die einen einheitlichen Mantel für alle Zeitungen liefern und nur noch den Lokalteil in eigenständigen Redaktionen anfertigen.

Die großen Pressekonzerne blieben aber nicht auf den Markt der Zeitungen beschränkt, sondern dehnten ihr Geschäftsfeld auf Zeitschriften, seit Mitte der 80er Jahre auch auf Radio und Fernsehen aus, seit 2000 auch auf das Internet. Trotzdem konnten die Tageszeitungen ihre Position als pluralistische, meinungsbildende Institutionen festigen, gerade auch durch die überregionalen Tageszeitungen, die auch heute noch Leitfunktionen in der Nachrichtenberichterstattung übernehmen.

Eine wachsende Zahl von Verlagen verringert Kosten auch durch Einsparungen im journalistischen Bereich. Kleine Lokalredaktionen werden geschlossen, Journalisten werden nur noch als freie Mitarbeiter beschäftigt. Hinzu kommt, dass die Produkte der Journalisten nicht mehr nur einer Zeitung zugutekommen, sondern innerhalb der Konzerne mehrfach ausgewertet werden, für verschiedene Zeitungen, aber auch im Radio oder im Internet.

3.2.2 Die großen Medienkonzerne

Ein Blick auf einen der großen Medienkonzerne mag verdeutlichen, welche Ausmaße die Bündelung unterschiedlicher Print- und Broadcasting-Aktivitäten annehmen kann. Neben Unternehmen wie der Axel Springer AG oder der WAZ-Gruppe ist es vor allem die Bertelsmann AG, die für diese Entwicklung steht. Bertelsmann ist einer der größten Medienkonzerne Europas. Neben dem Zeitschriften- und Buchverlagsgeschäft gehört der Konzern im Bereich Film und Fernsehen zu den führenden Anbietern. Zum Konzernportfolio gehören mit der UFA Film & TV Produktion GmbH eine der größten deutschen Produktionsfirmen, mehrere Fernsehsender, führende Zeitschriften und große Verlage, die unter dem Namen Random House zusammengefasst sind.

Es ist nicht von der Hand zu weisen, dass zwischen diesen Konzernteilen Beziehungen bestehen: Romane werden verfilmt und in TV-Sendern abgespielt, Zeitschriften präsentieren sich in TV-Formaten, gesellschaftliche Ereignisse können auf mehreren Medienkanälen dargestellt werden. Musiker, die bei der Bertelsmann Music Group (BMG) unter Vertrag stehen, treten in TV-Sendungen auf oder werden in Zeitschriften vorgestellt.

Dass solche Geschäftsbeziehungen im Interesse eines Gesamtkonzerns genutzt werden, ist naheliegend. Ob und welchen Einfluss sie dann im Einzelnen auf redaktionelle Entscheidungen haben, ist für den Zuschauer allerdings nicht erkennbar – hier liegt ein Risiko für die Pressefreiheit. Die wirtschaftlichen Strukturen erschweren die Herausbildung und die Wahrung von Medien- und Meinungsvielfalt, da Konflikte zwischen journalistischen und wirtschaftlichen Interessen vorprogrammiert sind (vgl. **Arbeitsblatt „Medien und Gesellschaft" 1**).

3.2.3 Rundfunk und Fernsehen

Rundfunk und Fernsehen wurden nach 1945 nicht als privatwirtschaftlich organisierte, sondern als öffentlich-rechtliche Institutionen neu aufgebaut. Durch die Regionalisierung, die Finanzierung über Gebühren und eine institutionalisierte Selbstkontrolle sollte sichergestellt werden, dass die Sender staatlicher Lenkung entzogen waren und eine demokratische Kontrollfunktion ausüben konnten. Aufgrund der föderalen Struktur kam es zur Gründung mehrerer Rundfunkanstalten in den Bundesländern. Die Landesrundfunkanstalten schlossen sich 1950 zur ARD (Arbeitsgemeinschaft der öffentlich-rechtlichen Rundfunkanstalten der Bundesrepublik Deutschland) zusammen und strahlten ab 1954 ein gemeinsames Fernsehprogramm aus.

Bereits in der Anfangszeit gab es Versuche, parallel dazu einen „Staatsrundfunk" zu etablieren. Dem bot das Bundesverfassungsgericht 1961 Einhalt, indem es die Staatsferne des Rundfunks und die Programmvielfalt aus der Pressefreiheit der Verfassung ableitete. Anstelle eines Regierungssenders ging 1963 in Mainz das ZDF (Zweites Deutsches Fernsehen) auf Sendung.

Die Selbstverwaltung der Sender ist durch Rundfunkräte geregelt, in den alle gesellschaftlich relevanten Gruppen vertreten sein sollen, was aber letztendlich dazu geführt hat, dass die Parteien großen Einfluss haben. Das Programm wurde in den ersten Jahren durch Informations- und Kultursendungen bestimmt, hinzu kamen Spielfilme, Fernsehserien und Unterhaltungssendungen. Ab Mitte der 70er Jahre präsentierten die Fernsehsender auch die internationale Filmkultur, zeitgleich kamen zunehmend ausländische, insbesondere amerikanische Serien zur Ausstrahlung.

Finanziert wurden die Programme zum überwiegenden Teil aus den Gebühren sowie aus Werbung, die in eng begrenzten Zeitfenstern gezeigt wurde. 1984 entstand mit der Zulassung der ersten Privatsender in Deutschland ein duales Rundfunksystem. Damit trug man einer internationalen Entwicklung Rechnung. Die neuen Sender, alle im Besitz von großen Medienkonzernen, die zum Teil weltweit agieren, finanzieren sich ausschließlich über Werbung, was sich auch im Programmangebot widerspiegelt. So liegt der Schwerpunkt auf Serien aus dem Ausland oder günstig produzierten Eigenformaten, während das Informations- und Nachrichtenangebot unterhaltend präsentiert wird. Kennzeichnend sind auch die häufigen Werbeunterbrechungen sowie die Verbindung von Werbung und Unterhaltung in speziellen Formaten.

Kritiker bemängeln, dass mit der Einführung des Privatfernsehens eine Verflachung des gesamten Fernsehprogramms und eine Fixierung auf Einschaltquoten einhergegangen seien; auf der anderen Seite ist nicht zu bestreiten, dass die neue, private Konkurrenz die öffentlich-rechtlichen Sender veranlasste, ihr Programm zu modernisieren. Durch die internationale Verflechtung der Medienkonzerne kamen neue Programminhalte nach Deutschland, die bis dahin nicht zur Kenntnis genommen worden waren.

3.2.4 Filmproduktion in Deutschland

Nach 1945 kam die Filmproduktion in Deutschland fast vollständig zum Erliegen. Die ersten deutschen Produktionen entstanden dann in der sowjetischen Zone 1946. Kinos und Verleiher erhielten Genehmigungen durch die Alliierten und konnten so Filme vorführen, die zumeist aus den Herkunftsländern der Besatzungsmächte stammten. Die UFA als Monopolbetrieb des nationalsozialistischen Regimes wurde zerschlagen; die Alliierten verboten 1948 auch die vertikale Konzentration der Filmwirtschaft (Produktion, Verleih und Kinos in einer Hand).

Einen Tag vor Gründung der Bundesrepublik wurde die Anordnung durch ein Gesetz abgelöst, das den Verkauf des ehemals reichseigenen Filmvermögens vorsah und das Verbot filmwirtschaftlicher Konzentration weiterhin aufrecht erhielt. Dennoch forderten Interessensvertreter in der Bundesrepublik, größere Filmkonzerne zuzulassen, um der Konkurrenz der amerikanischen Filmindustrie etwas entgegensetzen zu können. Es gründeten sich zunächst einige kleinere Filmproduktionsgesellschaften, von denen sich aber nur wenige durchsetzen konnten. Dazu gehörten CCC-Film, Bavaria und die aus dem UFA-Nachlass entstandene Universum Film AG, die 1964 vom Bertelsmann-Konzern übernommen wurde.

Zur Stärkung der Filmwirtschaft entschloss sich die Bundesregierung bereits 1950, deutsche Filmproduktionen durch Bundesbürgschaften abzusichern, um so die Zahl der deutschen Produktionen zu erhöhen. Der Anteil der deutschen Filme in den Kinos entwickelte sich daraufhin von 7 Prozent im Jahr 1949 auf bis zu 45 Prozent im Jahr 1953. Die Bürgschaften waren allerdings mit einer politischen Einflussnahme verbunden. Auch ausländische Filme unterlagen der Prüfung durch einen interministeriellen Ausschuss. Dabei wurde nicht nur Filmen aus Osteuropa die Genehmigung versagt – auch amerikanische Produktionen wie der berühmte Film „Casablanca" gelangten mitunter nur mit Schnitten und einer veränderten Synchronisation in die Kinos.

Mitte der 60er Jahre entwickelte sich das noch junge Fernsehen zu einer ernstzunehmenden Konkurrenz für die Filmwirtschaft. Die Zuschauerzahlen der Kinos gingen massiv zurück. 1967 wurde das erste Filmförderungsgesetz verabschiedet, das es den Produktionsfirmen ermöglichte, bundeseigene Mittel zur Filmproduktion in Anspruch zu nehmen. 1979 begannen auch die Bundesländer, Fördereinrichtungen zu gründen, verbunden mit der Absicht, die eigenen Produktionsstandorte zu unterstützen. Inzwischen bildet die Filmförderung durch die Bundesländer den größten Anteil an der Filmförderung in Deutschland. Diese beträgt zusammengenommen jährlich mehr als 200 Millionen Euro.

Die meisten in Deutschland produzierten Filme kommen erst dann zustande, wenn es den Produzenten gelingt, Gelder aus mehreren Fördertöpfen einzuwerben. Oft beteiligen sich auch Fernsehsender an den Produktionskosten, um dann im Anschluss an die Kinoauswertung den Film ins TV-Programm zu nehmen. Kritiker bemängeln, dass die zersplitterte Förderstruktur ineffektiv sei und manche Filmstoffe darunter leiden, dass sich bis zu ihrer Realisierung zu viele Fördergremien und Redakteure inhaltlich eingemischt haben.

3.2.5 Das Internet und seine Folgen

Das Internet hat die Informationswelt entscheidend verändert: Nie zuvor waren so viele Informationen so leicht und schnell verfügbar. Der grenzüberschreitende Charakter des weltweiten Netzes hat gravierende Folgen bis in den Alltag hinein. Dabei stellen sich diese Folgen durchaus ambivalent dar: Zum Einen ist das Internet zu einem Schlachtfeld der globalisierten Wirtschaft geworden, zum Anderen aber auch zu einem wichtigen Instrument gegen politische Unfreiheit. Die Abschottung totalitärer Regime von der Außenwelt ist in dem Maße schwieriger geworden, in dem das Netz zwischen Computern, Handys und anderen mobilen Geräten dichter geworden ist.

Eine Kommerzialisierung im Internet ist unübersehbar – mittlerweile dominieren die von Unternehmen eingestellten Angebote das Netz. Auch die freie Kommunikation, ein Kernbestandteil des Internets, wird in Frage gestellt, wenn der Informationsaustausch zwischen Menschen durch große Konzerne reguliert wird. Nutzerdaten sind zur Ware geworden, ihre Speicherung und Weitergabe erfolgt vielfach verdeckt.

Neben dem verantwortlichen Umgang mit individuellen Daten (siehe auch das folgende Kapitel) ist die freie Verfügbarkeit von digitalen Werken in den letzten Jahren zu einem Schlüsselthema geworden. Die Debatten um Urheberrecht und geistiges Eigentum sind nicht nur als Gefechte zwischen Interessensgruppen zu verstehen – sie berühren Grundlagen der westlichen Kultur und ihre Resultate werden die zukünftige Struktur der Mediengesellschaft prägen.

Der Graben zwischen den Verfechtern eines freien Zugangs zu Filmen, Musik und Texten auf der einen und den Urhebern und Verwertern auf der anderen Seite ist tief. Während die einen den freien Austausch von Dateien als Selbstverständlichkeit betrachten, zeichnet sich auf der Gegenseite ein Trend zur verschärften Kontrolle ab: Spektakuläre Festnahmen wie im Falle von Kim Schmitz („Megaupload") und hohe Haftstrafen für Betreiber illegaler Download-Portale („kino.to") sind nicht zuletzt auch Zeichen einer zunehmenden Konfrontation.

In den letzten Jahren ist zudem eine Wende bei der Kostenfreiheit von journalistischen Informationsangeboten zu beobachten. Zeitungsverlage, die durch kostenlose Online-Ausgaben einen erheblichen Einbruch bei den verkauften Exemplaren hinnehmen mussten, führen kostenpflichtige Premiumbereiche ein und versuchen so, den lange Zeit scheinbar unaufhaltsamen Trend zur Gratisinformation im Internet umzukehren. In diese Richtung weist auch die Einführung geschlossener mobiler Gerätesysteme (Tablets), in denen von vornherein eine stärkere Regulierung der Zugänglichkeit durch die jeweiligen Anbieter von so genannten „Apps" möglich ist.

Auch im digitalen Zeitalter bewegen sich Medien in einem Spannungsfeld zwischen publizistischer Freiheit und ökonomischen Zwängen. Dabei stehen nicht zuletzt auch die Mediennutzer in einer Verantwortung: Mit ihrer Wahl für oder gegen einzelne Angebote entscheiden sie in einer ökonomisierten Medienwelt immer wieder auch für oder gegen das Überleben von Meinungsfreiheit.

3.3 Medien verantwortlich nutzen

3.3.1 Persönlichkeitsrechte und Datenschutz

Prävention ist besser als Schadensbegrenzung – Schweriner Schüler bereiten eine Wandzeitung vor, um mit anderen Jugendlichen über Risiken im Internet zu diskutieren.

Cybermobbing, Datenschutz, Persönlichkeitsrecht, Urheberrecht – an diese Stichworte knüpfen sich intensiv geführte öffentliche Debatten, oft mit einem medienkritischen Unterton. Elektronische Medien bergen neue Risiken, so scheint es, auf die weder die Schule noch der Rest der Gesellschaft in ausreichendem Maß eingestellt sind.

Das ist nur teilweise richtig, denn alle Probleme, die sich an die angeführten Schlagworte knüpfen, gab es auch schon vor der massenhaften Verbreitung elektronischer Medien. Allerdings haben sich die Dimensionen verändert: Mobbingopfer sehen sich nicht mehr nur im Bereich einer Klassen- oder Schulgemeinschaft verunglimpft, sondern diese Taten sind plötzlich in einem viel größeren Raum sichtbar, im Zweifelsfall weltweit. Und wer einmal versucht hat, demütigende Videos oder Bilder, die im Netz kursieren, von dort wieder zu entfernen, wird gemerkt haben, dass das nicht einfach ist.

Hinzu kommt, dass in sozialen Netzwerken schriftlich kommuniziert wird. Wer selbst einen Teil der beruflichen Kommunikation per E-Mail erledigt, weiß, dass es bei unterschiedlichen Auffassungen leichter zu Fehldeutungen und Verletzungen kommt als in der Face-to-Face-Kommunikation, wo man bei unpassenden Formulierungen sofort eine Reaktion spüren und der Angesprochene unmittelbar auf Angriffe reagieren kann. Dies gilt umso mehr für Schüler, die naturgemäß meist nicht über ein ausgefeiltes schriftliches Ausdrucksvermögen verfügen.

Das Internet vervielfacht und konserviert die Wirkungen von Mobbing und lässt es irreversibel werden. Allerdings hat die Datenmenge, die mittlerweile täglich im Internet abgeladen wird, in diesem Zusammenhang auch ihr Gutes: Fast alles, was irgendwann einmal Aufsehen erregte, gerät wieder in Vergessenheit und wird unter den Milliarden von Datensätzen begraben, die aktueller, wichtiger und interessanter erscheinen.

Die Frage, ob Sicherheit im Internet ein Thema des schulischen Mediencurriculums sein sollte, kann nicht nur im Hinblick darauf beantwortet werden, was in der Schule passiert – auch das Freizeitverhalten der Schüler sollte hier mit einbezogen werden. Einige Basisinformationen im Hinblick auf eine verantwortliche Mediennutzung sind so essenziell, dass sie in jedem Fall Teil des schulischen Mediencurriculums sein sollten. Natürlich kann niemand erwarten, dass sich Lehrkräfte bis ins Detail mit den Datenschutzregularien und -funktionen der jeweils angesagten sozialen Netzwerke beschäftigen. Dies ist nur dann erforderlich, wenn beispielsweise „Facebook" für die Zusammenarbeit in einer Klasse genutzt wird.

Für Jugendliche sind die mediale Selbstdarstellung und der Austausch mit anderen nicht nur ein Hobby, sondern Teil der Adoleszenzentwicklung – dazu gehören Fragen nach der eigenen Identität und der Beziehung zu anderen. Soziale Netzwerke bieten Jugendlichen eine Umgebung, in der sie diese Themen ausagieren. Befragungen haben ergeben, dass für Jugendliche dabei eine authentische Präsenz in sozialen Netzwerken von hohem Wert ist – ein Umstand, der eine besondere Vorsicht bei der Selbstdarstellung umso dringlicher erscheinen lässt.

3.3.2 Ideen für die Unterrichtspraxis

Es ist vor diesem Hintergrund sinnvoll, dass ein Kollegium definiert, welche Mindeststandards im Hinblick auf verantwortliche Mediennutzung erreicht werden sollten und wann die entsprechenden Unterrichtsbausteine in welchem fachlichen Kontext eingesetzt werden. Die Formulierung von Basiskompetenzen in diesem Bereich könnte beispielsweise folgendermaßen lauten:

- Die Schüler haben Art und Ausmaß ihres Medienkonsums reflektiert und sich Gedanken über angemessene Mediennutzungszeiten gemacht (**Arbeitsblätter „Medien und Gesellschaft" 2/3**).
- Die Schüler haben sich mit der Frage beschäftigt, welche Daten sie im Internet von sich selbst preisgeben und kennen die Risiken, die damit verbunden sind (**Arbeitsblatt „Medien und Gesellschaft" 4**).
- Die Schüler verfügen über grundlegende Strategien, die eigene „Datenspur" im Internet zu reduzieren und kennen Gefahren des Datenmissbrauchs (**Arbeitsblatt „Medien und Gesellschaft" 5**).
- Die Schüler sind dafür sensibilisiert, dass Foto- und Videoaufnahmen von anderen gegen deren Willen nicht angefertigt werden sollten und die Weitergabe problematischer Inhalte eine Straftat ist (**Arbeitsblätter „Medien und Gesellschaft" 6/7**).
- Die Schüler haben sich mit grundlegenden Regeln des Urheberrechts beschäftigt und wissen, dass die Veröffentlichung von geschütztem Bild-, Text- oder Tonmaterial nicht erlaubt ist (**Arbeitsblatt „Medien und Gesellschaft" 8/9**).

Eine Verbindung dieser Themen mit Unterrichtsinhalten der Fächer Deutsch, Politik/Wirtschaft und Sozialkunde ist kein Problem, aber auch die Fremdsprachen oder die Naturwissenschaften können durchaus etwas beitragen. Methodisch besonders vielversprechend bei diesen Themen sind Unterrichtskonzepte mit Peer-to-peer-Elementen, bei denen ältere Schüler als Ansprechpartner und Wissensvermittler fungieren.

Web-Tipp:

Das Portal www.klicksafe.de, das von der Landeszentrale für Medien und Kommunikation Rheinland-Pfalz betrieben wird, bietet eine Vielzahl von Hintergrundinformationen, Unterrichtsmaterialien und Broschüren zur Sicherheit im Internet.

Arbeitsblatt „Medien und Gesellschaft" 1: Konzentration in den Medien Sek. I/II

Bertelsmann – ein Medienkonzern im Überblick

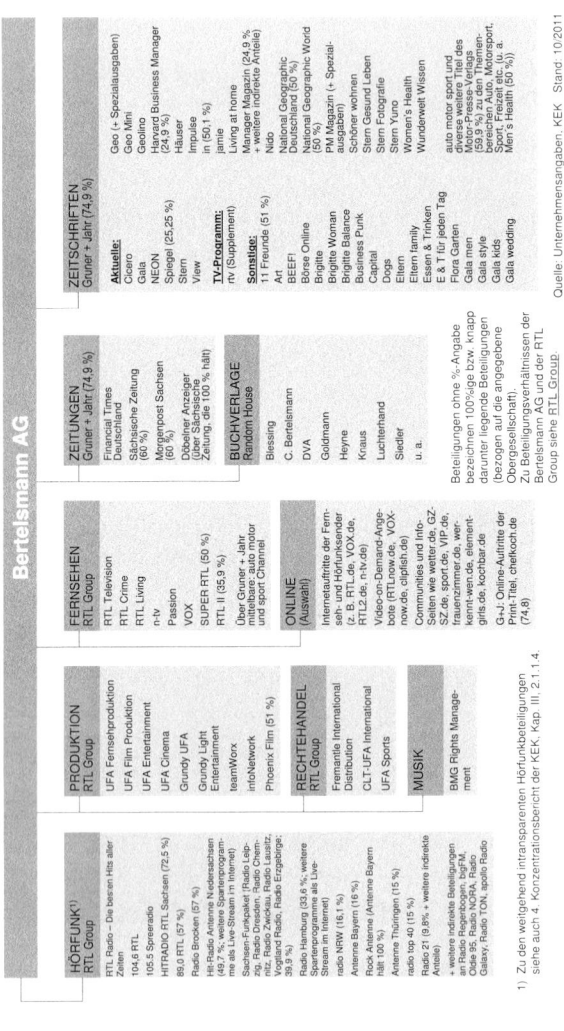

Aufgaben

- Die Grafik zeigt, welche Medienunternehmen ganz oder teilweise zur Bertelsmann AG gehören. Orientiert euch in der Grafik und erklärt, welche Vorteile sich für einen Konzern bieten, wenn er in mehreren Mediensparten tätig ist.
- Kritiker meinen, große Konzerne wie Bertelsmann gefährden die Meinungsfreiheit. Überlegt anhand von Beispielen, was dafür spricht und was dagegen.

Quelle: Kommission zur Ermittlung der Konzentration im Medienbereich

Medienkonsum – wie viel ist angemessen?

Aufgaben
- Stellt in eigenen Worten dar, welche Informationen die Diagramme enthalten. Überlegt, welche Gründe es für die Ergebnisse geben könnte.
- Diskutiert, ob diese Ergebnisse mit euren eigenen Erfahrungen übereinstimmen.
- Die Untersuchung bezog sich auf Schüler der vierten Klasse. Welche Konsequenzen sollte man aus den Ergebnissen ziehen? Gelten diese auch für Jugendliche in höherem Alter?

Mediennutzung und schulische Leistung

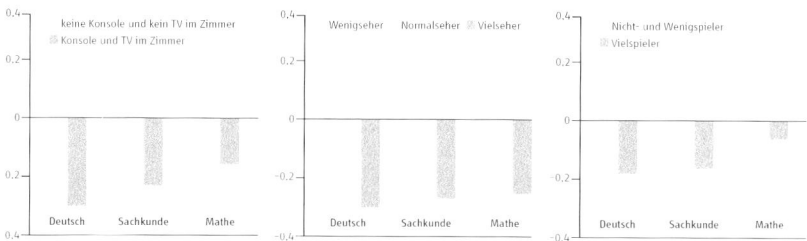

Quelle: Kriminologisches Forschungsinstitut Niedersachsen

Medienwissenschaftler haben untersucht, ob es einen Zusammenhang zwischen intensiver Nutzung bestimmter Medien und den Schulleistungen gibt. Dazu wurden Grundschüler der vierten Klasse je nach Dauer ihres Medienkonsums in Gruppen eingeteilt. Dann wurden die Schulnoten der einzelnen Gruppen miteinander verglichen.
Das linke Diagramm zeigt die Abweichungen in der Schulleistung bei Schülern mit und ohne Spielkonsole im eigenen Zimmer. Im mittleren Diagramm geht es um Fernsehzeiten und rechts um PC- und Videospielzeiten. Wenn ein Balken bei +0,2 steht, heißt das, dass die Leistungen um 0,2 Schulnoten über dem Durchschnitt liegen.

Empfehlungen für die Mediennutzung

Aufgaben
- Lest den Text „Medienempfehlungen" und vergleicht die darin getroffenen Aussagen mit euren eigenen Erfahrungen.
- Vermitteln Eltern, Lehrer und andere Erwachsene den Umgang mit Medien angemessen? Was müsste sich ändern?
- Stellt in einer Gruppenarbeit Empfehlungen für die Mediennutzung in eurer eigenen Altersgruppe zusammen. Gestaltet ein Plakat, mit dem ihr eure Empfehlungen euren Mitschülern präsentiert.

Medienempfehlungen
Wenn Kinder zu viel fernsehen oder im Internet surfen, bewegen sie sich weniger, können sich schlechter konzentrieren und laufen Gefahr zu vereinsamen. (…) Wie können Eltern einen verantwortungsbewussten Medienkonsum erreichen? Wichtig ist, dass Eltern klare Absprachen mit ihren Kindern über die Mediennutzung treffen. Darüber hinaus sollten insbesondere jüngere Kinder nicht vor dem Fernseher oder dem Computer alleine gelassen werden.

Experten raten, dass Eltern feste Zeiten vereinbaren sollten, die ihre Kinder am Computer oder vor dem Fernseher verbringen dürfen. Die Initiative „Schau hin!" empfiehlt folgende Altersstaffelung:
- Bis 7 Jahre: 30 Minuten täglich
- 8 bis 9 Jahre: 45 Minuten täglich
- 10 bis 11 Jahre: 60 Minuten täglich
- 12 bis 13 Jahre: 75 Minuten täglich.

Darüber hinaus sollten sich die Eltern dafür interessieren, womit sich ihre Kinder im Internet beschäftigen. Um einen sorgfältigen Umgang mit dem Medium zu vermitteln ist es beispielsweise sinnvoll, gemeinsam im Netz zu surfen.

Vor allem Jugendliche nutzen Facebook, Twitter, SchülerVZ oder StudiVZ, um mit ihren Freunden in Kontakt zu sein. 70 Prozent nutzen sie täglich oder mehrmals pro Woche. In „Online-Communities" können sie Kontakte aufbauen, festigen und entwickeln, sich in neuen Rollen ausprobieren und ein Profil erstellen. Neben Chancen gibt es aber auch eine Reihe von Risiken. Was überwiegt, hängt vom eigenen Verhalten ab und welche persönlichen Angaben veröffentlicht werden. Wenn Kinder und Jugendliche beginnen, diese Angebote zu nutzen, ist Unterstützung wichtig, damit sie lernen, was bei der Nutzung von Web 2.0-Angeboten zu beachten ist.

Quelle: Bundesministerium für Familie, Senioren, Frauen und Jugend/ www.familien-wegweiser.de

Arbeitsblatt „Medien und Gesellschaft" 4: Soziale Netzwerke — Sek. I

Unterwegs in sozialen Netzwerken

Aufgaben

- Überlegt gemeinsam, was das Besondere an Freunden ist:
  Wie geht man mit ihnen um?
  Worüber kann man mit ihnen reden?
  Wie gut kennt man sie?
  Wie viele Freunde gibt es?
  Legt eine Tabelle an und schreibt die Antworten in die linke Spalte.
- Auch in sozialen Netzwerken wie Facebook gibt es „Freunde". Notiert in der rechten Spalte der Tabelle, ob die Aussagen der linken Spalte hier auch zutreffen und was anders ist.
- Lest euch die Eintragungen in der Tabelle unten durch und notiert, welche Informationen ihr in eurem eigenen Profil und auf den Pinnwänden eines sozialen Netzwerkes veröffentlichen würdet. Notiert, warum bestimmte Informationen problematisch sein könnten.

Was?	Kann man veröffentlichen	Würde ich nicht veröffentlichen	Kommentar
Der vollständige eigene Name			
Geburtstag und -jahr			
Adresse			
Telefonnummer			
E-Mail-Adresse			
Hobbys und bevorzugte Urlaubsländer			
Urlaubsfoto mit dem besten Kumpel, der besten Freundin			
Foto von der letzten Party			
Kommentare zu CDs oder Grüße zum Geburtstag auf der Pinnwand			
Einladung zur Fete im Schlosspark			
Meinungsaustausch über die letzte Englischstunde			
Zugehörigkeit zu Gruppen innerhalb des Netzwerks			

Checkliste zur Datensicherheit im Internet

1. Weniger ist mehr: Anmelden bei Internetdiensten
Bevor du irgendwo **ein Online-Formular** mit deinen Daten ausfüllst, überleg noch einmal, ob diese Anmeldung wirklich nötig ist.
- Wenn es doch sein muss: Verwende **nach Möglichkeit ein Pseudonym**. Und richte für solche Zwecke eine Mail-Adresse ein, die keinen Rückschluss auf deinen Namen zulässt und die du bei Bedarf löschen kannst. Verzichte darauf, Adressen, Handynummern oder Kreditkartennummern herauszugeben. Überflüssige Fragen sollten nicht beantwortet werden. Wie der Anbieter mit den Daten umgeht, steht in den AGB (Allgemeine Geschäftsbedingungen).
- Verwende **ein sicheres Passwort**, das du regelmäßig änderst. Sichere Passwörter bestehen nicht aus kompletten Wörtern, Geburtstagsdaten o. ä., sondern aus einer sinnfreien, möglichst achtstelligen Kombination von Zahlen und Buchstaben.

2. Anlegen eines Profils bei einer Online-Community
Bevor du **dein Profil freischaltest**: Überleg, wie es auf Eltern, Lehrer, zukünftige Vorgesetzte oder Personalchefs wirkt. Partyfotos, Bekenntnisse zu Alkohol, Sex und Drogen wirken da nicht vorteilhaft.
- Prüfe genau, welche deiner Profilseiten für wen zugänglich ist („Einstellungen zur Privatsphäre").

3. Du im Netz
Überprüfe gelegentlich mit Hilfe einer Suchmaschine, ob andere Internetnutzer **etwas über dich ins Netz gestellt** haben, was dir persönlich oder (in Zukunft) auch beruflich schaden könnte.
- Ansprechpartner **in Fällen von Datenmissbrauch** ist zunächst der jeweilige Anbieter. In den meisten Netzwerken können Verstöße über einen Meldebutton angezeigt werden. Reagiert der Betreiber der Internetplattform nicht, kann man sich an die „Freiwillige Selbstkontrolle Multimedia" (www.fsm.de) wenden.
- **Bei schweren Fällen** sollte man von dem entsprechenden Eintrag eine Bildschirmaufnahme machen (mit Datums- und Zeitanzeige) und möglichst schnell eine Anzeige erstatten.

Web-Tipp:
www.juuuport.de – Fragen und Probleme mit Internet, Handy könnt ihr hier mit anderen Jugendlichen besprechen.

Fotos und Videos – was geht und was nicht?

Eine Foto- oder Videoaufnahme mit dem Handy ist heute schnell gemacht. Aber Vorsicht – die Geräte dürfen nicht verwendet werden, um andere bloßzustellen! Wer sich nicht an einige Regeln hält, macht sich strafbar.

Aufgaben
- In der Tabelle sind einige mehr oder weniger alltägliche Situationen beschrieben. Notiert dazu eure Meinung: Ist das in Ordnung oder nicht?

Medieneinsatz – problematisch oder nicht?

Das passiert:	*Dein Kommentar/Bezug zu den Rechtsvorschriften:*
Carla macht Fotos vom Handball-Turnier für die Schülerzeitung.	
Robin filmt Jan auf der Jungentoilette.	
Später schickt Robin das Video ein paar Freunden per Bluetooth.	
Serkan will ein paar witzige Fotos von der Klassenfahrt auf die Schulhomepage stellen.	
Die Prügelei zwischen Jannik und Matteo war kurz, aber heftig. Sandro hat sie gefilmt. Alle aus der Klasse wollen das Video haben.	
Lea hat von ihrer Freundin ein Video bekommen, auf dem Sina in ihrem Zimmer sitzt und ein Liebeslied für ihren Freund singt. Lea lacht sich kaputt und will das alberne Video auf Youtube veröffentlichen.	

Rechtsvorschriften

Aufgaben
- Notiert in der Tabelle auf Arbeitsblatt 6, welche Rechtsvorschriften sich auf welchen Fall beziehen. Überprüft eure eigene Einschätzung zu den jeweiligen Fällen.
- Diskutiert, ob die Rechtsvorschriften angemessen sind.

Zusammenfassung wichtiger Rechtsvorschriften

1. Gewaltverherrlichende Inhalte
Wer Minderjährigen gewaltverherrlichende Bilder oder Videos zugänglich macht (z.B. per Bluetooth zusendet), macht sich strafbar (Strafgesetzbuch, § 131). Die abgefilmte Schlägerei zwischen zwei Schülern kann als gewaltverherrlichender Film eingestuft werden. Das Veröffentlichen solcher Videos ist ebenfalls strafbar.

2. Pornografische Inhalte
Auch pornografische Inhalte (Filme oder Bilder, die vor allem auf das Auslösen sexueller Reize ausgerichtet sind) dürfen Minderjährigen nicht zugänglich gemacht werden (Strafgesetzbuch, § 184).

3. Schutz der Intimsphäre
Aufnahmen, die unerlaubt in einem geschützten Raum aufgenommen wurden und die Intimsphäre eines Menschen verletzen könnten, sind verboten. Geschützte Räume sind z.B. Umkleideräume, Toiletten, aber auch die private Wohnung. Selbstverständlich dürfen solche Aufnahmen auch nicht weitergegeben werden. Schon das Versenden an eine einzige andere Person ist strafbar (Strafgesetzbuch, § 201a).

4. Das Recht am eigenen Bild
Jeder hat ein Recht am eigenen Bild. Grundsätzlich dürfen Aufnahmen anderer nur mit deren Einwilligung veröffentlicht werden. Eine Ausnahme bilden öffentliche Veranstaltungen wie z.B. Demonstrationen oder Sportveranstaltungen (Kunsturhebergesetz § 22/23).

5. Volksverhetzende Inhalte
Texte, Bilder oder Filme, die zu Hass oder Gewalt gegen bestimmte Gruppen wie Behinderte, Ausländer oder Angehörige einer bestimmten Religion aufrufen, dürfen Minderjährigen nicht zugänglich gemacht werden. Eine Ausnahme besteht dann, wenn solche Dokumente im Rahmen des Schulunterrichts eingesetzt werden.

Checkliste zum Urheberrecht – was darf ich und was nicht?

Das Urheberrecht hat eine lange Tradition: Die ersten Schutzrechte für Buchdrucker stammen aus der Zeit um 1600. Heute hilft das Urheberrecht denjenigen, die einen Roman schreiben, Songs komponieren oder Bilder anfertigen. Auch du kannst den Schutz des Urheberrechtes genießen, wenn du zum Beispiel ein Video gedreht hast. Niemand darf ohne deine Erlaubnis das Video öffentlich vorführen oder auf eine Internetseite stellen.

Auch wenn sich Filme, Bilder und Musikstücke heute sehr leicht kopieren lassen, gelten nach wie vor die Regeln des Urheberrechtes. Deshalb sollte man bei der Verwendung fremder Werke vorsichtig sein – nicht nur aus Angst vor einer möglichen Bestrafung, sondern auch aus Respekt vor denjenigen, die die Werke produziert haben.

Erlaubt ist, ...

... von einem Film, Tonträger, Buch usw. einzelne Kopien für den privaten Gebrauch anzufertigen (dies gilt auch für eine ausgeliehene CD oder DVD);

... sich einen Film oder eine CD im privaten Rahmen mit Freunden oder der Familie anzusehen/anzuhören;

... Songs und Filme herunterzuladen, wenn sie nicht offensichtlich rechtswidrig angefertigt oder verbreitet wurden („offensichtlich rechtswidrig" sind z.B. Filme, die im Internet stehen, obwohl sie erst vor wenigen Wochen im Kino angelaufen oder ganz neu auf DVD erschienen sind);

... von Computerprogrammen eine Sicherheitskopie für den eigenen Gebrauch anzufertigen;

... einen selbstgedrehten Film mit Musik vom Lieblingsmusiker zu unterlegen, solange der Film nur im privaten Rahmen gezeigt wird.

Nicht erlaubt ist, ...

... fremde Filme, Tonträger, Gedichte etc. zu verbreiten, ohne dafür eine Erlaubnis der Urheber zu haben (verbreiten heißt auch: im eigenen Blog oder in einem Forum hochladen oder einen Download-Link veröffentlichen);

... solche Dateien herunterzuladen, wenn dafür eine „offensichtlich rechtswidrig hergestellte Vorlage" verwendet wurde;

... solche Werke öffentlich aufzuführen (also z.B. auch bei Schulveranstaltungen, für die man eine „nicht gewerbliche Vorführlizenz" bräuchte);

Checkliste zum Urheberrecht – was darf ich und was nicht? (Fortsetzung)

Nicht erlaubt ist ...
... selbstgedrehte Filme zu veröffentlichen, die Musik enthalten, welche nicht ausdrücklich frei von Rechten ist;
... Kopien von Filmen usw. zu verkaufen (z. B. auf dem Flohmarkt) oder an Personen weiterzugeben, die nicht zum persönlichen Umfeld gehören (Freunde, Familie);
... Kopien von Computerprogrammen für Freunde oder einen zweiten Rechner anzufertigen (Ausnahme: Programme, bei denen dies ausdrücklich erlaubt ist: Shareware, Public-Domain- oder Open-Source-Software)

Was ist eigentlich ...
... eine Creative Commons-Lizenz? Diese Lizenzen verwenden Urheber, die mit der freien Verwendung ihrer Werke einverstanden ist. Aber auch hier gibt es Einschränkungen: Meist muss der Name des Urhebers genannt werden, oft sind kommerzielle Verwendungen oder die Veränderung des Werkes verboten. Welche Regeln gelten, steht in den Erläuterungen zur jeweiligen Lizenzmarkierung.
Die Erläuterungen zu einem unter CC-Lizenz veröffentlichten Musikstück können zum Beispiel so aussehen:

> Du darfst diesen Track kopieren, verbreiten, bewerben und vorführen, solange du Folgendes beachtest:
> • Der Künstler muss namentlich erwähnt werden.
> • Das Album darf nicht kommerziell verwendet werden.
> • Alle von diesem Album abgeleiteten Werke werden unter derselben Lizenz verwendet.

Web-Tipps für kostenloses Bild- und Tonmaterial
www.pixelio.de
Fotos zur freien Verwendung, z. B. für die Schülerzeitung
www.jamendo.de
Auf dem Portal stellen Musiker ihre Musik zum kostenlosen Download unter einer CC-Lizenz zur Verfügung. Nur für die kommerzielle Nutzung muss etwas bezahlt werden.
www.auditorix.de
Geräusche und Hintergrundmusik für Hörspiele – die Nutzung im Bildungsbereich ist kostenlos.
www.hoerspielbox.com
Großes Geräuschearchiv für Hörspielproduktionen

Auf dem Weg zum schulischen Mediencurriculum

4.1 Voraussetzungen und Rahmenbedingungen

Die große Mehrheit der Bundesländer hat sich in der Frage, auf welche Weise Medienbildung in der Schule verwirklicht werden soll, für ein integratives Konzept entschieden. Medienbildung ist demnach eine Gemeinschaftsaufgabe aller Fächer.[54] Dieses Vorgehen ist von der Sache her gut nachvollziehbar: Medien sind, obgleich sie im gesellschaftlichen Leben von heute einen zentralen Stellenwert einnehmen, zunächst einmal keine Lerngegenstände im Sinne eines Schulfaches wie Chemie oder Französisch. Sie haben keinen „Inhalt", sondern sind die Gefäße, in denen die Inhalte präsentiert werden.

Dennoch erfordert ein adäquater Umgang mit Medien natürlich auch eine dezidierte Auseinandersetzung mit funktionalen, strukturellen und ästhetischen Besonderheiten einzelner Medientypen. Bestimmte Medientechniken (wie etwa journalistisches Schreiben im Deutschunterricht, die Arbeit mit einer Tabellenkalkulation in mathematisch-naturwissenschaftlichen Fächern, der Umgang mit einer Digitalkamera im Kunstunterricht) und die gesellschaftliche Rolle von Medien (im Politikunterricht) sind als Unterrichtsgegenstände in einzelnen Fachcurricula verankert. Insgesamt zeigt ein Blick in die Lehrpläne aber, dass es darüber hinaus nur wenige konkrete Vorgaben gibt – meist handelt es sich um allgemeine Formulierungen wie „… können gezielt Informationen sammeln und ordnen".[55] In den letzten Jahren bemüht man sich darum, bei der Neuformulierung von Kernlehrplänen systematisch auch Aspekte der Medienbildung zu berücksichtigen, im Großen und Ganzen sind diese Anstrengungen aber noch nicht sehr weit fortgeschritten.

Die gestiegenen Erwartungen an eine zeitgemäße Medienbildung führen an den Schulen zu Herausforderungen, auf die es bislang nicht in jeder Hinsicht befriedigende Antworten gibt. Dabei betreffen diese Herausforderungen unterschiedliche Bereiche:

1) Zum einen ist die *technische Ausstattung* der Schulen nach wie vor ein Problem – nicht nur wegen der Kosten für neue Geräte. Eine jeweils aktuelle und funktionierende Medienausstattung erfordert auch eine regelmäßige Wartung, die die Lehrkräfte alleine nicht leisten können. Hier wird an vielen Schulen improvisiert und mit Behelfslösungen gearbeitet, weil nicht alle Schulträger die erforderlichen Ressourcen bereitstellen.
2) Wer in Sachen Medienbildung auf der Höhe der Zeit bleiben will, muss sich permanent *weiterbilden*. Das betrifft gar nicht im Wesentlichen die rasanten Veränderungen in der Medientechnik (die man keineswegs alle nachvollziehen muss), sondern vor allem eine didaktisch fundierte Entwicklung

medienbezogener Unterrichtseinheiten, die Lehrplanthemen entsprechend aufbereiten.
3) Eine umfassende und ausgewogene Medienbildung kann nicht mehr gewährleistet werden, wenn sie den Initiativen einzelner Fachkolleginnen und -kollegen überlassen wird. Schulen brauchen eine *konzeptionelle Abstimmung* zwischen den Fächern – mit anderen Worten: Ein *Medienkonzept*. Es ist die Voraussetzung dafür, dass Schüler die schulische Medienbildung als konsistenten Prozess erleben und nicht als eine Folge zufälliger Projekte, zwischen denen es keinen Zusammenhang gibt.

Gerade dieser dritte Punkt ist ein entscheidender Schritt, der in den Schulen selbst stattfinden muss. In der Praxis hängt die Medienbildung oft nach wie vor von der Initiative einzelner, für Medienthemen aufgeschlossener und technikaffiner Kolleginnen und Kollegen ab. Diese Initiativen können Ausgangspunkt sein für die Entwicklung eines Medienkonzeptes, das vom gesamten Kollegium getragen werden muss. An dieser Stelle wird auch deutlich, wie wichtig eine Verknüpfung des Medienkonzeptes mit der schulischen Weiterbildung ist: Nicht alle Lehrkräfte bringen die Voraussetzungen mit, um aus dem Stand ihren Beitrag zur Umsetzung eines solchen Konzeptes zu leisten. Sie müssen die Chance bekommen, ihre Kenntnisse zu erweitern, um sie produktiv einsetzen zu können.

Veränderungen in der Medienbildung werden häufig durch äußere Impulse gesetzt: Investitionsprogramme führen zum Kauf von Computern oder interaktiven Whiteboards, oder eine neue Initiative aus Politik und/oder Wirtschaft ermöglicht es Schulen, Laptop-Klassen einzurichten. Auch diejenigen, die es besser wissen müssten, vergessen dabei, dass auch die besten Geräte ohne ein tragfähiges Lernkonzept nicht viel wert sind. Im Gegenteil: Wenn neben der Herausforderung, mit einem neu aufgebauten Computernetzwerk umzugehen und die Nutzung von 20 Schülercomputern zu betreuen, auch noch die Aufgabe tritt, mediengestützte Unterrichtseinheiten zu entwickeln, ist auch der engagierteste Lehrer schnell überfordert.[56]

Andererseits sind äußere Impulse manchmal ein hilfreicher Anstoß – auch für eine Weiterentwicklung von Lernformen. Wenn sich die Möglichkeit zu einem verstärkten Einsatz von Computern ergibt, sollten Lehrkräfte darüber nachdenken, wie sie in diesem Zuge auch die Lernkultur verändern können: Hin zu selbstgesteuertem und kooperativem Lernen und weg von lehrerzentrierten Arbeitsformen. Die schlichte Übertragung gewohnter Modelle auf einen computergestützten Unterricht ist mitunter kontraproduktiv, weil diese die Möglichkeiten der Technik nicht ausnutzen. Zugleich muss aber darauf geachtet werden, dass stärker individualisierte Lernprozesse wieder zusammengeführt werden und der Unterricht nicht zur Technikwerkstatt mutiert.

4.2 Entwicklung eines schulischen Medienkonzeptes

Die skizzenhaften Überlegungen im vorausgehenden Kapitel mögen verdeutlichen, dass die Entwicklung eines schulinternen Medienkonzeptes weit mehr umfasst als die Frage, in welcher Klassenstufe die Schüler mit welchem Computerprogramm arbeiten. Die Schulverwaltungen in allen 16 Bundesländern haben dies erkannt und stellen auf ihren Bildungsservern Anregungen und Materialien zu diesem Thema zur Verfügung.

In den Handreichungen wird unterschieden zwischen *Medienkonzept* (vorwiegend pädagogische Fragen) und *Medienentwicklungsplanung* (vorwiegend Fragen der technischen Ausstattung). Beides ist natürlich eng aufeinander bezogen und sollte im besten Fall von den gleichen Personen erarbeitet werden.[57]

Wichtiger Baustein eines Medienkonzeptes ist eine Bestandsaufnahme der aktuellen Situation:
- Welche Räume und Geräte stehen zur Verfügung?
- Von wem werden sie technisch betreut?
- Welche Lehrkräfte nutzen welche Medien?
- Wie lässt sich die Medienkompetenz der Lehrkräfte beschreiben?

Wenn die inhaltlichen Schwerpunkte des Medienkonzeptes feststehen, werden diese Fragen erneut aufgegriffen und erweitert:
- Welche Geräte müssen für zukünftige Vorhaben beschafft werden?
- Wie können sie finanziert werden?
- Wie kann die technische Betreuung sichergestellt werden?
- Welche Fortbildungsmaßnahmen sollten durchgeführt werden?

Die inhaltliche Entwicklung des Medienkonzeptes ist die eigentliche Kernaufgabe – ein komplexer Prozess, der zum einen aktiv gesteuert werden muss, in den zum anderen aber möglichst viele Lehrkräfte und sämtliche Unterrichtsfächer einbezogen sein sollten. Grob skizziert könnte der Ablauf so aussehen:
- Prozessplanung: Einrichtung einer Arbeitsgruppe oder Beauftragung der Steuergruppe.
- Inhaltliche Bestandsaufnahme: Welche Unterrichtsbausteine mit Bezug zur Medienbildung sind bereits in den schulinternen Fachcurricula festgeschrieben oder werden von allen Fachlehrkräften regelmäßig durchgeführt? Welche Bausteine könnten sinnvoll ergänzt werden?
- Ziele definieren: Welche Fähigkeiten in der Anwendung von Medien und welche Kenntnisse sollen Schüler bis zur Klassenstufe 6, 8 und 10 bzw. bis zum Abitur erworben haben?
- Einen Entwurf formulieren: Eine Arbeitsgruppe oder die Steuergruppe verfasst einen Entwurf für ein schulisches Medienkonzept, in dem die bereits bestehenden Bausteine als Gerüst dienen. Dazu treten dann weitere Module, die insgesamt eine didaktisch sinnvolle Abfolge ergeben und eine breite Beteiligung der Unterrichtsfächer sicherstellen.

- Beratung und Gesamtschau des Entwurfs: Im Rahmen einer schulinternen Lehrerfortbildung wird der Entwurf beraten. Dabei kommt es entscheidend darauf an, dass die Fachgruppen sich untereinander abstimmen und eine curriculare Struktur entwickeln, in der die Elemente aufeinander aufbauen.
- Bausteine ausformulieren: Nach der Verabschiedung der Endfassung entwickeln die Fachgruppen konkrete Unterrichtsmaterialien für „ihre" medienpädagogischen Bausteine. Diese werden gesammelt und stehen in einem Ordner und/oder als Datenpaket allen Lehrkräften zur Verfügung.
- Evaluation: Das Mediencurriculum kann aufbauend ab Klasse 5 oder auch in mehreren Klassenstufen gleichzeitig umgesetzt werden. Rückmeldungen über den Erfolg der einzelnen Module werden fortlaufend gesammelt und fließen in eine Überarbeitung des Konzeptes ein. Eine grundlegende Überprüfung sollte etwa alle zwei bis drei Jahre stattfinden.

Um die einzelnen Bausteine zu systematisieren, empfiehlt sich eine tabellarische Übersicht, in der die Module nach Jahrgängen oder Doppeljahrgängen aufgelistet werden. Außerdem sollten daraus die jeweilige fachliche Anbindung (wer ist zuständig?), die einbezogenen Medientypen (Audioguide, Dokumentarfilm usw.) sowie die Tätigkeitsschwerpunkte (Produktion, Rezeption, Reflexion) hervorgehen.

Der Vorteil dieses Vorgehens liegt darin, dass die Schüler Medienbildung als einen konsistent fortschreitenden Prozess erleben können, in dem ein Modul auf das andere aufbaut. Es ergibt sich ein Spiralcurriculum, in dem Beiträge mehrerer Unterrichtsfächer ineinandergreifen. Die Tabelle verdeutlicht das exemplarisch am Bereich der Filmbildung. Die jeweiligen Inhalte müssen selbstverständlich an den Voraussetzungen und Programmschwerpunkten der Schule ausgerichtet werden.

Entwurf eines Mediencurriculums Klasse 5–10/Bereich Filmbildung

Baustein	Klasse		Bezugspunkte/Lerninhalt	Fächer
1	5	Märchen verfilmen	Filmideen entwickeln; Storyboard, Drehbuch	Deutsch
2		Analyse von Kurzdokus	Themendarstellung, Bild-Ton-Verhältnis, Kamera	Erdkunde, Naturwissenschaften
3	6	Alltagsszenen schreiben und drehen	Baustein 1 und 2/Dialoge	Englisch
4		Animationsfilm	Baustein 1/Stopp-Motion-Technik	Kunst

Baustein	Klasse		Bezugspunkte/Lerninhalt	Fächer
5	7	Ein Experiment filmisch darstellen	Baustein 2/sachorientierter Film, Unterrichtsfilm	Naturwissenschaften
6		Ein Gedicht verfilmen	Baustein 1, 4 und 5/ poetische Bildsprache, Wort-Bild-Verhältnis	Deutsch/ Kunst
7	8	Nachrichtenbeiträge untersuchen, ggf. selbst drehen	Baustein 2 und 5/Darstellung von politischen Zusammenhängen, Meinung vs. Information	Politik/ Deutsch
8		Filme vertonen	Baustein 6/Musik und Bild, Sprach- und Tonaufnahme	Musik
9	9	Praxisprojekt: Filmberichte zu Projektwoche usw. erstellen	Alle Bausteine/Filmplanung, Interviews, Projektlernen	fächerübergreifend
10		Einen aktuellen Spielfilm untersuchen	Baustein 6 und 8/ Filmsprache, Drehbuch, Kamera, Szenenbild usw.	Deutsch
11	10	Historische Dokumentarfilme untersuchen	Baustein 2, 5, 7 und 10/ Umgang mit historischem Bildmaterial, Analyse von Dokumentarfilmen	Geschichte
12		Literaturverfilmungen untersuchen	Baustein 6, 8, 9 und 10/ Literatur und Film, Filmsprache, Rezeption	Deutsch

Eine individuelle Dokumentation der Projekte und Unterrichtsmodule, an denen ein Schüler teilgenommen hat, ist aus verschiedenen Gründen sinnvoll: Schüler können so dokumentieren, wo ihre besonderen Fähigkeiten und Leistungen im Bereich der Medienbildung liegen, und sie können leicht herausfinden, wo möglicherweise Schwach- oder Leerstellen sind. Lehrern und Schülern wird sicht- und nachvollziehbar, dass die Entwicklung von Medienkompetenzen ein langfristiger Prozess ist, an dem viele Unterrichtsfächer mit ihren ganz unterschiedlichen Themen und Arbeitsformen beteiligt sind.

Ein solches Gesamtbild ist auf der Basis der traditionellen Zeugnisse nicht erhältlich. Aber es gibt Bestrebungen, das zu ändern: In Thüringen wird der „Medienpass" in den Klassen 5–7 als verbindlicher Bestandteil des Zeugnisses ausgestellt. Nordrhein-Westfalen und Niedersachsen setzen bei der Dokumentation auf Freiwilligkeit: Schulen können dazu das „Portfolio Medienkompetenz" verwenden. Darin dokumentieren die Schüler über die Zeitdauer ihres gesamten Schulbesuchs ihre Aktivitäten im Bereich der Medienbildung, aufgeschlüsselt nach Teilkompetenzen und Niveaustufen. Diese ambitionierte Form der Leistungsdokumentation setzt ein hohes Maß an Selbstständigkeit auf Seiten der Schüler voraus (siehe Abbildung).

Anhang

Internetadressen

Medienbildung allgemein

Die *Bildungsserver der einzelnen Bundesländer* bieten vielfältige Materialien zur Medienbildung. Zum Teil werden auch Datenbanken mit Filmen aufgebaut, die nach einer Anmeldung mit Schulnachweis im Unterricht einsetzbar sind.
Baden-Württemberg: www.schule-bw.de
Bayern: www.schule.bayern.de/
Berlin/Brandenburg: bildungsserver.berlin-brandenburg.de/
Bremen: www.portal.schule.bremen.de
Hamburg: bildungsserver.hamburg.de
Hessen: dms.bildung.hessen.de
Mecklenburg Vorpommern: www.bildung-mv.de
Niedersachsen: www.nibis.de
Nordrhein-Westfalen: www.learn-line.de
Rheinland-Pfalz: bildung-rp.de
Saarland: www.saarland.de/bildungsserver.htm
Sachsen: www3.sn.schule.de
Sachsen-Anhalt: www.bildung-lsa.de
Schleswig-Holstein: www.schleswig-holstein.de/Bildung/
Thüringen: www.thillm.de

www.alm.de
Die *Landesmedienanstalten* widmen sich der Förderung von Medienkompetenz und bieten Materialien und Informationen rund um die Medienbildung. Eine Liste alle Länderanstalten findet sich auf der Internetseite der „Arbeitsgemeinschaft der Landesmedienanstalten" (ALM).
www.mediaculture-online.de
Vorbildliches medienpädagogisches Portal des Landesmedienzentrums Baden-Württemberg. Es bietet eine Fülle von Informationen, die für die praktische Medienarbeit hilfreich sind.
www.mekonet.de
Medienkompetenznetzwerk NRW – gut strukturierte Informationsseiten zu vielen Aspekten der Medienbildung
www.flimmo-fachportal.de
Das Fachportal für Medienerziehung richtet sich vor allem an Erzieher und Grundschullehrer.

Zeitung und Zeitschriften

www.jugendpresse.de, www.jugendmedien.de, www.schuelerzeitung.de
Der Bundesverband junger Medienmacher bietet auf verschiedenen Seiten Informationen für Nachwuchsjournalisten (Wettbewerbe, Seminare, Kongresse, Mentorenprogramme usw.)
www.stiftunglesen.de/zeitschriften
Informationen und Materialien zum Projekt „Zeitschriften in der Schule"
www.fazschule.net
Schulportal der Frankfurter Allgemeinen Zeitung
www.derwesten.de/zeusmedienwelten
Schulportal der WAZ-Gruppe, auf der Schüler Artikel veröffentlichen können

Computer und Internet

www.internet-abc.de
Informationen rund ums Internet für Eltern und Kinder (5 bis 12 Jahre); unterstützt durch die Landesmedienanstalten
www.chatten-ohne-risiko.net
Ratgeberseite für Kinder, Jugendliche und Erwachsene zur Kommunikation im Netz (auch soziale Netzwerke)
www.klicksafe.de
EU-weites Projekt zur Information über die sichere Nutzung des Internets mit vielen Materialien für Lehrer
www.mpfs.de
Der medienpädagogische Forschungsverbund Südwest wird von mehreren Einrichtungen aus Südwestdeutschland getragen und gibt unter anderem wichtige Untersuchungen zum Mediennutzungsverhalten von Kindern (KIM-Studie) und Jugendlichen (JIM-Studie) heraus.

Film und Fernsehen

www.vierundzwanzig.de
Das Wissensportal der Deutschen Filmakademie bietet interessante Interviews und Erklärfilme mit prominenten Filmschaffenden sowie ein umfassendes Filmlexikon.
www.visionkino.de
Filmpädagogische Materialien, aktuelle Informationen rund um die Filmbildung
www.schulkinowochen.de
Informationen über die von Vision Kino und lokalen Partnern regelmäßig durchgeführten Schulkinowochen

www.kinofenster.de
Gemeinsames Portal der Bundeszentrale für politische Bildung und von Vision Kino; Informationen zu aktuellen Kinofilmen mit zahlreichen Unterrichtstipps
www.film-kultur.de
Unterrichtsmaterialien zu ausgesuchten Filmen
www.up-and-coming.de
Nachwuchsfilmfestival in Hannover
www.institut-francais.de/cinefete
Materialien zu französischen Filmen
www.britfilms.de
Materialien zu englischsprachigen Filmen
www.lingua-video.com
Anbieter für fremdsprachige DVDs, die mit nichtgewerblichen Vorführungsrechten erworben werden können. Alle sind zusätzlich mit didaktischen Begleitmaterialien versehen.
www.bjf.info
Bundesverband Jugend und Film mit zahlreichen Materialien zu einzelnen Filmen
www.filmportal.de
Die zentrale Plattform des Deutschen Filminstituts für kostenlose Informationen zum deutschen Film. Hier finden sich viele Materialien wie z.B. Filmkritiken und Standbilder.
www.lexikon.bender-verlag.de/suche.php
Online- Lexikon der Filmbegriffe des Bender Verlags

Audiomedien

www.stiftung-zuhoeren.de
Umfassende Themenseite zu den Bereichen Hörerziehung, Hörmedien für Kinder und Jugendliche, Veranstaltungen, Termine etc.
www.hdg.de/lemo
LeMO: Lebendiges Museum Online; Gemeinschaftsprojekt der Stiftung Haus der Geschichte der Bundesrepublik Deutschland (HdG) in Bonn und des Deutschen Historischen Museums (DHM) in Berlin. Umfassendes Angebot an Film- und Tondokumenten
www.lehrer-online.de
Eine umfassende Linksammlung zu historischen Audiomedien findet sich im Bereich Sekundarstufen/Geschichte.
www.bundesregierung.de
Die Mediathek enthält u.a. auch Podcasts und Audio-Streams zu aktuellen politischen Themen.

www.migration-audio-archiv.de
Sammlung mit Erzählungen von Migranten über ihren Lebensweg (Audio-Stream)
www.ard.de
Unter dem Menüpunkt „Radio" findet man unter anderem ein Portal zu Feature-Produktionen der ARD-Sender und Informationen zu Hörspielen.
www.ard.de/radio/hoerspielarchiv
Das Hörspiel-Archiv verzeichnet alle ARD-Hörspiele seit 1945.
http://lehrerfortbildung-bw.de/werkstatt/sound/index.html
Das Lehrerfortbildungsportal des Landes Baden-Württemberg enthält u. a. mehrere Anleitungen für Audio-Software und Informationen zu verschiedenen Audioformaten.
www.podcast.de
Themenportal mit einer Einführung in die Technik des Podcasting und einer Vielzahl von Links

Literatur

AG MediaCulture/W. Antritter: Zusammenstellung medienbildnerischer Inhalte – geordnet nach Fertigkeiten und Schularten. Landesmedienzentrum Baden-Württemberg, Stuttgart 2004.
Dieter Baacke: Kommunikation und Kompetenz. Grundlegung einer Didaktik der Kommunikation und ihrer Medien. München 1973.
Dieter Baacke: Medienpädagogik. Tübingen 1997.
Dirk Baier, Christian Pfeiffer, Susann Rabold, Julia Simonson, Cathleen Kappes: Kinder und Jugendliche in Deutschland: Gewalterfahrungen, Integration, Medienkonsum. Zweiter Bericht zum gemeinsamen Forschungsprojekt des Bundesministeriums des Innern und des KFN. Hannover 2010.
Werner Barg u. a.: Jugend – Film – Kultur. Grundlagen und Praxishilfen für die Filmentwicklung. München 2005.
Alain Bergala: Kino als Kunst. Filmvermittlung an der Schule und anderswo. Hrsg. v. Bundeszentrale für politische Bildung. Berlin 2006.
Alice Bienek: Filmsprache. Einführung in die interaktive Filmanalyse. Marburg 2008.
Dirk Blothner: Erlebniswelt Kino. Über die unbewusste Wirkung des Films. München 2003.
Dogma 95- Zwischen Kontrolle und Chaos, Berlin 2001
Sergej Eisenstein: Zur Frage des materialistischen Herangehens an die Form. In: Sergej Eisenstein, Über mich und meine Filme. Berlin 1975, S.53.
Werner Faulstich: Filmgeschichte. Paderborn 2005.
Werner Faulstich: Grundkurs Filmanalyse. Stuttgart 2008.

Filme im Unterricht. Aus der Reihe „Deutschunterricht extra", Heft 6. Braunschweig 2010.

Bettina Henzler u. a.: Vom Kino lernen. Internationale Perspektiven der Filmvermittlung. Berlin 2010 (inkl. CD-Rom).

Knut Hickethier: Film- und Fernsehanalyse. Stuttgart 2007.

Alfred Holighaus: Der Filmkanon. 35 Filme, die Sie kennen müssen. Berlin 2005.

Wolfgang Jacobsen u. a.: Geschichte des deutschen Films. Stuttgart 2004.

Wolfgang Jacobsen, Anton Kaes, Hans H. Prinzler (Hrsg.): Geschichte des deutschen Films. Stuttgart, 2. erw. Auflage 2004.

Jahrbuch Zeitungen 2011/12, hrsg. vom Bundesverband Deutscher Zeitungsverleger.

Jugend, Information, (Multi-) Media (JIM). Basisuntersuchung zum Medienumgang 12- bis 19-Jähriger. Hrsg. vom Medienpädagogischen Forschungsverbund Südwest. Stuttgart 2011.

Steven D. Katz: Shot by Shot. Die richtige Einstellung. Zur Bildsprache des Films. Zwei-tausendeins-Verlag. Frankfurt a.M. 2004.

Kinder + Medien/Computer + Internet. Basisuntersuchung zum Medienumgang 6- bis 13-Jähriger in Deutschland, hrsg. vom Medienpädagogischen Forschungsverbund Südwest. Stuttgart 2011.

Helmut Korte: Einführung in die Systematische Filmanalyse. Ein Arbeitsbuch. Berlin 2004.

Siegfried Kracauer: Von Caligari zu Hitler. Frankfurt 1979.

Lernen in Notebook-Klassen. Endbericht zur Evaluation des Projekts 1000 mal 1000 – Notebooks im Schulranzen", hrsg. von Schulen ans Netz e.V. Bonn 2007.

Medienentwicklungsplanung für Schulen – Eine Anleitung Schritt für Schritt. Hrsg. vom Ministerium für Kultus, Jugend und Sport Baden-Württemberg, Stuttgart 2004.

Lothar Mikos: Film- und Fernsehanalyse. Konstanz 2008

James Monaco: Film verstehen. Hamburg 2004.

Marion Pausch, Arne Borstelmann, Andreas Müller: Selbstständig lernen durch Recherche. Hannover 2011.

Joachim Pfeiffer: Grundkurs Film 2. Filmkanon, Filmklassiker, Filmgeschichte. Braunschweig 2010.

Wilhelm Roth: Der Dokumentarfilm seit 1960. München 1982.

Rainer Rother: Sachlexikon Film. Reinbek bei Hamburg 1997.

Thüringer Ministeriums für Bildung, Wissenschaft und Kultur (Hrsg.): Verwaltungsvorschrift zur Durchführung des Kurses Medienkunde an den Thüringer allgemein bildenden weiterführenden und berufsbildenden Schulen. Erfurt 2009, zuletzt geändert durch die Verwaltungsvorschrift vom 6. August 2010.

Gerhard Tulodziecki, Bardo Herzig, Silke Grafe: Medienbildung in Schule und Unterricht: Grundlagen und Beispiele. Stuttgart 2010.

Stefan Volk: Einfach Deutsch: Filmanalyse im Unterricht. Zur Theorie und Praxis von Literaturverfilmungen. Braunschweig 2004.
Burkhard Wetekam, Rechercheprojekt Drogen und Sucht. Hannover 2011.
Karsten Witte (Hrsg.): Theorie des Kinos. Ideologiekritik der Traumfabrik, Frankfurt 1972

Anmerkungen

[1] Dieter Baacke: Kommunikation und Kompetenz. Grundlegung einer Didaktik der Kommunikation und ihrer Medien. München 1973.
[2] „Mediencurriculum Kl. 5–10", hrsg. vom Landesmedienzentrum Baden-Württemberg. Stuttgart/Karlsruhe 2011. Link: http://matrix.lmz-bw.de/pages/stuff/RS_Mediencurriculum.pdf (16.9.2011)
[3] Kompetenzorientiertes Konzept für die schulische Medienbildung. Länderkonferenz Medienbildung 2008.
Link: http://www.laenderkonferenz-medienbildung.de/LKM-Positionspapier.pdf (16.9.2011)
[4] Verwaltungsvorschrift des Thüringer Ministeriums für Bildung, Wissenschaft und Kultur zur Durchführung des Kurses Medienkunde an den Thüringer allgemein bildenden weiterführenden und berufsbildenden Schulen vom 1. August 2009 (zuletzt geändert durch die Verwaltungsvorschrift vom 6. August 2010)
[5] Jugend, Information, (Multi-) Media (JIM). Basisuntersuchung zum Medienumgang 12- bis 19-Jähriger. Hrsg. vom Medienpädagogischen Forschungsverbund Südwest. Stuttgart 2011.
[6] Kinder + Medien/Computer + Internet. Basisuntersuchung zum Medienumgang 6- bis 13-Jähriger in Deutschland, hrsg. vom Medienpädagogischen Forschungsverbund Südwest. Stuttgart 2011.
[7] Informationen dazu sammelt und veröffentlicht z. B. das Weblog www.paducation.eu.
[8] „Digitale Medien in der Bildung". Website des BMBF: http://www.bmbf.de/de/16684.php (15.9.2011)
[9] Die Zahlen sind dem aktuellen Jahrbuch Zeitungen 2011/12 des Bundesverbandes Deutscher Zeitungsverleger (S. 4) entnommen.
[10] Die Zahlen entstammen der aktuellen JIM-Studie (vgl. www.mpfs.de), eine Langzeitstudie des Medienforschungsverbandes Südwest zum Medienverhalten von Kindern und Jugendlichen.
[11] BDZV, Die deutschen Zeitungen in Zahlen und Daten, Berlin 2011, S. 3
[12] Quelle: IQ-Media-Marketing, www.iqm.de
[13] Zur Internetrecherche vgl. den Abschnitt Recherche im Kapitel Computer.

¹⁴ Eine Auswahl von Schülertexten aus 25 Jahren findet sich in der kostenlos bei der F.A.Z. erhältlichen Broschüre: Jugend schreibt. Die besten Beiträge aus der F.A.Z., zu beziehen unter www.fazschule.net

¹⁵ Ein Verzeichnis aller Projekte von Tageszeitungen findet sich auf der Internetseite des BDZV, www.bdzv.de. Auch bieten die regionalen Zeitungen auf ihren Internetseiten weitere Informationen.

¹⁶ „E-Reader senken bei Schülern die Hemmschwelle, zu Büchern zu greifen." Pressemitteilung der Stiftung Lesen vom 14.12.2011 (www.stiftunglesen.de/ereaderstudie/pressemitteilung/412)

¹⁷ Maximilian Popp: Web 0.0 im Klassenzimmer. Spiegel online, 16.5.2007. (www.spiegel.de/schulspiegel/wissen/0,1518,483245,00.html, aufgerufen am 27.11.2011)

¹⁸ Vgl. Ina Freiwald: Chatten in der Mathe-Stunde. In: F.A.Z. vom 24.10.2006, Nr. 247, Seite 42

¹⁹ vgl. z. B.: Dirk Baier, Christian Pfeiffer, Susann Rabold, Julia Simonson, Cathleen Kappes: Kinder und Jugendliche in Deutschland: Gewalterfahrungen, Integration, Medienkonsum. Zweiter Bericht zum gemeinsamen Forschungsprojekt des Bundesministeriums des Innern und des KFN. Hannover 2010.

²⁰ Thomas Mößle: Gefährden Bildschirmmedien den Schulerfolg? In: Kinderärztliche Praxis, 80 (1), S. 22–27.

²¹ vgl. Christian Wolf: Wie das World Wide Web unser Denken verändert. In: Gehirn & Geist, Heft 4/2010.

²² Die Arbeitsblätter orientieren sich an: Marina Dahmen, Einladungen schreiben und gestalten – Gebrauchstexte am PC erstellen. In: Deutschunterricht, Heft 3, 2008.

²³ Martin Hilbert/Priscila López (2011): The World's Technological Capacity to Store, Communicate, and Compute Information. In: Science, 332 (6025), 60–65.

²⁴ Der Fragebogen orientiert sich an: Ricarda Dreier, Auf der Suche nach dem gestohlenen Wort. In: Deutschunterricht, Heft 6, 2008.

²⁵ Cisco Visual Networking Index, zitiert nach: Wikipedia-Artikel „Internet". Vgl. http://de.wikipedia.org/wiki/Internet (aufgerufen am 16.12.2011)

²⁶ Die Arbeitsblätter sind angelehnt an: Burkhard Wetekam, Rechercheprojekt Drogen und Sucht. Hannover 2011, S. 21 f., vgl. auch www.transfer-medien.com

²⁷ Ein ausformuliertes Unterrichtskonzept findet sich in: Marion Pausch, Arne Borstelmann, Andreas Müller: Selbstständig lernen durch Recherche. Hannover 2011 (www.transfer-medien.com).

²⁸ Clive Thompson: Why Kids Can't Search. In: Wired 2011. Online unter www.wired.com/magazine/2011/11/st_thompson_searchresults/ (aufgerufen am 19.12.2011)

[29] Angaben nach http://s23.org/wikistats/wikipedias_html.php (Stand Dezember 2011)
[30] Gleichwohl gibt es die Möglichkeit, die Seiten eines Wikis für Printprodukte aufzubereiten, was im Falle von Wikipedia auch schon mehrfach geschehen ist – die Umkehrung des üblichen Weges, gedruckte Werke auch im Netz verfügbar zu machen.
[31] Jugend, Information, (Multi-)Media. Basisuntersuchung zum Medienumgang 12- bis 19-Jähriger (JIM-Studie). Hrsg. vom Medienpädagogischen Forschungsverbund Südwest. Stuttgart 2011, S. 33.
[32] Das Projekt wird ausführlich vorgestellt in: Karsten Jonas, „Werther und Lotte als Avatare". In: Deutschunterricht, Heft 5, Braunschweig 2011.
[33] Jugend, Information, (Multi-)Media. Basisuntersuchung zum Medienumgang 12- bis 19-Jähriger (JIM-Studie). Hrsg. vom Medienpädagogischen Forschungsverbund Südwest. Stuttgart 2011, S. 6.
[34] Alain Bergala, Kino als Kunst. Marburg 2006, S. 41.
[35] Sergej Eisenstein: Zur Frage des materialistischen Herangehens an die Form. In: Sergej Eisenstein, Über mich und meine Filme. Berlin 1975, S. 53.
[36] Dogma 95 – zwischen Kontrolle und Chaos. Berlin 2001.
[37] Literatur zur Geschichte des Films und der Filmsprache: Faulstich, Werner, Filmgeschichte. Paderborn 2005; Wolfgang Jacobsen, Anton Kaes, Hans H. Prinzler (Hrsg.): Geschichte des deutschen Films. Stuttgart, 2. erw. Auflage 2004.
[38] Ein Beispiel für die besondere Bedeutung des Raumes ist ein Filmausschnitt aus dem Stummfilm „Metropolis" von Fritz Lang, der sich auf der Website: www.vierundzwanzig.de, dem Wissensportal der Deutschen Filmakademie, findet. Der Ausschnitt, in dem der Fabrikantensohn Freder zum ersten Mal die Unterwelt der Arbeiter betritt und Zeuge eines Unfalls wird, zeigt schon das Thema des Films, die Entmenschlichung der Arbeitswelt durch die Maschine sowie den Gegensatz von Kapital und Arbeit.
[39] Auf der Website: www.hitchpod.de findet sich ein Video zur Kameraarbeit, das als Einführung für Schüler dienen kann. Ebenso gut geeignet ist ein Filmausschnitt aus dem Film „Martha" von Rainer Werner Fassbinder 1973, der sich auf der Website www.vierundzwanzig.de findet und die verschiedenen Kameraeinstellungen sehr gut bildlich verdeutlicht. Er wird ergänzt durch ein interessantes Interview zur Kameraarbeit mit Michael Ballhaus.
[40] Ein Ausschnitt aus dem Film, der insbesondere die Farbgestaltung hervorhebt, findet sich auf der Website des X-Verleihs www.x-verleih.de unter der Rubrik Schulmaterialien. Ergänzend dazu finden sich Arbeitsmaterialen auch zu weiteren Filmausschnitten in „Filme im Unterricht" aus der Reihe „Deutschunterricht extra", Heft 6, Braunschweig 2010.
[41] Ein Ausschnitt findet sich auf der Seite vierundzwanzig.de, ergänzt um ein Interview mit der Cutterin.

42 Auf YouTube findet sich der Trailer zum Film, in dem die Splitscreentechnik bereits deutlich wird.
43 Siegfried Kracauer: Von Caligari zu Hitler, Frankfurt 1979, S. 11.
44 Bei „Panic Apple" handelt es sich um einen Schülerfilm, der innerhalb einer Woche mit Schülern eines 10. Jahrganges entstanden ist, im Rahmen des Projektes „Cityzooms Music". Vorgeführt wurde er auf dem Filmfestival up-and-coming in Hannover (www.up-and-coming.de). Der Film findet sich auf der dem Buch beiliegenden CD-ROM.
45 Kristina Spelly-Simons, Wolfgang Schill: Man möchte einen Einblick in das Leben bekommen ... Daily Soaps als Unterrichtsgegenstand. In: medien praktisch, Heft 97, 2001, S. 31–36, hier S. 33/34.
46 Alain Resnais' „Nuit et brouillard" („Nacht und Nebel", 1955, Texte: Jean Cayrol, Musik: Hanns Eisler.), verknüpft Filmaufnahmen der Alliierten aus den 1945 befreiten Lagern und dokumentarisches Bildmaterial aus den Museen von Majdanek und Auschwitz mit Sequenzen, die den aktuellen Zustand der Vernichtungsstätten zeigen. Der Film analysiert das System der nationalsozialistischen Konzentrationslager aus Sicht der Opfer: die Entstehung der Lager, der Terror der SS und die Überlebensstrategien der Häftlinge, die Befreiung durch die Alliierten und die Folgen für die Nachkriegsgesellschaft.
47 Unterrichtsmaterial zum Thema Gewalt in Musikclips findet sich auf der Internetseite des Österreichischen Instituts für angewandte Medienbildung und Filmvermittlung www.filmabc.at.
48 Für das Programm „Windows Movie Maker" findet sich eine Anleitung in: Benjamin Günther, Filmschnitt digital. Deutschunterricht Heft 6, S. 24–27, Braunschweig 2008.
49 Vgl. Bildungsstandards im Fach Deutsch für den Mittleren Schulabschluss. Beschluss der Kultusministerkonferenz vom 4.12.2003.
50 Anregungen zu dieser Unterrichtsidee stammen von www.mediaculture-online.de, Internet-Angebot des Landesmedienzentrums Baden-Württemberg.
51 Zitiert nach: Christian Hörburger, Artikel „Hörspielgeschichte" auf www.MediaCulture-Online.de (aufgerufen am 16.11.2011)
52 Es handelt sich um ein Kooperationsprojekt unter der Leitung der Medienpädagogin Susanne Holbein. Projektpartner waren die Stiftung Zuhören, LPR Hessen, Reformschule Kassel, Jacob-Grimm-Schule Kassel, Medienblitz e.V., Freies Radio Kassel, Museumslandschaft Hessen Kassel.
53 Der genaue Wortlaut findet sich auf der Seite des deutschen Presserats: www.presserat.info.de
54 Einen eigenen Weg geht das Bundesland Thüringen, das sich für die Einführung eines „Kurses Medienkunde" entschieden hat, der im Lehrplan der Klassen 5–10 verbindlich verankert ist. Allerdings wird die Medienkunde auch hier einem Fach zugeordnet, in dem dann jeweils eine Wochen-

stunde zusätzlich unterrichtet werden kann (vgl. www.schulportal-thueringen.de/web/guest/bildung_medien/medienkunde, aufgerufen am 23.1.2012).

[55] AG MediaCulture/W. Antritter: Zusammenstellung medienbildnerischer Inhalte – geordnet nach Fertigkeiten und Schularten. Landesmedienzentrum Baden-Württemberg, Stuttgart 2004

[56] Einen umfassenden Einblick in die Probleme und Herausforderungen, die mit der Einführung von Laptop-Klassen verbunden sind, bietet die Studie „Lernen in Notebook-Klassen, Endbericht zur Evaluation des Projekts 1000 mal 1000 – Notebooks im Schulranzen", hrsg. von Schulen ans Netz e.V. Bonn 2007.

[57] Eine detaillierte Darstellung, die die technischen mit den pädagogisch-konzeptionellen Aspekten verbindet, findet sich z. B. in „Medienentwicklungsplanung für Schulen – Eine Anleitung Schritt für Schritt", hrsg. vom Ministerium für Kultus, Jugend und Sport Baden-Württemberg, Stuttgart 2004.

Quellenverzeichnis

Bilder

Umschlagbild: Photocase, Berlin – *S. 7* Photocase, Berlin – *S. 16* Burkhard Wetekam/Westermann Verlag – *S. 19* gemeinfrei/wikimedia.org – *S. 20* Deutsches Pressemuseum Hamburg – *S. 21* akg-images GmbH, Berlin – *S. 55* Frankfurter Allgemeine Zeitung, Frankfurt/Main – *S. 69* picture-alliance GmbH, Frankfurt/Main – *S. 77* Ragib Hasan – *S. 79* http://guttenplag.wikia.com (Screenshot B. Wetekam) – *S. 83* FAZ.NET (Screenshot B. Wetekam) – *S. 122* akg-images GmbH, Berlin – *S. 173* akg-images GmbH, Berlin/Wartmann – *S. 198* istockphoto, Calgary – *S. 205* picture-alliance GmbH, Frankfurt/Main – *S. 225* verlag.werkzwei